Martin Patzen

Führung von evangelisch-reformierten Kirchgemeinden

D1665433

Dr. Martin Patzen

Führung
von evangelisch-reformierten
Kirchgemeinden

Betriebswirtschaftliche Konzepte und Instrumente
in ethisch-theologischer Perspektive

Verlag Paul Haupt
Bern · Stuttgart · Wien

Martin Patzen, Dr. oec. HSG / Pfarrer, geboren 1955, war nach dem Studium der Theologie und der praktischen Ausbildung zum Pfarrer einige Jahre als Gemeindepfarrer tätig. Nach der betriebswirtschaftlich-pädagogischen Ausbildung an der Universität St. Gallen (mag. oec.) folgten vier Jahre Projektleitungstätigkeit mit den Schwerpunkten Beratung von kirchlichen Institutionen und von Institutionen im Gesundheitswesen sowie in der Forschung. Daneben engagierte er sich in der Managementschulung im Gesundheitswesen. Im April 1997 erfolgte mit der vorliegenden Dissertation die Promotion zum Dr. oec. Seit Sommer 1996 ist M. Patzen Leiter des Forschungsinstituts für Management im Gesundheitswesen an der Interstaatlichen Höheren Wirtschafts- und Verwaltungsschule St. Gallen (FMiG).

Die Deutsche Bibliothek – CIP-Einheitsaufnahme

Patzen, Martin :
Führung von evangelisch-reformierten Kirchgemeinden :
betriebswirtschaftliche Konzepte und Instrumente in ethisch-theologischer Perspektive /
Martin Patzen. –
Bern ; Stuttgart ; Wien : Haupt, 1997
ISBN 3-258-05690-0

Inhaltsverzeichnis

EINFÜHRUNG

Einführung

Seit etwa drei Jahrzehnten sind einschneidende Veränderungen in der öffentlichen Wahrnehmung und Bewertung der Kirchen festzustellen. Die pluralistischen Strukturen in Öffentlichkeit und Politik begannen sich zunehmend auch im Bereich der Kirchen auszuwirken. So vielfältig und facettenreich wie unsere Gesellschaft sind auch die Vorstellungen über die Kirchen geworden. Die unterschiedlichsten Vorstellungen, Erwartungen und Leitbilder werden an die Kirchen herangetragen. Daneben geht ein grösser werdender Teil der Gesellschaft auf Distanz - mindestens zu den traditionellen Grosskirchen. Immer häufiger führt solche Distanz zur Konsequenz des Kirchenaustritts.

Die Vermutung ist nicht unbegründet, dass das abendländische Christentum seit der Abwehr des Islams noch nie so existenziell herausgefordert worden ist wie durch die gegenwärtige Situation der späten Moderne. Aber die Herausforderung ist eine ganz andere; die Distanzierung von den Kirchen ist nicht in einem Klima der Feindseligkeit entstanden, sondern eher einer allgemeinen Zustimmung zu Religion. Dass Religion sein muss, weil die Menschen es brauchen, ist sowohl als Aussage über die Gesellschaft als auch im Hinblick auf die eigene Praxis kaum bestritten. Aber die Bedürfnisstrukturen und Ausdrucksformen von Religion sind komplexer und vielfältiger geworden. Trotzdem, ein gewisser Bedeutungsverlust des Religiösen ist mit den laufenden gesellschaftlichen Veränderungen unumgänglich. Denn: In einer Welt der immer vielfältigeren und differenzierteren Optionen muss jede einzelne Option, also auch die religiöse, an relativem Gewicht verlieren.[1]

Da es für eine Kirchgemeinde[2] von besonderer Wichtigkeit ist, Veränderungen in ihrem gesellschaftlichen Umfeld zu erkennen und angemessen darauf

---

[1] *Kaufmann F.-X. (Glaube und Kommunikation) 153*

[2] *Im folgenden wird in Textteilen - mit Ausnahme von Titeln und Literaturzitaten - auch die Kurzbezeichnung "Gemeinde" verwendet.*

2

zu reagieren, bedeuten die sich beschleunigenden gesellschaftlichen Veränderungen und deren Komplexität eine Herausforderung, deren Bewältigung
die Gemeinden vor schwer lösbare Aufgaben stellt.

Die Entwicklungen, die dazu geführt haben, kamen nicht überraschend. Sie
haben sich angekündigt. Die Umwelt der Kirchen hat sich kontinuierlich,
innerhalb von Jahrzehnten, geändert. Und diese Umwelt wird sich weiterhin
verändern, wahrscheinlich noch schneller und fundamentaler als bisher. Es
herrscht heute weitgehende Einigkeit darüber, dass den Kirchen beider
Konfessionen die Bewältigung dieser Veränderungen bisher in vieler Hinsicht nur unzureichend gelungen ist. Die Ursachen dafür müssten aus sozio-
logischer, kirchengeschichtlicher und theologischer Perspektive analysiert
werden, was den Rahmen dieser Arbeit sprengen würde. Untersucht werden
soll jedoch, welche Anforderungen die heutige Umwelt von Gemeinden an
ihre Führung stellt und welche Management- oder in kirchlicher Sprache
Leitungskonzeptionen diesen Anforderungen am besten entsprechen.

Wenn dabei Erkenntnisse der Management- und Betriebswirtschaftslehre
daraufhin geprüft werden, ob und in welcher Form sie für die Arbeit und
Führung in einer Gemeinde relevant sind und wie sie allenfalls umgestaltet
und angepasst werden müssen, dann geschieht dies stets unter dem Vorbehalt, dass eine Kirchgemeinde in vielerlei Hinsicht ganz andere Anforderungen stellt als die Organisationen, für welche betriebswirtschaftliche Instrumente und Managementkonzepte entwickelt worden sind. Wenn man sich
vergegenwärtigt, dass ökonomische und betriebswirtschaftliche Ziele, Funktionen und Denkweisen v.a. in profitorientierten Unternehmen einen kaum
hinterfragten Eigenwert besitzen - einen Eigenwert, in dem Ansprüche von
ausserökonomischen Werten zwar an Bedeutung gewinnen, aber faktisch
immer noch einen geringen Stellenwert haben - so wird deutlich, dass die
Führung von Kirchgemeinden einen anderen Umgang mit ökonomischen und
betriebswirtschaftlichen Aspekten erfordert. Aufgrund des Auftrages der
Kirchen, der hier der Einfachheit halber mit „Aktualisierung und praktische

Vergegenwärtigung der christlichen Botschaft" bezeichnet werden soll[3], bekommen theologische Gesichtspunkte, Wertfragen, die moralisch-ethische Qualität des eigenen Tuns, zentrale Bedeutung. Deshalb können ökonomische Fragen und betriebswirtschaftliche Probleme nie autonom, d.h. abgetrennt von der Aufgabe der Kirche, angegangen werden. D.h. Management (oder „Führung", „Leitung") kann sich im kirchlichen Umfeld nicht unbesehen an Denkmustern anderer Organisationen orientieren.

Manche „gängigen" Wahrnehmungsmuster von Kirche und Wirtschaft bzw. die damit verbundenen Unverträglichkeiten zwischen beiden Bereichen sollten m.E. dabei überwunden werden. Es lässt sich nämlich beobachten, dass die bestehenden Gegensätze und die entsprechenden Konfliktformen wesentlich darin gegründet sind, dass sich die Denkweisen hüben und drüben in einem wesentlichen Punkt erstaunlich ähnlich sind. Beide Seiten gehen von einem Selbstverständnis aus, das die heutigen Konfliktmuster überhaupt erst ermöglicht: Während Ökonomen und Wirtschaftspraktiker im Bereich der Wirtschaft nur eine an den Sachzwängen und Realitäten des Marktes orientierte Rationalität gelten lassen, bei der Moral und Ethik auf die Funktion beschränkt wird, gewisse Auswüchse einer Ökonomisierung des Denkens zu korrigieren und sich gegenüber einer zunehmend kritischen Öffentlichkeit zu legitimieren, verstehen viele Kirchenvertreter ihre Aufgabe gegenüber der Wirtschaft in der Rolle des mahnenden Hüters der Moral. Damit decken sich die Vorstellungen beider Seiten über die Funktion moralischer Ansprüche: sie haben v.a. *korrektive* Funktionen gegenüber der Wirtschaft.[4] Die Gegensätze ergeben sich dann in unterschiedlichen Auffassungen über das Ausmass von moralbegründeten Korrekturen. Diese von beiden Seiten geförderte Rollen- und Arbeitsteilung fördert Denkmuster, die strukturell Ähnlichkeiten mit der Zwei-Reiche-Lehre Luthers aufweisen. Es gibt zwei grundsätzlich getrennte Welten, in der unterschiedliche Normen gelten:

---

[3] *Wie die im Rahmen dieser Arbeit häufig verwendeten Begriffe "Auftrag" oder "Mission" der Kirche, bzw. der Kirchgemeinde interpretiert werden können, wird in Abschnitt 3.4.2 analysiert.*

[4] *vgl. dazu Ulrich P. (Sachlichkeit) 409-413*

Einerseits die autonome Welt der Wirtschaft als Teil des *regnum mundi*, in der die ökonomische Vernunft regiert und andererseits das *regnum Christi,* das von der Kirche zu befördern ist. Sie ist für Belange des Glaubens, der Moral und der Pflege von christlichen Idealen zuständig. Auf dem Hintergrund dieses Selbstverständnisses ist die Kirche in eine Rolle hineingewachsen, in der sie im Hinblick auf das wirtschaftliche Geschehen (oft in wenig überzeugender Weise) versucht, moralische Gartenzäune um die als beängstigend empfundene Dynamik des Wirtschaftens zu ziehen. Eine Rolle, die bei Wirtschaftsvertretern nicht selten auf Widerstand stösst und mit dem Verweis auf weltferne Schöngeisterei, Verkennen von Realitäten, kirchlicher Inkompetenz oder der Kirche nicht zustehende politische Agitation abgelehnt wird.

Eine „Managementtheorie" für Kirchgemeinden kann ihrer Sache nur gerecht werden, wenn sie einen Beitrag zur Überwindung solcher Denkmuster zu leisten vermag. Dies dürfte dann möglich sein, wenn eine glaubwürdige und einsichtige Integration von ökonomischer Vernunft in das Normengefüge der Kirche gelingt. Eine solche integrative Zielsetzung erfordert,

- dass ökonomische Logik oder gar Sachzwänge nicht gegen das Menschengerechte und Evangeliumsgemässe aufgerechnet werden und

- dass die Wissensbestände der ökonomischen Disziplinen kritisch und selektiv (durch die Prüfung ihrer „Kirchenverträglichkeit") in kirchenadäquater Ergänzung genutzt werden.

TEIL I

GRUNDLAGEN

1 Problemstellung und Methodik

1.1 Grundfragen und Zielsetzung

Zunächst sei an dieser Stelle eine Präzisierung zum Gebrauch des Begriffs „Kirche" in dieser Arbeit angebracht. Kaufmann stellt zu Recht fest, dass der undifferenzierte Gebrauch des Kirchenbegriffs für die unterschiedlichsten Phänomene, Wirklichkeitsebenen und Handlungsvollzüge eine angemessene Wahrnehmung und Reflexion dessen, was heute Kirche ist, verhindert. Das Wortsymbol „Kirche" steht - ähnlich den Wortsymbolen „Staat", „Wirtschaft" - für einen komplexen Zusammenhang, dessen innere Struktur und Dynamik verstanden werden muss, wenn darüber etwas Vernünftiges ausgesagt werden soll.[5] Es entspricht nicht der Thematik dieser Arbeit, diese komplexe Struktur und Dynamik der Kirche als Ganzes zu analysieren und zu erhellen. Gegenstand der nachfolgenden Diskussionen ist primär die evangelisch-reformierte Kirchgemeinde als definierbare organisatorische Teileinheit der Kirche. Der Begriff Kirche wird nur verwendet, wenn es um die Erörterung der Einbettung der Gemeinde in das Gesamtsystem Kirche geht.

In jüngster Zeit wurden in der Kirche vermehrt Möglichkeiten der Anwendung von Managementmethoden und -erkenntnissen, die in anderen Institutionen des Profit- und Nonprofit-Bereichs gewonnen und angewandt werden, diskutiert. Auch wenn im Umfeld der Kirche Managementfunktionen in eine spezifisch kirchliche Sprache gefasst werden, indem von „Leitung", „Ämtern", „Diensten" gesprochen wird[6], wird im folgenden häufig der Begriff „Management" verwendet, weil es unumgänglich ist, bei der beabsich-

---

[5] *Kaufmann F.-X. (Christentum) 13*

[6] *vgl. dazu beispielsweise (Handbuch) 133-229 oder die entsprechende in kirchlichen Reglementen verwendete Begrifflichkeit.*

tigten Öffnung gegenüber ökonomischen Disziplinen auch auf ökonomische Begriffssysteme zurückzugreifen.

Dabei ist damit zu rechnen, dass die Begriffe „Management", „Managementlehre" oder „Betriebswirtschaftslehre" und deren begriffliches Instrumentarium für viele in der Kirche arbeitenden Menschen Reizworte sind oder mindestens auf Skepsis oder Ablehnung stossen. „Management" weckt hier noch mehr als ausserhalb der Kirche vielfältige moralisch belastete Vorstellungen, indem es verbunden wird mit technokratischem und gewinnorientiertem Denken, mit „Macht und Einfluss, Leistung und Fortschritt, Einkommen und Erfolg, Prestige und Anerkennung", aber auch mit „Geschäftemacherei und Korruption, Willkür und Missbrauch, mit Ausbeutung und Zerstörung und v.a. einer ausschliesslich auf materialistische Dinge gerichteten Lebenseinstellung"[7]. Die Schlussfolgerung der Unvereinbarkeit mit christlichen Wertekategorien ist auf diesem Vorstellungshintergrund naheliegend.

Die damit verbundenen Missverständnisse und Vorurteile erschweren leider einen unbefangenen, differenzierten Umgang mit dem Phänomen Management - unabhängig davon, ob damit die real existierende Führungspraxis oder irgend eine bestimmte Managementlehre gemeint ist. Wenn - ohne den entsprechenden detaillierten Erläuterungen in Kapitel 3 vorzugreifen - der Managementlehre die Grundfunktionen zugeordnet werden, Antwort zu geben auf die Frage, wie man gut wirtschaftet und praktische Führungsprobleme löst, dann bedeutet das für Management in der Kirche:

– Auch kirchliche Leitungsorgane haben Management-Probleme zu lösen und deshalb tun sie dies wohl am sinnvollsten durch den Einbezug eines ihren Erfordernissen Rechnung tragenden Management-Know-hows.

– Management war implizit seit je her integraler Bestandteil einer organisierten Kirche (vgl. Abschnitt 4.1). Management ist nur deshalb für Organisationen im Bereich der Wirtschaft ins Zentrum der Aufmerksamkeit

---

[7]   *Malik F. (Managementperspektiven) 13*

gerückt, weil man dort am frühesten begonnen hat, sich über die Wirksamkeit, Systematisierung und Verbesserung von Management Gedanken zu machen. Aber Managementfunktionen sind keinesfalls nur für erwerbswirtschaftliche Organisationen relevant. In mancher Hinsicht sind sie auch für Organisationen mit anderer Aufgabenstellung, wie die Kirche, von ebenso zentraler Bedeutung, sofern es gelingt, sie den Anforderungen dieser Organisationen anzupassen.

Im Zentrum dessen, was mit kirchenspezifischen Anforderungen an Management gemeint ist, steht die Aufgabe, vielfältigen normativen Ansprüchen und theologischen Zielsetzungen nicht nur gerecht zu werden, sondern diese zur normativen Grundlage für das Wirtschaften und Leiten in der Kirche zu machen. Diese Aufgabe besteht darin, kompetent über den Stellenwert und die Begründbarkeit von moralischen und/oder religiösen Anschauungen und Handlungsorientierungen nachzudenken und Vorstellungen darüber zu entwickeln, wie entsprechende Ansprüche sowohl bei Grundsatzentscheiden als auch in der praktischen Leitungtätigkeit angemessen integriert werden können. D.h., für wertorientiertes (oder in der Managementlehre gebräuchlicher: normatives) Management in der Kirche sind weder die Kompetenz im Umgang mit betriebswirtschaftlichen Fragen noch theologisch-ethische Kompetenz allein ausschlaggebend, sondern die Fähigkeit, beides miteinander zu verbinden. Diese Integrationsleistung ist m.E. auch ohne durch entsprechende Ausbildungen gewährleistete Doppelqualifikationen möglich.

Eine Schlüsselrolle bei dieser Integration dürften *wirtschaftsethische Überlegungen und Argumente* bilden. Sie können, wie Jäger betont, indem sie eine *Brückenfunktion zwischen ökonomischen und christlichen Postulaten* bilden[8], auch den Zugang von kirchlichen Leitungsverantwortlichen und des für kirchliche Aufgaben geschulten Personals zu Managementwissen erleichtern.

Im Rahmen kirchlicher Wirtschaftsethik in der genannten integrativen Absicht wird es unumgänglich sein, bestimmte Rollenmuster, die geschichtlich

---

[8]   *Jäger A. (Wirtschaftsethik) 39*

11

weit zurückreichen, kritisch zu hinterfragen: Etwas überzeichnet ausgedrückt geht es um die bereits in der Einführung angesprochene Rolle der Kirche als Verwalterin von moralischen Ansprüchen, die - wie auch immer - christlich motivierte ausserökonomische Moralität in die Ökonomie hineintragen, bzw. damit ökonomische Denkmuster korrigieren will. Die dahinter stehenden Vorstellungen einer Zweiteilung der Welt in einen kirchlichen Bereich als Ort der „reinen" christlichen Moral und einen Wirtschaftsbereich, in dem ökonomische Sachlogik im Gegensatz zu „unsachlichen" Moralansprüchen steht, müssen überwunden werden.

Die Frage, wie Management in Kirchgemeinden gestaltet werden kann, wenn es darum geht, in konkreten Entscheidungs- und Handlungssituationen die wertorientierte Umsetzung theologischer Sinnziele angemessen zu berücksichtigen, ist in der vorliegenden Arbeit gewissermassen der übergeordnete Bezugspunkt aller entwickelten Konzepte und Problemlösungsentwürfe. Dieser Ansatz wird auch zum primären Massstab bei der Beurteilung der Frage, inwieweit der Transfer von Managementerfahrungen und -wissen aus anderen Bereichen in die Kirche möglich und sinnvoll ist.

Nun ist es modern geworden, auch Institutionen, die bisher kaum nach betriebswirtschaftlichen Prinzipien geführt wurden - wie Organisationen des Gesundheitswesens, des Bildungssystems, im kulturellen Bereich und neuerdings auch Kirchen - die Anwendung modernen betriebswirtschaftlichen Denkens und der entsprechenden Methoden zu empfehlen. Äusserer Anlass dazu sind häufig - und dies gilt heute immer mehr auch für die evangelisch-reformierte Kirche - untragbar gewordene Kosten, bzw. Finanzierungsprobleme. Oft wird dabei unterstellt, dass die Wirtschaft und ihre Organisationen aufgrund ihrer Erfahrung und Fertigkeit im Umgang mit betriebswirtschaftlichen Instrumenten eine hohe Kompetenz in allen Belangen erfolgreichen Wirtschaftens entwickelt hätten und man schliesst dann daraus, dass dieselben Denkweisen und Methoden, welche sich in der Welt der Wirtschaft als erfolgreich erwiesen haben - bzw. wenn sich das einstellt, was in den Wertekategorien der Ökonomie als Erfolg definiert wird - ohne weiteres auch anderen Organisationen, beispielsweise einer kirchlichen Institution, zum Segen gereichen.

Hinter diesen Begründungsmustern für eine Öffnung gegenüber Ökonomie und Management steht zwar die durchaus zutreffende Erkenntnis, dass sich die lebenspraktischen Problemlagen, denen sich die Kirche zu stellen hat, nicht an die etablierten disziplinären Abgrenzungen menschlichen Wissens zu halten pflegen, d.h. dass theologisches Wissen, christliche Überzeugungen und Traditionen allein zur Bewältigung mancher aktueller Probleme offensichtlich nicht mehr ausreichen. Aber nicht selten wird dann das neue Wissen aus ökonomischen Disziplinen unreflektiert, gewissermassen im Masstab 1:1, übernommen, ohne es an die Bedürfnisse oder die Wesensart von kirchlichen Institutionen anzupassen. Damit werden einerseits das Problemlösungspotential von Management-Know-how zu wenig ausgeschöpft und andererseits unnötige Widerstände v.a. bei vielen kirchlichen Mitarbeitern provoziert.

Die Führungsaufgaben in Kirchgemeinden entwickeln sich heute zunehmend von der ursprünglichen Verwaltung des status quo in einem stabilen Umfeld zu aktivem Krisenmanagement und kreativer Zukunftsgestaltung. Mit den Worten Jägers: die Kirchenverwaltung entwickelt sich zur Kirchengestaltung[9]. In vielen Gemeinden und auch Kantonalkirchen gehört heute die Aufgabe dazu, mit knapper werdenden Finanzen auszukommen. Gegenwärtig sehen sich immer mehr Gemeinden und Kantonalkirchen mit einer Stagnation oder einem Rückgang der finanziellen Mittel konfrontiert. Die kirchlichen Leitungsverantwortlichen auf kantonaler Ebene und in zahlreichen Gemeinden müssen sparen, einige sogar in einem Umfang, der mit punktuellen Massnahmen nicht mehr zu bewältigen ist. Die nötigen Einsparungen können nur realisiert werden, wenn bei den grössten Ausgabenposten von Gemeinden redimensioniert wird, d.h. wenn Personal abgebaut wird und die Ausgaben für die bauliche Infrastruktur eingeschränkt werden. Schrumpfungs- und Redimensionierungsprozesse müssen initiiert und bewältigt werden, und es wird wichtiger, die verfügbaren Ressourcen (Geld, Personal, Infrastruktur) möglichst wirtschaftlich einzusetzen.

---

[9] *Jäger A. (Konzepte) 13*

Nun gehörte *das Wirtschaften* stets schon zu den unverzichtbaren Aufgaben von Gemeinden. Wirtschaften bedeutete dabei immer schon den zweckmässigen Einsatz knapper Mittel. Ein privater Haushalt wirtschaftet dann rational oder zweckmässig mit dem verfügbaren Einkommen, wenn er es bestmöglich auf die verschiedenen Verwendungszwecke aufteilt. Je besser dies gelingt, desto mehr Nutzen zieht der Haushalt aus der Einkommensverwendung. Allerdings ist im kirchlichen Umfeld das begriffliche Konstrukt „Nutzen" wesentlich schwerer definierbar und noch weniger messbar. Bei einem Rückgang der finanziellen Mittel intensiviert sich daher zwangsläufig die Frage, was ein zweckmässiger, wirksamer Einsatz der finanziellen Ressourcen für die Gemeinde bedeutet. Dabei zeigt sich, wie wertgeladen, vielschichtig und damit auch kontrovers die Vorstellungen über nutzbringenden Ressourceneinsatz sind. Grundsätzlich werden auch Gemeindeleitungen nicht darum herumkommen, vermehrt Kriterien von Effizienz (= die Dinge richtig tun) und Effektivität (= die richtigen Dinge tun) beim Lenken und Gestalten ihrer Gemeinde einzubeziehen. Allerdings werden sich im kirchlichen Kontext Effizienz und Effektivität gefallen lassen müssen, ganz im Dienste des kirchlichen Auftrags zu stehen. D.h., theologische und normative Orientierungen werden dazu führen, dass Wirksamkeit und Wirtschaftlichkeit sich an anderen Massstäben messen müssen als in erwerbswirtschaftlichen Organisationen.

Die Integration normativer Orientierungen darf sich dabei nicht nur auf die Entwicklung von Zielen und Grundsatzpapieren beschränken, sondern sollte auch in den vorgelegten Lösungen für Probleme manifest werden, die sich im Rahmen von konkreten, praxisnahen Fragestellungen ergeben:

– Wie werden längerfristige Strategien entwickelt?
– Wie sollen Redimensionierungsprozesse bzw. -projekte gestaltet werden?
– Wie können die verfügbaren Mittel wirksamer und wirtschaftlicher eingesetzt werden?

1.2   Vorgehen und Methodik

Die skizzierte Thematik wird in drei Hauptschritten entfaltet, die deduktiv aufeinander aufbauen, d.h. ausgehend von grundsätzlichen Überlegungen werden einzelne Aspekte vertieft und konkretisiert:

Teil I: Grundlagen

Teil II: Leitung von Kirchgemeinden: Möglichkeiten des Managements

Teil III: Leitbildentwicklung und sparorientierte Reorganisation

In den folgenden Kapiteln von **Teil I** werden wesentliche Grundlagen und Voraussetzungen zur Bearbeitung der Thematik „Führung von Kirchgemeinden" aufgearbeitet. Dabei werden zunächst einige neuere Entwicklungstrends einerseits im kirchlichen Bereich und andererseits in der Management- und Betriebswirtschaftslehre kurz skizziert. Dabei wird deutlich, dass gegenwärtig auf beiden Seiten gute Voraussetzungen zur Entwicklung interdisziplinärer Ansätze bestehen (Kapitel 2). In Kapitel 3 werden die Spannungsfelder zwischen Ökonomie und Theologie, bzw. zwischen Betriebswirtschafts- / Managementlehre und Kirche ausgeleuchtet. Insbesondere soll die Frage geklärt werden, wie die Betriebswirtschaftslehre im normativ-ethisch „geladenen" Umfeld der Kirche angemessen zur Sache kommen kann. Dies ist der Ausgangspunkt, um die Legitimation und Zweckmässigkeit von interdisziplinären Ansätzen zu begründen.

Im Kapitel 4 werden in kurzer Zusammenfassung einige organisationshistorische Entwicklungslinien der Kirchen nachgezeichnet in der Absicht, aktuelle Bezugspunkte der kirchlichen „Managementgeschichte" herauszuarbeiten. Weiter werden in diesem Kapitel in beschreibender Weise die Ausgestaltungsformen der Organisationsstrukturen von evangelisch-reformierten Kirchgemeinden in ein - gegenüber der traditionellen Begrifflichkeit in diesem Bereich - neues begriffliches Raster gebracht sowie auf die ethischen Konsequenzen der öffentlich-rechtlichen Verfassung der evangelisch-reformierten Kirche hingewiesen.

Zu den wesentlichen Rahmenbedingungen der Führung einer Gemeinde gehört ihre Einbettung in kantonalkirchliche Strukturen, indem sie in vielfältiger Weise mit dem System Kantonalkirche und indirekt auch mit den Organen und assoziierten Organisationen des Schweizerischen Evangelischen Kirchenbundes (SEK) verflochten ist. Im eher deskriptiven Kapitel 5 werden deshalb die diesbezüglichen Strukturen und Rahmenbedingungen dargestellt. Die konkrete Ausgestaltung dieser Strukturen und Rahmenbedingungen sind - auch wenn es viele Gemeinsamkeiten gibt - in der Schweiz in jedem Kanton anders geregelt. Die Darstellung in Kapitel 5 beschränkt sich auf die Verhältnisse der Gemeinden im Kanton St. Gallen. Dasselbe gilt für die Erläuterung der Finanzierung der evangelisch-reformierten Kirche im Anhang. Diesem Anhang beigefügt ist auch eine Analyse der Ausgaben- und Einnahmenstruktur der Gemeinden im Kanton St. Gallen sowie deren Entwicklung seit 1970. Die entsprechenden Daten wurden durch eine Fragebogenerhebung in den Gemeinden des Kantons St. Gallen bereitgestellt.

Im **Teil II** wird zunächst eine Bestandesaufnahme der aktuell wesentlichsten Managementprobleme von Kirchgemeinden vorgenommen (Kapitel 6). Dabei wird deutlich, dass die ausgeprägte Menschen- und Wertorientierung von Kirchgemeinden sowohl Ursache für viele Probleme als auch Ausgangspunkt für deren Lösung darstellt. Diese Bestandsaufnahme stützt sich auf die genannte Befragung der Kirchgemeinden, die neben Finanzdaten auch einen Fragebogenteil über Organisation und Führung enthielt, auf Erfahrungen des Verfassers bei Beratungsprojekten in Kirchgemeinden sowie auf Literatur zu kirchlichen Führungsproblemen.

Das Schwergewicht von Teil II liegt in der Darstellung einer Managementkonzeption, die dazu dienen soll, Lösungsansätze für die in Kapitel 6 dargestellten Probleme zu finden.

Der Entwurf eines Rahmenkonzepts und der zugehörigen Komponenten eines integrierten Managementmodells für Kirchgemeinden (Kapitel 7) soll dazu dienen, Situation und Umfeld einer Gemeinde systematisch zu analysieren und die Integration der vielfältigen Wertorientierungen einer offenen, volkskirchlichen Gemeinde sicherzustellen. Zudem soll das Konzept gewährleisten, dass wesentliche Einzelentscheidungen im Gesamtzusammenhang erfolgen können sowie Koordinationsbedarf frühzeitig erkannt wird.

Kapitel 8 schliesslich sucht in Entsprechung zu den identifizierten Kernproblemen nach kritischen Erfolgsfaktoren sowie Verbesserungsmöglichkeiten in der Führung von Kirchgemeinden. Dieser Teil ist stärker anwendungsorientiert ausgestaltet.

Die Bewältigung der aktuellen Schrumpfungsentwicklungen der Kirchen (vgl. Abschnitte 1.1 und 2.1) fordern von vielen Gemeinden und Kantonalkirchen - insbesondere wenn sie mit Finanzierungsproblemen verbunden sind - Problemlösungen, die hohe Ansprüche an Kreativität, Führungsgeschick und zunehmend auch an betriebswirtschaftliche Fertigkeiten stellen. Im **Teil III** sollen deshalb in praktischer Ausrichtung das Management von Redimensionierungs- und Restrukturierungsprozessen in Gemeinden sowie Möglichkeiten zur Identifikation von Sparpotentialen dargestellt werden.

Neben der Darstellung adäquater betriebswirtschaftlicher Instrumente - insbesondere des Projektmanagements - besteht ein wesentliches Ziel dieses Teils darin, aufzuzeigen, wie eine Beschränkung von Spar- und Restrukturierungsprozessen auf die Anwendung betriebswirtschaftlich ausgerichteter „Sanierungstechnik" vermieden werden kann. D.h., Sparzwänge und -massnahmen sollen nicht isoliert aus der Optik der Anwendung der „richtigen" Techniken betrachtet, sondern in den Zusammenhang grundsätzlicher Überlegungen zu den Zwecken und längerfristigen Zielen der Gemeinde eingebettet werden. Dahinter steht die Feststellung, dass eine Kirche, die aller Voraussicht nach in Zukunft über weniger Ressourcen verfügen wird, nicht schlechter werden muss, wenn es ihr gelingt, unter Leitungsverantwortlichen und Mitarbeitern einen Konsens bezüglich grundsätzlicher, längerfristiger Zielsetzungen und Werthaltungen zu finden, wenn sie eine klare Vorstellung ihrer Mission, ihrer Aufgabe hat und wenn sie erfolgreich ist in der Mobilisierung ihrer Mitglieder. Darum werden in Kapitel 9 Ansätze und Möglichkeiten zur Erarbeitung eines gemeinsamen Zielrahmens in Form eines Leitbildes diskutiert.

2   Die Ausgangslage

Die folgende Darstellung von Entwicklungstrends, einerseits im kirchlichen Bereich und andererseits der Management- und Betriebswirtschaftslehre, muss aufgrund der im Rahmen der vorliegenden Thematik gebotenen Kürze selektiv bleiben. Es soll eine Auswahl derjenigen Aspekte vorgenommen werden, welche für das Ziel der vorliegenden Arbeit - die Entwicklung von Managementkonzepten für die evangelisch-reformierte Kirche, bzw. für Kirchgemeinden - von Bedeutung sind.

2.1   Kirchliche Entwicklungen

Im Zentrum der Diskussionen um die Entwicklung der Kirchen stehen sicher die erwähnten Schrumpfungserscheinungen, von denen die beiden Grosskirchen in unterschiedlicher Ausprägung betroffen sind. Dazu gehören Kirchenaustritte, Rückgang der Mitgliederbeteiligung an kirchlichen Anlässen und neuerdings Finanzierungsprobleme. Zudem hat die Kirche, v.a. auf reformierter Seite, einen weitreichenden gesellschaftlichen Bedeutungs- und Akzeptanzverlust hinnehmen müssen, der sowohl christliche Glaubensinhalte als auch die Institution Kirche betrifft. Die Analyse von kirchlichen Schrumpfungstendenzen anhand der Auswertungen verschiedener empirischer Erhebungen zur Lage der Volkskirche in Deutschland durch Rendtorff lässt sich auf die Kurzformel bringen: Die äusseren Erscheinungsformen (Strukturen, Formen kirchlichen Handelns) sind stabil, nicht der Bestand der Volkskirche.[10] Dem fortwährenden Schwund in der Anhängerschaft der grossen Konfessionen steht eine gegenläufige Entwicklung gegenüber: ein Blühen von Religion, das sich in einem ausserordentlich hohen Interesse an

---

[10]   *Rendtorff T., (Religion) 57ff. Rendtorff erinnert in diesem Zusammenhang zu Recht daran, dass eine Kirche nicht schon dann stabil ist, wenn sie ihre Struktur bewahrt, sondern wenn es ihr gelingt, ihrem Auftrag gerecht zu werden (S.59).*

Ausprägungen der Religion zeigt, „die von den Grosskirchen[11] nur schwach oder gar nicht kontrolliert werden; Bücher von kirchlich marginalisierten Autoren finden - wenn man auf die Bestsellerlisten des Buchhandels abstellen kann - ihr Massenpublikum ebenso wie esoterisch geprägte Lebenshilfe in Buch- oder Therapieform."[12]

Diese Entwicklung muss in einem grösseren Zusammenhang gesehen werden. Denn alle grösseren, an bestimmte gesellschaftliche Werte gebundenen Institutionen wie Behörden, Vereine und Parteien haben angesichts der starken Individualisierung, der Privatisierung fast aller Lebensbereiche und dem Verlust kollektiver Orientierungen Mühe, ihre Bürger bzw. Mitglieder mit einer Identität auszustatten und sie zur aktiven Mitgestaltung von gemeinschaftlichen Aufgaben zu motivieren. Die Individualisierung muss dabei in ihrem Zusammenhang mit der zunehmenden funktionalen Differenzierung der Gesellschaft gesehen werden. Individualisierung ist zugleich Bedingung und Folge dieser Differenzierung: Die Atomisierung der Gesellschaft, in der sich immer mehr Bereiche auseinander entwickeln, führt zusammen mit der fortschreitenden Arbeitsteilung dazu, dass es immer mehr Möglichkeiten gibt, Mitgliedschaften in verschiedenen sozialen Kreisen miteinander zu kombinieren.[13] Dieser zunehmenden individuellen Vielfalt entspricht auf der anderen Seite eine „fortschreitende Unbestimmtheit des kollektiven Bewusstseins".[14] Deshalb werden alternative religiöse Angebote und Gemeinschaften (von Freikirchen bis zu sektenartigen Gruppierungen) ebenso wie neue, sinnstiftende Institutionen (etwa Umweltorganisationen) zu ernsthaften Konkurrenten der Grosskirchen. Das Phänomen der Säkularisierung als Erklärungsansatz für die genannten Entwicklungen heranzuziehen, ist daher längst nicht mehr zeitgemäss.

---

[11] *Unter Grosskirchen werden im folgenden die römisch-katholische und die evangelisch-reformierte Landeskirche mit öffentlich-rechtlichem Status verstanden.*

[12] *Dubach A./Campiche R.J. (Hrsg.) (Religion) 17*

[13] *vgl. ebenda 24*

[14] *Dürkheim E. (Religion) 24*

Die zitierte religionssoziologische Studie aus dem Jahr 1989[15] erklärt das Phänomen von Schwunderscheinungen bei den traditionellen Kirchen und dem gleichzeitigen Blühen von Religion mit dem Begriff einer strukturell verankerten Individualisierung. Es ist „ein ausserordentlich hohes Interesse an Ausprägungen der Religion festzustellen, die von den Kirchen nur schwach oder gar nicht kontrolliert werden ... und in deutlichem Gegenzug zur Entwicklung bei den Grosskirchen scheinen religiöse Gemeinschaften der freikirchlichen Tradition ebenso zu florieren wie Gruppierungen, welche üblicherweise als religiöse oder quasireligiöse Sekten bezeichnet werden."[16] Die Abkehr von den sinnstiftenden christlichen Gemeinschaften der Grosskirchen führt also, anders als früher, nicht zu Existentialismus oder philosophisch formuliertem Materialismus - Denkmodellen, die jeweils auf ihre Weise Fragen nach einem übergeordneten Lebenssinn verneinen. Im Gegenteil:

„Die alte Frage nach dem Sinn des Lebens beschäftigt die Menschen des postindustriellen Zeitalters so sehr wie kaum eine andere. Allein: Sie suchen neue Antworten."[17]

Zunehmend problematisch wird für die Grosskirchen die je nach soziodemografischer Struktur der Bevölkerung unterschiedliche, aber doch kontinuierlich wachsende Austrittsneigung ihrer Mitglieder. Die Tab. 2-1 zeigt, dass in den 60er Jahren noch mehr Menschen in die evangelisch-reformierte Kirche des Kantons St. Gallen eingetreten als ausgetreten sind. Zwischen den 70er und 80er Jahren hat sich die durchschnittliche Austrittsrate pro Jahr etwa verdoppelt und für die 90er Jahre zeichnet sich eine Vervielfachung der Austritte ab (vgl. auch Tab. 2-2).

---

[15] *Dubach A./Campiche R.J. (Hrsg.) (Religion)*

[16] *ebenda 17*

[17] *DER SPIEGEL (Nr. 52/25.12.1994) 82*

	1960-69	**1970-79**	**1980-89**	**1990-93**
Netto-Eintritte (+) und -Austritte (-) kumuliert	+776	-880	-1701	-2089
Netto-Eintritte (+) und -Austritte (-) (Jahresdurchschnitte der angegebenen Zeitperioden)	+78	-88	-170	-522

Tab. 2-1: Netto- Ein- und Austritte in der evang.-ref. Kirche des Kantons St. Gallen (Summe aller Kirchgemeinden)[18]

	1970-79	**1980-89**	**1990-93**	**1993**
Netto-Eintritte (+) / -Austritte (-) (Jahresdurchschnitte der angegebenen Zeitperioden)	-88	-170	-522	-764
In % des gesamten Mitgliederbestandes	**0,07%** Bezugsbasis: Volkszählung 1970	**0,13%** Bezugsbasis: Volkszählung 1980	**0,4%** Bezugsbasis: Volkszählung 1990	**0,58%** Bezugsbasis: Volkszählung 1990

Tab. 2-2: Netto- Ein- und Austritte in der evang.-ref. Kirche des Kantons St. Gallen in Prozent des gesamten Mitgliederbestandes

Die Entwicklung der Austritte muss im Zusammenhang mit der „Kulturrevolution" der späten 60er Jahre gesehen werden. Kaufmann bietet fünf zeitdiagnostische Kurzformeln an, um diesen Übergang zu bezeichnen:[19]

---

[18] *Zusammenzug der Austrittszahlen für die Kirchgemeinden des Kantons St. Gallen in den Amtsberichten des Kirchenrates 1960-1993*

[19] *Kaufmann F.-X. (Glaube und Kommunikation) 140f*

1. Von der Industriegesellschaft zur Dienstleistungsgesellschaft: Neue Technologien verdrängen zunehmend die vorwiegend auf körperlicher Anstrengung beruhende Industriearbeit; Wissen und Organisation treten als eigenständige Produktionsfaktoren neben Kapital und Arbeit.

2. Von der Klassengesellschaft zur Risikogesellschaft: Mit der zunehmenden Wohlstandssteigerung und der Annäherung der Lebensverhältnisse in Stadt und Land verlieren herkömmliche Status- und Milieuunterschiede ihren Orientierungswert.

3. Der Umbruch der weiblichen Lebensverhältnisse: Im Gefolge einer Angleichung der Bildungschancen verlieren traditionelle Unterschiede der Geschlechterrollen ihre Plausibilität.

4. Die zunehmende Dominanz der Massenmedien verändert im Zusammenwirken mit der zunehmenden Organisiertheit des öffentlichen Lebens die Erfahrungshorizonte und Sozialbeziehungen in Richtung auf wachsende Anonymität und Unübersichtlichkeit.

5. Die intellektuelle Verarbeitung dieser Entwicklungen führt zu einer wachsenden Differenzierung und Abstrahierung der kulturellen Modelle von Wirklichkeit, welche sich immer weniger mit den alltäglichen Erfahrungen vermitteln lassen. Die Konsequenz lässt sich einfacher ausdrücken: Noch nie hat eine Zivilisation ihre Lebenserfahrungen weniger verstanden als unsere.

In ihrem Zusammenwirken resultiert aus diesen Entwicklungen eine Dynamik, welche zu einer kulturellen Entwertung aller Tradition zu führen scheint. Dieser Traditionsabbruch betrifft zwar alle im 19. Jahrhundert etablierten sozio-kulturellen Milieus, aber besonders stark die traditionsgeprägten Kirchen.

Die Phänomene einer strukturell verankerten Individualisierung (auch) der Religion, des Traditionsabbruchs und des Bedeutungsverlustes der Institutionen - der paradoxerweise mit der zunehmenden Bedeutung von formaler Organisation einhergeht - sind in komplizierter Weise miteinander verknüpft.

23

Sie können als Begründungszusammenhang hinter den folgenden Entwicklungen gesehen werden:

– Sie erleichtern den Entschluss zum Austritt, weil er heute gesellschaftlich weitgehend akzeptiert ist.

– Die Studie „Jede(r) ein Sonderfall?" lässt vermuten, dass die zunehmenden Austrittszahlen in Übereinstimmung mit den bereits dargelegten Befunden nicht mit abnehmendem religiösem Interesse zusammenhängen, denn 90% der Befragten[20] bestätigen, dass sie sich mit einer christlichen Konfession[21] verbunden fühlen.[22] Allerdings ist dieses religiöse Selbstverständnis nicht mehr so eindeutig wie in früheren Zeiten. Es wird allgemeiner verstanden, das Konfessionelle ist in Auflösung begriffen. Oft können Leute, denen die christlichen Kirchen als ein riesiger Eintopf erscheint, nicht einmal mehr sagen, was spezifisch christlich ist. D.h., die

---

[20] *Die vollstandardisierten mündlichen Interviews, die in dieser Studie durchgeführt wurden, sind im Rahmen einer gesamtschweizerischen dreisprachigen Erhebung in den Jahren 1988 und 1989 geführt worden. Das Design war auf eine national repräsentative Zufallsstichprobe von 1500 Einheiten aus der Grundgesamtheit der Schweizer(innen) sowie der Ausländer(innen) mit Niederlassungsbewilligung hin angelegt (Geburtenjahrgänge 1914 - 1972). Um je gesonderte Auswertungen in den Minderheitssprachregionen (italienisch- und französischsprachige Gemeinden) sowie im Kanton Zürich zu ermöglichen, wurden diese Regionen überrepräsentiert, sodass der Stichprobenplan insgesamt 1975 Interviews in 245 Gemeinden vorsah. (Zur Struktur der Stichprobe vgl. Dubach A./Campiche R.J. (Hrsg.), (Religion) 333)*

[21] *Der Begriff der "Konfession" wird unterschiedlich verwendet: Einerseits für die beiden grossen Konfessionsteile, die katholische und evangelisch-reformierte Kirche, andererseits aber auch für andere Religionsgemeinschaften. Die Verfassung des Kantons St. Gallen vom November 1990 redet in Art. 24 von einem katholischen und evangelischen Konfessionsteil. Diesen Kirchen, die auch als "Landeskirchen" bezeichnet werden, wird in Art. 24 auch der öffentlich-rechtliche Status zugestanden. In Anlehnung an diese gesetzliche Regelung werden im folgenden unter "Konfessionen" die beiden grossen Konfessionen mit öffentlichrechtlichem Status verstanden.*

[22] *Dubach A./Campiche R.J. (Hrsg.), (Religion) 58*

Kirchen[23] haben es zunehmend mit Mitgliedern zu tun, die kaum mehr über die wesentlichsten „Vereinsinhalte" ihrer Kirche Bescheid wissen.

– Immer mehr durchaus noch der Kirche angehörende Menschen suchen sich auf dem stets vielfältiger werdenden Markt der religiösen Angebote das aus, was ihnen zusagt. Das führt zu einer Auflösung des alten „kirchlichen Milieus". Es werden Elemente unterschiedlicher Religionen und Konfessionen kombiniert und vermischt. Es entstehen auf diese Weise verschiedenartigste individuelle „Patchwork-Religionen". So kann heute ein Protestant oder Katholik durchaus gleichzeitig Mitglied einer Gemeinde und Anhänger der Transzendentalen Meditation sein und zugleich jeden Morgen sein Horoskop in der Tageszeitung lesen.

Jüngere Menschen sind von den genannten Entwicklungen offensichtlich stärker betroffen als ältere, weshalb die Kirchenbindung bei älteren Menschen tendenziell grösser und die Austrittsbereitschaft kleiner ist als bei jüngeren.[24] In den meisten Gemeinden zeichnet sich denn auch eine Überalterung der Mitglieder im allgemeinen und der Interessierten und Engagierten im besonderen ab. Dieses Phänomen ist jedoch nicht nur durch gesellschaftliche Einflüsse und Entwicklungen bestimmt. Es wird auch dadurch gefördert, dass es im kirchlichen Angebot grosse Lücken gibt. Erinnert sei etwa an die weitgehende Unfähigkeit der Kirchen, einen grösseren Kreis von Jugendlichen für das kirchliche Leben zu interessieren.

Die Konsequenz aus all dem ist, dass die Kirchen nur noch über ein zahlenmässig stark geschrumpftes und demographisch einseitig zusammengesetztes „Fussvolk" verfügen, das ihre Botschaft weitergibt.

Ein langfristiger und kontinuierlich weitergehender Entwicklungsprozess ist im Verhältnis zwischen Staat und Kirche bzw. Religion i.a. festzustellen.

---

[23] *In Entsprechung zu den Erläuterungen von Fussnote 11 werden im folgenden unter "den Kirchen" (Mehrzahl) die beiden grossen Landeskirchen verstanden bzw. unter "der Kirche" (Einzahl) je nach Textzusammenhang beide grossen Kirchen mit öffentlich-rechtlichem Status zusammen oder eine der beiden Konfessionen.*

[24] *vgl. Dubach A./Campiche R.J. (Hrsg.), (Religion) 133ff*

„Im Verhältnis des Staates zur Religion hat sich eine grundlegende Veränderung vollzogen. Der Staat begreift die Religion nicht mehr in sich ein, wie das für die alte Polis-Auffassung des Staates grundlegend war. Er verhält sich auch zu ihr nicht mehr als zu seinem notwendigen Fundament und sieht seine Legitimation nicht in der Religion. Die Religion ist in ihm und von ihm freigegeben, in der Form der Anerkennung der Religionsfreiheit seiner Bürger. Sie hat dadurch die Möglichkeit ihrer Entfaltung, in und aus der Überzeugung der Bürger, aber sie entbehrt, vom Staat her gesehen, der Notwendigkeit. Sie ist auch nicht mehr der gemeinsame Boden, auf dem Staat und Kirche unbezweifelt stehen und auf den sie sich beziehen, wenn sie zusammenwirken oder Konflikte austragen."[25] Auf diesem Hintergrund und angesichts der vielfältigen staatlichen Dienste für die öffentlich-rechtlichen Landeskirchen verschiebt sich die Abhängigkeit zunehmend auf die Seite der Kirche. Im Sinne von Beispielen seien an einige dieser Dienste erinnert: Die politischen Gemeinden oder der Kanton ziehen - von wenigen Ausnahmen abgesehen - die Steuern für die Kirche ein, die Theologen, welche später kirchliche Dienste versehen, werden kostenlos an staatlichen Universitäten ausgebildet, der Staat unterrichtet Kinder im konfessionellen Glauben an staatlichen Schulen, befreit die Geistlichen auf deren Wunsch vom Wehrdienst, räumt den Kirchen Verkündigungszeit in den öffentlich-rechtlichen Radio- und Fernsehsendern ein, schützt kirchliche Feiertage, besoldet Militärseelsorger und garantiert den Kirchen Steuerfreiheit. Andererseits darf nicht übersehen werden, dass das soziale Engagement und die wertebildende Funktion der Kirche auch dem Staat Vorteile bringen. Die Verflechtungen zwischen Kirche und Staat sind zwar in den einzelnen Kantonalkirchen[26]

---

[25] *Böckenfröde E.-W. (Staat - Gesellschaft - Kirche) 31*

[26] *Die Landeskirchen mit öffentlich-rechtlichem Status folgen wie die staatlichen Institutionen einem föderalistischen Gliederungsprinzip, das für den evangelischen Konfessionsteil stärker ausgeprägt ist als für den katholischen (vgl. dazu auch Kapitel 4). Auf evangelischer Seite gibt es "Kantonalkirchen", die deckungsgleich sind mit dem Hoheitsgebiet der Kantone. Auf Bundesebene gibt es keine übergeordnete gesamtschweizerische evangelische Kirche im Sinne einer übergeordneten öffentlich-rechtlichen Körperschaft. Beim Schweizerischen Evangelischen Kirchenbund (SEK) handelt es sich um einen nicht obligatorischen Zusammenschluss von*

unterschiedlich geregelt, grundsätzlich gilt jedoch für alle deutschschweizer Kantone, dass vielfältige Beziehungen zwischen Kirche und Staat bestehen. Die Gestaltung des Verhältnisses zwischen Staat und Kirche wird von kirchlichen und politischen Exponenten immer wieder - und kontrovers - diskutiert und stellt eine häufige Quelle von innerkirchlichen Konflikten dar.

Häufig werden der Kirche dabei sowohl zu kritische Distanz zum Staat, wie sie sich beispielsweise in Kirchenasyl-Projekten manifestiert, als auch Distanzlosigkeit vorgeworfen. Der zweite Vorwurf betrifft beispielsweise die Verbindungen zwischen Armee und Kirche (Militärseelsorge), die häufig als aktive oder passive Unterstützung eines ihrem Wesen nach Gewalt anwendenden und damit unchristlichen staatlichen Machtinstruments interpretiert wird.

Bei den kirchlichen Ämtern war in den letzten Jahren v.a. die Rolle des Pfarrers[27] einem starken Wandel in dem Sinne unterworfen, als die Rollenerwartungen diffuser, komplexer und vielfältiger geworden sind. Merkmale dieser Veränderung sind beispielsweise eine Verschiebung der ursprünglich seelsorgerischen Funktionen und Rollen des Pfarrers zu anderen Professionen (Psychologen, Lebensberater usw.) und das Vordringen einer kleinen aktiven Minderheit von Laien im Rahmen ehrenamtlicher Tätigkeit in Funktionen, die früher dem Pfarrer vorbehalten waren. Es gibt kaum eine Funktion des Pfarrers ausser des „Vorsitzes" bei gottesdienstlichen Feiern, die nicht auch von Laien übernommen werden kann. In diesem Zusammenhang wird in jüngster Zeit zunehmend nach den spezifischen Kompetenzen des Gemeindepfarrers gefragt, es werden „Zeichen professioneller Unterentwicklung des Pfarrberufes"[28] festgestellt und neue Kompetenz- und Rollendefi-

---

evangelisch-reformierten Kantonalkirchen, protestantischen Diasporaverbänden und kantonalen Freikirchen mit privatrechtlicher Form gemäss Art. 60 ff. ZGB (vgl. auch Abschnitt 5.1.4).

[27] *Der Einfachheit halber wird im folgenden bei Aufgaben- und Funktionsträgern nur die männliche Form verwendet. Weibliche Mitarbeiterinnen sind damit eingeschlossen.*

[28] *Schneider O. (Pfarrei) 85*

nitionen gesucht. Dabei wird insbesondere die Funktion des Pfarrers als Gemeindeleiter hervorgehoben. D.h. es wird die koordinierende, moderierende und planende Tätigkeit im Sinne eines „community organizer" betont.[29]

Zusammenfassend lässt sich die Herausforderung an die Erfüllung des kirchlichen Auftrages unter den skizzierten gesellschaftlichen Bedingungen auf die Frage bringen, ob und gegebenenfalls wie es der Kirche gelingen kann, neue Mitglieder aus den nachwachsenden Generationen zu rekrutieren, und zwar so, dass diese ihrerseits bereit sind, die christliche Tradition - indem sie fortentwickelt und angemessen aktualisiert wird - weiter zu vermitteln.

Die Vielfalt der Bemühungen, dieser Herausforderung zu begegnen, soll hier nicht dargestellt werden. Für den vorliegenden Untersuchungszweck bedeutungsvoll ist jedoch, dass im Bestreben, für die aktuellen Probleme geeignete Lösungen zu finden, in jüngster Zeit auch eine zunehmende Öffnung der Theologie und der Kirchenleitungen gegenüber Nachbardisziplinen wie Soziologie, Psychologie oder Pädagogik festzustellen ist. (Neben konservativen Strömungen, welche die Lösung im starren Festhalten an alten Traditionen und/oder einem absoluten und ausschliesslichen Geltungsanspruch der Bibel sehen.)

Die erwähnte zunehmende Bereitschaft der Kirchen, vermehrt Management-Wissen zur Bewältigung der anstehenden Probleme in Anspruch zu nehmen, muss auch in diesem Zusammenhang gesehen werden.

---

[29] *Hermanns M. (Organisation) 53*

28

2.2 Entwicklungen in der Betriebswirtschafts- und Managementlehre

Sieht man von ihren Vorläufern ab, so sind die Betriebswirtschafts- und noch mehr die Managementlehre im Vergleich zur Theologie sehr junge Wissenschaften. Die Auseinandersetzung um das Selbstverständnis der mikroökonomischen Fächer, die in ihren verschiedenen Dimensionen erhebliche Spannweiten aufweisen, ist in vollem Gange und in absehbarer Zeit wohl auch nicht abgeschlossen.

Auslösend für das Zustandekommen der Betriebswirtschaftslehre als einer akademischen Disziplin war das Erfordernis, das zur vergangenen Jahrhundertwende entstandene Wissen über erfolgreiche Methoden der Unternehmensführung zu systematisieren. Die Zentralisation des Kapitals in ökonomischer Hinsicht und die Entstehung immens wachsender Unternehmensorganisationen in sozialer Hinsicht hatten einen Stand erreicht, der danach verlangte, „wissenschaftlich" mit diesem Phänomen umzugehen. Es entspricht dem Drang und der damaligen Sichtweise, wenn Taylor sein 1911 in den USA erschienenes Hauptwerk „The principles of scientific management" nannte.[30] Doch die akademische Anerkennung der Betriebswirtschaftslehre blieb angefochten. Die akademischen Betriebswirte wurden ihren diskriminierenden Ruf nicht los, Vertreter einer Profitlehre oder einer Technologie des Rechnungswesens zu sein. Diese Rollenzuweisung mag mit ein Grund gewesen sein für das Bestreben, eine wissenschaftliche Theorie zu entwickeln und nicht bloss Verwalter von Fertigkeiten in der Kapitalverwertung zu sein. Wichtiger als solche Motive sind für die vorliegende Thematik die Ergebnisse: Bis zur produktionstheoretischen Fundierung der Betriebswirtschaftslehre durch Gutenberg zu Beginn der 50er Jahre existierte ein eindeutiges Bemühen, dem Fach den Status einer ökonomischen Theorie zu geben, indem für das „Erkenntnisobjekt" Betrieb mit Produktions- und Kostenfunktionen mathematische Methoden eingesetzt wurden. Der Ansatz Gutenbergs konzentriert sich zwar vorrangig auf die Produktions- und Ko-

---

[30] *Taylor F.-W. (Principles)*

stentheorie. Seine Konzeption, das betriebliche Geschehen als Kombination produktiver Faktoren zu deuten, hat er jedoch ebenso konsequent auf den Absatz- und Finanzbereich, ja auch auf die Betriebsführung angewendet. Der Ansatz von Gutenberg trägt Züge einer idealtypischen ökonomischen Theorie und ist deshalb auf die Annahme konsequent ökonomisch-rationalen Verhaltens der beteiligten Menschen angewiesen. Dass dieses Konzept nicht in der Lage ist, die komplexen Einflüsse menschlichen Individual- und Sozialverhaltens zu integrieren, ist unvermeidlich. Dies wurde im Bestreben, ein konsistentes System von ökonomischen Wenn-Dann-Aussagen im Rahmen klar erkennbarer Voraussetzungen zu schaffen, in Kauf genommen. Nicht das tatsächliche, situative Verhalten von Mensch und Betrieb ist interessant, sondern das ökonomisch „richtige".[31] Dieser Ansatz einer einseitigen Betonung der Erhellung ökonomischer Wirkungszusammenhänge kann natürlich nur um den Preis eines gewissen Realitätsverlustes verfolgt werden. Gutenberg selbst hat die Bedeutung sozialer Phänomene für die Betriebswirtschaftslehre ausdrücklich anerkannt. Wenn er sie nicht weiter verfolgte, dann darum, weil er glaubte, dass die Produktivitätsbeziehung gegenüber den sozialen Phänomenen für die Institution Betrieb besonders typisch und dominierend sei.[32]

Die sozialwissenschaftliche Öffnung der Betriebswirtschaftslehre zu Beginn der 60er Jahre war einerseits eine Reaktion auf die Bestrebungen in der betrieblichen Praxis, die steigende Komplexität im Innern und in der Umwelt von Betrieben dadurch zu bewältigen, dass man sozialwissenschaftliche Nachbardisziplinen wie Psychologie und Soziologie für Problemlösungen zu nutzen begann und andererseits eine Folge der Entwicklung bedeutender gutenberg-kritischer Ansätze in der deutschsprachigen Betriebswirtschaftslehre - dem entscheidungsorientierten von E. Heinen, dem verhaltensorientierten von G. Schanz und dem systemorientierten von H. Ulrich.

---

[31] *Rühli E. (Betriebswirtschaftslehre) 104*

[32] *ebenda*

Damit entwickelte sich die Betriebswirtschaftslehre in eine Richtung, die oberflächlich betrachtet die Integrierbarkeit mit den ausgeprägt menschen- und wertorientierten Führungserfordernissen von kirchlichen Organisationen zu verbessern schien. In Abschnitt 1.1 wurde darauf hingewiesen, dass aus der Sicht von in der Kirche arbeitenden Menschen „Management" und „Betriebswirtschaft" in Praxis und Theorie als Bereiche empfunden werden, deren Leitwerte mit den Aufgaben und Anliegen der Kirche nicht vereinbar sind. Selbstverständlich berechtigt sind solche Vorbehalte, wenn man sich an der ökonomischen Zweckrationalität mit ihrem „sozialen Vakuum" orientiert, die lange Zeit die betriebswirtschaftliche Praxis und Theorie bestimmte (vgl. die Ansätze von Gutenberg und Taylor). Das damit verbundene Menschenbild des „homo oeconomicus", eines nach rein ökonomischer Rationalität handelnden Menschen, ist selbstverständlich schlechterdings unvereinbar mit einem christlichen oder biblisch geprägten Menschenbild. Aber es fragt sich, ob und gegebenenfalls in welcher Form diese Feststellung angesichts der Entwicklung von neueren, sozialwissenschaftlich geöffneten Modellen korrigiert werden kann.

Wenn von der sozialwissenschaftlichen Öffnung der Betriebswirtschaftslehre deren Humanisierung erwartet wird, sind m.E. Vorbehalte angebracht. Auch wenn dabei menschliche Motivstrukturen, Handlungs- und Verhaltenszusammenhänge zu zentralen Bezugspunkten werden, insbesondere bei den entscheidungs- und verhaltensorientierten Ansätzen, bedeutet dies nicht, dass die Betriebswirtschaftslehre menschlicher geworden wäre. Etwas überzeichnet ausgedrückt, könnte man sagen, die verstärkte Menschenorientierung erfolgte nicht um des Menschen willen, sondern hat übergeordneten betrieblichen Zielen zu dienen. Es dürfte daher zutreffender sein, in diesem Zusammenhang von einer Erweiterung der betrieblichen Logik auf die Kontrolle bzw. Steuerung personalen Verhaltens zu sprechen. Die Kritik einzelner Autoren an der sozialwissenschaftlichen Öffnung der Betriebswirtschaftslehre bzw. deren Anspruch, menschengerechter zu sein, geht in die gleiche Richtung. P. Ulrich knüpft dabei an bei den wissenschaftlichen Verdiensten von Edmund Heinen um die sozialwissenschaftliche Öffnung der Betriebswirtschaftslehre. „Sein interdisziplinär angelegtes Programm einer entscheidungsorientierten Betriebswirtschaftslehre ist getragen von dem

Gedanken, praxis- und weltfremde (und insofern schlechte) Abstraktionen 'reiner' Ökonomik zu überwinden und die Probleme in eine realistische, unverkürzte Sicht der sozialen Strukturen und Prozesse in der Unternehmung einzubetten."[33] Diese Sichtweise steht im Gegensatz zur neoklassischen Konzeption, die sich auf die rein ökonomischen Aspekte des rationalen Umgangs mit knappen Mitteln in beliebigen Lebensbereichen beschäftigt. P. Ulrich dokumentiert die Abgrenzung Heinens von dieser Sicht mit dessen Zitat: „Die entscheidungsorientierte Betriebswirtschaftslehre entlässt den 'homo oeconomicus' der (neo-/P.U.) klassischen Mikroökonomie in das Reich der Fabel,"[34] um danach zu fragen: Doch hat diese „Entlassung" tatsächlich stattgefunden? Bei einer „genaueren Betrachtung dessen, was da stattgefunden hat", kommt er zum Schluss, dass es nur realistisch ist, das Unternehmen als *sozial*ökonomische Veranstaltung zu sehen und entsprechend mit sozialwissenschaftlichen Perspektiven zu interpretieren. Die fortschreitende Grösse und Komplexität von hocharbeitsteiligen Organisationen führte zu schlecht-strukturierbaren Problemen, die nur sozialtechnologisch gehandhabt werden konnten. Damit geht es im Rahmen einer sozialwissenschaftlich geöffneten Betriebswirtschaftslehre mit dem Anspruch, stärker menschenorientiert zu sein, letztlich um funktionierende Sozialtechnologien und somit um eine Instrumentalisierung der Mitarbeiter. D.h. gewandelt haben sich lediglich die Denkmuster und Methoden ökonomischer Rationalisierung, der „homo oeconomicus" aber ist nicht entlassen, sondern nur „verhaltenswissenschaftlich umgeschult" worden. P. Ulrich anerkennt zwar, dass die sozialtechnologische Nutzung der gewonnenen Einsichten zur Gestaltung und Steuerung des Sozialgebildes Unternehmen einiges zu leisten vermochte, vermerkt jedoch kritisch, dass dabei der „spezielle Blick der Betriebswirtschaftslehre für die ökonomischen Dinge in und um die Unternehmung verblasst" sei.[35]

---

[33] Ulrich P. *(Allgemeine Betriebswirtschaftslehre) 139*

[34] *ebenda*

[35] *ebenda 141*

Ähnlich die Kritik von Pfriem. Er verweist zunächst darauf, dass die sozialwissenschaftliche Öffnung der Betriebswirtschaftslehre mit dem Erstarken einer führungsorientierten Managementlehre zusammenhängt und stellt fest, dass sachlich und sprachlich Management erst einmal auf den technokratischen Umgang mit Dingen und Menschen zielt. „Ob ich Menschen effizienter beherrschen kann, weil ich ihr Verhalten genauer kenne oder auf derselben Grundlage eine Produktion im Sinne der betroffenen (produzierenden) Menschen organisiere, wird auf dieser Stufe analytischen Fortschritts (eines sozialwissenschaftlich geöffneten Managements, Anmerkung des Verfassers) noch nicht entschieden." Ein solches Management stabilisiert die Trennung zwischen dem Subjekt, das managt, und den Objekten (einschliesslich Menschen), die gemanagt werden eher, als dass es sie in Frage stellt.[36]

Trotz dieser kritischen Einwände muss m.E. zugestanden und ernstgenommen werden, dass die sozialwissenschaftliche Öffnung der Betriebswirtschaftslehre und die zunehmende Bedeutung des Managementbegriffs der Vielfalt des Menschlichen trotz unbestreitbaren sozialtechnologischen Funktionalisierungstendenzen mehr Gewicht geben wollen, als es in der bisherigen Betriebswirtschaftslehre der Fall war.

Noch mehr als die sozialwissenschaftliche Öffnung der Betriebswirtschaftslehre und die Entwicklung einer stärker menschenorientierten Managementlehre hat m.E. die vorgehend in aller Kürze skizzierte Kritik dieser Ansätze Gestaltungsrelevanz für Führungsaufgaben in der Kirche. Denn die Kirche ist selbst keineswegs frei von denjenigen Aspekten von Management, die verhaltenstheoretische und sozialwissenschaftliche Erkenntnisse über den Menschen im Sinne einer Sozialtechnologie instrumentalisieren. Menschenbezogene Werte und Ideale wie „Nächstenliebe", „Brüderlichkeit", „Diakonie, bzw. Fürsorge / Betreuung für Schwache und Hilfsbedürftige" wurden und werden bis heute keineswegs immer aus dem Bestreben eines selbstzweckhaften Dienens am Menschen gepflegt, sondern nicht selten in-

---

[36] *Pfriem R., (Unternehmenspolitik) 129*

strumentalisiert, z.B. zur Legitimierung von Aktivitäten, die der Stärkung von Macht und Einfluss dienen.

Von besonderer Bedeutung für die vorliegende Zielsetzung scheint mir die von P. Ulrich vorgetragene Betrachtung der Entwicklung der Betriebswirtschafts- und Managementlehre aus der Optik sozialökonomischer Entwicklungsstufen betriebswirtschaftlicher Rationalisierung zu sein. P. Ulrichs These lautet: „In der Unternehmensführungspraxis der vergangenen Jahrzehnte ist eine nicht zufällige, den realen unternehmerischen Problemverschiebungen folgende Entwicklungslogik betriebswirtschaftlicher Rationalisierungsmuster zu beobachten. Von einer Entwicklungslogik ist dabei in dem Sinne zu sprechen, dass sich drei deutlich unterscheidbare ... Rationalisierungstypen, die als tayloristische, systemische und kommunikative Rationalisierung bezeichnet seien, aus ökonomischen Gründen herausgebildet haben, wobei es nicht einfach zu einer schlagartigen Ablösung, sondern zu einer sukzessiven Überlagerung des jeweils älteren durch das neuere Muster kommt (vgl. Tab. 2-3)."[37]

---

[37] Ulrich P. (Allgemeine Betriebswirtschaftslehre) 148

Rationalisie-rungsmuster \ Aspekt	tayloristische Rationalisierung	systemische Rationalisierung	kommunikative Rationalisierung
Erfahrungshintergrund	Kostendruck	Innovationsdruck	Legitimationsdruck
sozialökonomisches Grundproblem	Knappheit (von Ressourcen)	Komplexität und Ungewissheit (soz. Interaktionen)	Konflikte (zwischen Anspruchsgruppen des Unternehmens)
betriebswirtschaftlicher Problemtyp	Produktivitätsproblem (effiziente Kombination der Produktionsfaktoren)	Steuerungsproblem (Aufbau strategischer Erfolgspotentiale)	Konsensproblem (Aufbau unternehmenspolitischer Verständigungspotentiale)
methodischer Ansatz	Kosten / Nutzen - Kalkül ("Berechnung")	Sozialtechnologie ("Beherrschung")	Dialog ("Besprechung")
Rationalitätstyp	kalkulatorische, instrumentelle Rationalität	strategische (System-) Rationalität	kommunikativ-ethische Rationalität
Managementebene	operatives Management	strategisches Management	Unternehmenspolitik (normatives Management)

Tab. 2-3: Dimensionen sozialökonomischer Rationalisierung des Managements[38]

P. Ulrich spricht zu Recht von einer Überlagerung der drei Entwicklungsstufen. Je nach zu bewältigender Problemlage kommen auch heute durchaus noch „ältere" Rationalisierungsmuster - etwa das tayloristische - zum Tragen. Wenn ein vorliegendes Problem auf eine möglichst effiziente Kombination der verfügbaren Betriebsmittel reduziert werden kann, ist *das tayloristische Rationalisierungskonzept* diesem Problem angemessen, d.h. konkret ist diese Denkweise durchaus noch zeitgemäss, wenn es darum geht, isolierte „betriebliche" Einzelprobleme in der Gemeinde (z.B. Erstellung eines Predigtplanes, Optimierung und Planung der Raumnutzung usw.) zu lösen.

Die systemische Rationalität, bzw. Denkweise ist angebracht, wenn es um die Lösung strategischer Probleme geht. Ihnen ist gemeinsam, dass der unternehmerische Erfolg nicht mehr unmittelbar und objektiv berechenbar ist, da er grundsätzlich und unvermeidlich von „unberechenbaren" und mögli-

---

[38] *ebenda*

cherweise eigenwilligen Handlungsweisen von Interaktionspartnern - seien es Kunden, Mitarbeiter oder andere - abhängt. Es geht um die vorbereitende Schaffung qualitativer Fähigkeiten des Unternehmens, mit denen sie später bei überraschenden Entwicklungen im Umfeld erfolgreich operieren kann.[39]

Die zunehmende Bedeutung der *kommunikativen Rationalisierungsmuster* ist wohl darauf zurückzuführen, dass die Aufgabe der erfolgreichen Gestaltung von Interaktion und Verständigung - sei es zwischen Mitarbeitern, mit Kunden oder anderen Anspruchsgruppen - mit dem systemorientierten Konzept nicht ausreichend erfasst werden kann und dass funktionierende Verständigung zwischen Menschen andere Gründe und Voraussetzungen hat. Die Bedeutung der erfolgreichen Gestaltung von Interaktion und Verständigung entspringt der Erfahrung, dass heute die Sicherung des Unternehmenserfolges nicht nur wirtschaftliche Erfolgspotentiale, sondern vermehrt auch gesellschaftliche Akzeptanz und Legitimität der eigenen Tätigkeit verlangt. Unternehmen unterliegen zwar weiterhin dem Markt als externem Lenkungssystem, einem System, das ihren Erfolg in Gestalt zu- oder abnehmender Umsätze und Marktanteile bewertet. Aber wenn sich immer deutlicher zeigt, dass Unternehmen in öffentliche Auseinandersetzungen geraten, in denen es gar nicht um ihre wirtschaftliche Leistung, sondern um ihre gesellschaftliche Rolle geht, dann wird daran ersichtlich, dass „die Tätigkeit und der Erfolg von Unternehmen offenbar auch noch ausserhalb des Marktes und nach anderen als rein wirtschaftlichen Kriterien bewertet werden. ... Um diese nicht-marktlichen Einflüsse und Zusammenhänge konzeptionell erfassen zu können, bedarf es jedoch weitreichender Weiterentwicklungen der vorherrschenden Grundvorstellungen der Betriebswirtschafts- und Managementlehre in Richtung einer gesellschaftsbezogenen Managementlehre."[40] Eine solche Managementlehre wird unausweichlich auf die in Tab. genannten kommunikativen Orientierungsmuster zurückgreifen müssen. Dass Begriffe wie „Unternehmenskultur" und „normatives Management" aufgekommen und zu Modethemen geworden sind, ist symptomatisch für den Be-

---

[39]   *vgl. ebenda 150f*

[40]   *Dyllick T. (Managementlehre) 207*

deutungszuwachs kommunikativer Rationalisierungsmuster. Dieser Bedeutungszuwachs ging m.E. allerdings nicht einher mit einem wirklich profunden Verständis des Wesens kommunikativer Rationalisierung, was sich daran zeigt, dass Unternehmenskultur und normatives Management häufig als etwas technokratisch Gestaltbares verstanden wird (vgl. Abschnitt 6.2.4).

Wirtschafts- und Unternehmensethik bekommen auf dem Hintergrund dieses Bedeutungszuwachses eine andere, konstruktivere Qualität. Der Sozialethiker Theodor Strohm vermerkt dazu: „Wir befinden uns gegenwärtig an der Schwelle, in der die Unternehmer und Unternehmen in den meisten Branchen sich der Leitidee einer offenen Unternehmensverfassung verschreiben[41]. Eine realistische Unternehmensethik wird heute nicht mehr darauf verzichten können und sollen, die betriebswirtschaftliche Rationalität, also die Sorge um das Überleben des eigenen Betriebes, jenseits ganzheitlicher, auch sozialökonomischer Vernunft anzusiedeln ... Das Praktische an der kommunikativen Wirtschafts- und Unternehmungsethik ist, dass sie mit ihren ethischen Ansprüchen nicht mehr ohnmächtig gegen eine wirkungsmächtige, auf Sachzwänge hin angelegte betriebswirtschaftliche Rationalität anreden muss. Sie kann für wohlverstandene ökonomische Vernunft argumentieren und diese auf die Seite der lebenspraktischen Vernunft zurückholen."[42]

Damit wäre eine Entwicklungsstufe erreicht, die dem Gebrauch von Sozialtechnologien Grenzen setzt. Die Chancen unternehmenspolitischer Konsensfindung sind nun nicht mehr rein sozialtechnologisch „machbar": Gelingende Verständigung setzt unabdingbar eine „Kultur" und eine Ethik der Kommu-

---

[41]   Die „Leitidee einer offenen Unternehmensverfassung" kann bestenfalls als regulative Idee verstanden werden, dass hingegen Unternehmen sich in der Praxis dieser Idee verschreiben würden, scheint m.E. im Zeitalter des shareholder-value, (d.h. einer einseitigen Ausrichtung der Unternehmungsführung auf die Interessen der Aktionäre nach Wertsteigerung und Rendite ihrer Anteile) doch etwas realitätsfremd.

[42]   Strohm T. (Wirtschaftsordnung) 113, offenbar in teilweiser Anlehnung an Ulrich P. (Betriebswirtschaftslehre) 211

nikation voraus. „Diese gründet in der gegenseitigen Anerkennung von Gesprächspartnern als mündige (d.h. zum vernünftigen Gebrauch ihres Mundes fähige!) Subjekte und verweist auf die notwendigen institutionellen und strukturellen Voraussetzungen fairer, vernunftgeleiteter Verständigungsprozesse."[43]

Kommunikative Rationalisierungskonzeptionen könnten die Voraussetzungen einerseits für die Diskussion zwischen Kirche und Wirtschaft, und andererseits für die Integrierbarkeit von Betriebswirtschafts- und Managementwissen in kirchlichen Umfeldern verbessern (vgl. dazu die detaillierteren Ausführungen in Kapitel 3), indem traditionelle und bis heute von beiden Seiten gepflegte Vorstellungs- und Diskussionsebenen verlassen werden könnten: Auf der einen Seite die Kirche, die sich als Hüterin christlicher Ethik und Moral versteht, auf der anderen Seite die Wirtschaft, bzw. deren Verantwortungsträger, welche sich nicht immer, aber oft genug auf ökonomische Sachzwänge und deren Sachlogiken berufen und der Kirche oder auch Wirtschaftsethikern vorwerfen, sie würden die wirtschaftlichen Erfolgszwänge ignorieren und die harten Realitäten der Praxis verkennen.

In der Auseinandersetzung der Kirche mit ihren internen „betrieblichen" Fragestellungen hat der skizzierte Ansatz jedoch auch eine Bedeutung mit umgekehrten Vorzeichen: Ethik und Moral sind traditionellerweise integraler Bestandteil kirchlichen Denkens, wobei heute die Tendenz besteht, dieses Denken von aussen durch ökonomische Rationalität zu korrigieren oder mindestens zu ergänzen. Demgegenüber gilt es m.E., vermehrt darauf hinzuarbeiten, ökonomische Denkweisen und Anliegen zu *integralen* Bestandteilen der Erfüllung kirchlicher Aufgaben zu machen. Damit könnten Kirchen zu einem Übungsfeld für die praktische Gestaltung der Integration von Moralität und der Vernunft des Wirtschaftens werden.

---

[43] *Ulrich P. (Allgemeine Betriebswirtschaftslehre) 152*

3 Management und Betriebswirtschaftslehre für die Kirche?

3.1 Zum Verhältnis zwischen Betriebswirtschafts- und Managementlehre

Der Begriff „Management" stellt im folgenden einen dominierenden begrifflichen Orientierungspunkt dar, indem er gleichbedeutend mit dem Begriff „Führung" bzw. mit dem in kirchlichen Kreisen gebräuchlicheren Begriff „Leitung" verwendet wird und im Rahmen eines ganzheitlichen Managementmodells für die Gemeinde ins Zentrum rückt (vgl. Kap.7). Teile der Kapitel 8-10 beschäftigen sich zudem anwendungsorientiert mit betriebswirtschaftlichen Instrumenten. Im Interesse einer Begriffsklärung ist es daher angezeigt, auf die Erkenntnisobjekte und das Selbstverständnis der Fächer Management- und Betriebswirtschaftslehre einzugehen sowie deren Verhältnis im Lichte der jüngsten Entwicklungen etwas auszuleuchten.

Sowohl über den Inhalt der Begriffe „Management" und „Führung" als auch über deren Verhältnis zur Betriebswirtschaft bestehen vielfältige, unterschiedliche Auffassungen.[44] Mit Bleicher ist festzustellen, dass von einem Grundkonzept über Ziele, Inhalte und Methoden im Fach Betriebswirtschaftslehre kaum noch gesprochen werden kann. Es stelle sich die Frage, „ob die Betriebswirtschaftslehre im Sinne der Einheit der Wirtschaftswissenschaften mit einer (mikro-)ökonomischen Erkenntnisperspektive an der Seite der älteren Volkswirtschaftslehre disziplinär angesiedelt werden oder ob sie sich von dieser engen Perspektive lösen und zu einer interdisziplinären Wissenschaft vom Management gesellschaftlicher Institutionen entwickeln sollte."[45]

---

[44] *Für weitergehende Definitionen vgl. u.a. die Zusammenstellung in: Staehle W. (Management) 65ff; und Malik F. (Managementstrategie) 48ff*

[45] *Bleicher K. (Betriebswirtschaftslehre) 92*

Malik und Staehle gehen über diesen Ansatz hinaus und betonen die Unterschiedlichkeit von Managementlehre und Betriebswirtschaft. Malik sieht die Managementlehre als etwas Eigenständiges und völlig anderes als es zumindest die dominierende deutschsprachige Betriebswirtschaftslehre darstellt, indem er von einem sehr weit gefassten, praxisorientierten und multidisziplinären Managementbegriff ausgeht.[46]

Staehle definiert Betriebswirtschafts- und Managementlehre als nicht identische Disziplinen, weil sie sich durch verschiedene Erkenntnisobjekte (Betriebswirtschaftslehre: Betrieb/Unternehmen; Managementlehre: Unternehmensführung) und andersartige Erkenntnisinteressen (Betriebswirtschaftslehre: Betonung auf Theorienbildung; Managementlehre: Betonung auf Handlungsanleitung) unterscheiden.[47] Differenzierter und kritischer zeigt sich die Analyse der jüngsten Entwicklung der BWL, bzw. der Stellung der Managementlehre innerhalb der betriebswirtschaftlichen Diskussion durch P. Ulrich.

Er sieht als Charkteristikum der gegenwärtigen Situation der (deutschsprachigen) BWL, dass die „zentrifugale Entwicklungstendenzen bezüglich des Wissenschaftsverständnisses, der Erkenntnisinteressen und der Ansätze mehr denn je die Lage des Fachs prägen." In der Vielfalt dessen, was Betriebswirtschaftsforscher tun, gebe es kaum mehr ein verbindendes „Identitätsprinzip" oder Erkenntnisinteresse.[48] Bleicher habe deutlich gemacht, dass es „DIE Betriebswirtschaftslehre allenfalls noch als Institution, in der Bezeichnung von Lehrstühlen, Verbänden und anderen professionellen Ein-

---

[46] *Dies wird etwa an folgender Definition deutlich: „Management ist das gestaltende, lenkende und steuernde Organ aller gesellschaftlichen Institutionen, es ist gewissermassen ihr Zentralnervensystem. Es ist Management und es sind Manager, die die gesellschaftlichen Ressourcen einer produktiven Nutzung zuführen, oder sie brachliegen lassen; die Innovationen schaffen, oder diese versäumen; die Institutionen leistungsfähig machen, oder sie verkommen lassen; die die Zukunft kreieren, oder diese verschlafen." (Malik F. (Management) 3)*

[47] *Hopfenbeck W. (Betriebswirtschafts- und Managementlehre) 5*

[48] *Ulrich P. (Betriebswirtschaftslehre) 180*

richtungen gibt".[49] P. Ulrich sieht im Vordergrund der wissenschaftspro-
grammatischen Diskussion in der BWL eine grundlegende Spannungslinie,
indem es auf der einen Seite als Reaktion auf die Desillusionierung des ver-
haltenswissenschaftlichen Programms zu einer Rückkehr zum Ursprung der
BWL als Wirtschaftswissenschaft kommt. Von einer Desillusionierung kann
deshalb gesprochen werden, weil es sich zeigt, dass die Menschen als Ob-
jekte der Verhaltensforschung sich nicht bloss gesetzmässig verhalten, sondern „ihr Vermögen, potentiell eigensinnig zu handeln"[50], behalten haben.
Auf der anderen Seite wendet sich ein Teil der Fachvertreter als Reaktion
auf die genannte Desillusionierung verstärkt einer „anwendungsorientierten
Wissenschaftskonzeption" zu. „Den Sinn der BWL als Wissenschaft sehen
sie vorrangig in ihrer Nützlichkeit für die Erklärung und Lösung von realen
Problemen der Wirtschaftspraxis. System- und entscheidungsorientierte Ansätze sollen entsprechend problemorientierte Wissenschaftsprogramme
konstituieren; pragmatischen Modellen, Verfahren, Methoden und Techniken zur Analyse und Handhabung komplexer betriebswirtschaftlicher Pra-
xisprobleme wird vergleichsweise grosses Gewicht gegeben. Da betriebswirtschaftliche Fragen in der Praxis fast stets im Verbund mit Problemen der
Unternehmensführung vorkommen, ergibt sich folgerichtig das Postulat,
BWL als Managementlehre zu konzipieren und zu betreiben." Auf diesem
Hintergrund „drängt sich offenbar die problemorientierte Konzeption einer
multi- oder interdisziplinären Managementwissenschaft auf."[51] P. Ulrich
bezeichnet die sich akzentuierende Alternative „BWL als theoriefähige (aber
praxisferne) disziplinäre Mikroökonomie" vs. „BWL als praxisgerechte
(aber ökonomischer Theorie ferne) multidisziplinäre Managementlehre" als
„Pseudoalternative, die auf beidseitig falschen Prämissen beruht. Betriebswirtschaftliche Fragen sind doch in Wirklichkeit stets beides zugleich - sowohl praktische Führungsfragen als auch Fragen nach gutem betrieblichen
Wirtschaften." Weil hinter der Verabschiedung der ökonomischen Perspektive ein zu enges, nicht mehr praxisgerechtes Grundverständnis des Öko-

---

[49] *Bleicher K. (Betriebswirtschaftslehre) 92*

[50] *Ulrich P. (Betriebswirtschaftslehre) 180*

[51] *ebenda 181*

nomischen steht, führt „der methodische Weg zu einem integrationsfähigen Paradigma der BWL über die Rekonstruktion der ökonomischen Grundproblematik der Unternehmensführung." Die Leitidee einer solchen methodischen Synthese subsumiert Ulrich unter der programmatischen Formel „BWL als praktische Sozialökonomie".[52] Grundlegende Schlüsselkonzepte dieses Programms sind:

- Es gibt keinen „rein betriebswirtschaftlichen Standpunkt"; jeder, der für sich eine „rein betriebswirtschaftliche Sicht" beansprucht, vertritt in Wirklichkeit persönliche, wert- und interessengeladene Standpunkte. Die rein betriebswirtschaftliche Sicht zielt letzlich darauf ab, bestimmte Bedürfnisse bestimmter Personen effizient zu befriedigen. Die Sicht, dass betriebswirtschaftliche Rationalität mittels „reiner ökonomischer Vernunft" wertfrei Optimierungsprobleme löst, ist eine Fiktion.

- Die „grosse Schwester" der BWL, die Wirtschaftstheorie, hat das Problem rationalen wirtschaftlichen Handelns, das die reine Ökonomik in „einem sozialen Vakuum"[53] konzipierte, „in die realen sozialen Interaktionsbeziehungen zurückgeholt. In den Blick kommen besonders die gesellschaftlichen Institutionen (soziale Normen, Kommunikationsvoraussetzungen, Organisationsstrukturen, Rechtsbeziehungen), in deren Rahmen ökonomisches Handeln stattfindet." P. Ulrich spricht in diesem Zusammenhang von einer „institutionalistischen Revolution in der Wirtschaftstheorie". Seine These ist, dass die institutionalistisch gewendete Wirtschaftstheorie „erst mit der Transformation des normativen Fundaments der ökonomischen Rationalitätskonzeption von der utilitaristischen zur *kommunikativen Ethik* ... die methodische Grundlage für eine systematische Differenzierung zwischen den institutionellen Ebenen der funktionsrationalen Steuerung des Wirtschaftssystems (Verfügungsordnung) und der ethisch-normativen Rationalisierung der übergeordneten politisch-ökonomischen Verständigungs-

---

[52] *ebenda 183*

[53] *Albert H., Politische Ökonomie und rationale Politik, in: ders., Aufklärung und Steuerung, Hamburg 1976, 120*

prozesse in einer modernen, demokratischen Gesellschaft freier Bürger findet." Das Problem ökonomischer Rationalität (Effizienz) ist angewiesen auf die ethisch rationale Gestaltung der institutionellen Rahmenbedingungen (Legitimation). [54]

- Mit der Unterscheidung der institutionellen Gestaltungsebenen der Verständigungs- und der Verfügungsordnung lassen sich drei institutionelle Ebenen sozialökonomischer Rationalisierung systematisch auseinanderhalten. Jeder Ebene kann eine spezifische sozialökonomische Grundfunktion und eine ihr gemässe Rationalitätsidee zugeordnet werden (vgl. Tab. 3-1): [55]

institutionelle Ebene	sozialökonomische Grundfunktion	Rationalitätstypus
Verständigungs- ordnung	normative Sozialintegration (Konfliktbewältigung)	kommunikative (ethische) Rationalität
Verfügungsordnung	funktionale System- und Verhaltenssteuerung (Komplexitäts- und Un- gewissheitsbewältigung)	strategische (sozial- technische) Rationalität
personales Handeln	effizienter Ressourcen- einsatz (Knappheitsbewäl- tigung)	instrumentelle (techni- sche) Rationalität

Tab. 3-1: Ebenenspezifische Rationalitätsaspekte sozialökonomischen Handelns

---

[54] *Ulrich P. (Betriebswirtschaftslehre) 186/187*

[55] *ebenda 188/189*

Dass und in welcher Weise alle drei Ebenen für ein kirchen- bzw. kirchge-
meindespezifisches Management relevant sind, wird in Abschnitt 3.5 dargestellt.

3.2   Zwischen ökonomischem und theologisch-kirchlichem Denken

Dass es zwischen theologischem und/oder kirchlichem Denken einerseits
und dem ökonomischen Denkstil andererseits beträchtliche Divergenzen
gibt, dürfte auf der Hand liegen. In dieser Allgemeinheit ist die Feststellung
jedoch wenig aussagekräftig. Die Unterschiedlichkeit und grosse Vielfalt der
theoretischen Ansätze mit ihren jeweiligen normativen Prämissen innerhalb
der Ökonomie und der Theologie erlauben jedoch bei differenzierterer Betrachtungsweise, Ansatzpunkte für Brückenschläge und Integrationsmöglichkeiten zu finden. Deutlicher verlaufen die Spannungslinien auf der politisch-weltanschaulichen Ebene des praktischen Diskurses zwischen Kirchen-
und Wirtschaftsvertretern bzw. auch - etwas verkürzt ausgedrückt - zwischen wirtschaftsfreundlichen und -kritischen kirchlichen Exponenten. Wenn
im folgenden Abschnitt die Spannungsfelder einerseits auf der Ebene des
akademisch-disziplinären Verhältnisses zwischen Theologie und Ökonomie
und andererseits auf der politisch-weltanschaulichen Ebene ausgeleuchtet
werden, so erfolgt diese Differenzierung lediglich aus systematischen Gründen. In Wirklichkeit wirken auch im Wissenschaftsbetrieb bewusste oder
unbewusste normative Prämissen erkenntnisleitend.[56] Für die vorliegende
Fragestellung bedeutet dies, dass unterschiedliche Wertsysteme von Kirche

---

[56] *Was sich am Beispiel des Anspruchs der neoklassischen Ökonomie und BWL zeigt,
nämlich "das Problem betriebswirtschaftlicher Rationalität als wertfrei lösbares
kalkulatorisches Problem" aufzufassen, das "sich in Wirklichkeit als ein durch und
durch normatives (d.h. praktisches!), unternehmenspolititsches Problem des Aus-
gleichs konfligierender Wertgesichtspunkte und Interessen erweist" (P. Ulrich
(Betriebswirtschaftslehre) 185), dürfte insofern auch für andere Felder des Wissen-
schaftsbetriebs gelten, als es keine wertfrei betreibbare Wissenschaft geben kann,
womit redlicher wissenschaftlicher Arbeit nur der Weg offen steht, die eigenen
normativen Prämissen und deren Implikationen offenzulegen.*

und Wirtschaft, die auf weltanschaulich-politischer Ebene aufeinandertreffen, sich auch in normativen Prämissen innerhalb der akademischen Disziplinen von Theologie und Ökonomie niederschlagen werden. Es dürfte ohne weiteres einsichtig sein, dass auf der Suche nach einem kirchenspezifischen Management (Abschnitt 3.4) grundsätzliche normative Divergenzen und Integrationsmöglichkeiten zwischen - etwas verkürzt ausgedrückt - kirchlich-theologischen und ökonomischen Wertsystemen mitbedacht werden müssen.

3.2.1 Die Spannungsfelder zwischen zwei unterschiedlichen Gedankenwelten

a) Spannungsfelder auf politisch-weltanschaulicher Ebene

Wie bereits erwähnt, verlaufen weltanschauliche Spannungslinien nicht nur zwischen Wirtschaft und Kirche, es gibt auch *innerhalb* der Kirchen entsprechende ideologische Gräben, insbesondere zwischen wirtschaftsfreundlichen und -kritischen bis -feindlichen Kreisen. Die letzteren haben sich in den vergangenen drei Jahrzehnten lauter und profilierter in der Öffentlichkeit artikuliert, indem sie in den Medien und der öffentlichen Diskussion deutlich stärker präsent und politisch aktiver waren. Wirtschaftskritische Exponenten sind häufig in Entwicklungshilfe-Organisationen tätig (z.B. Hilfswerk der Evangelischen Kirchen der Schweiz (HEKS), der Zentralstelle für kirchliche Entwicklungshilfe „Brot für alle" oder der entwicklungspolitischen Organisation „Erklärung von Bern"), aber auch in nationalen und supranationalen kirchlichen Organisationen aktiv (wie der Schweizerische Evangelische Kirchenbund, der Ökumenische Rat der Kirchen, der lutherische Weltbund oder der reformierte Weltbund). Nicht zuletzt als Reaktion auf den politischen Aktivismus in diesen kirchlichen Organisationen hat sich ein Teil der bürgerlichen, wirtschaftsfreundlichen Kräfte in der „Aktion Kirche wohin?"[57] zusammengeschlossen.

---

[57] *Die Aktion "Kirche wohin? - Freiheit und Verantwortung in der Kirchenpolitik" bezeichnet sich als politisch und konfessionell neutraler Verein. Am deutlichsten kommt ihre Zielsetzung im folgenden Auszug aus den Vereinsstatuten vom 2.7.1983*

Wenn sich immer wieder weltanschauliche Gräben öffnen, so hängt das auch damit zusammen, dass sich im Spannungsfeld zwischen „Sachgerechtigkeit" und „Menschengerechtigkeit"[58] modernen Wirtschaftens die Kritik von kirchlicher Seite auf die Problematik mangelnder Menschengerechtigkeit konzentrieren kann, während Wirtschaftsvertreter sich gezwungen sehen, sich den Realitäten und der institutionalisierten Sachlogik des Wirtschaftssystems anzupassen. Ob dabei von beiden Seiten ernsthaft geprüft wird, ob die Postulate des Menschengerechten zwangsläufig sogenannten wirtschaftlichen Sachzwängen zuwiderlaufen müssen, kann m.E. bezweifelt werden. Auch wenn die kirchliche Kritik häufig politisch (i.d.R. mit Gedankengut aus dem linken politischen Spektrum) geprägt und mit theologischen Argumenten angereichert ist, nimmt sie doch ein quer durch alle weltanschaulichen und politischen Fronten verbreitetes Unbehagen gegenüber der anonymen Macht des Wirtschaftssystems auf. Die Erfahrung des soziokulturellen Traditionsverlustes bei gleichzeitiger Ökonomisierung aller Lebensbereiche macht Angst. „Es ist ein Bewusstseins- und Wertewandel in Gang gekommen, was die Sozial- und Umweltverträglichkeit unserer Wirtschaftsform betrifft. Zu beobachten ist ... eine Sensibilisierung breiter Bevölkerungskreise für die wachsende Fragwürdigkeit der lebenspraktischen Gesamtwirkungen der 'entfesselten' Systemdynamik (Wirtschaftswachstum); für die immer spürbareren eigensinnigen Sachzwänge oder gar Sackgassen, in die sie uns offenbar unaufhaltsam hineinführt, für die uneingelösten Versprechungen des industriegesellschaftlichen Fortschritts und vielleicht sogar für brachliegende, unausgeschöpfte Möglichkeiten einer vernünftigeren gesellschaftlichen

---

(Art. 3) zum Ausdruck: "Die Aktion setzt sich dafür ein, dass die Beiträge der kirchlichen Entwicklungshilfe den wirklich Notleidenden zugute kommen und rein humanitäre Werke unterstützen. Die erforderlichen Informationen durch die Kirche ... sollen nicht ideologisch geprägt sein. Die Aktion wehrt sich dagegen, dass ... kirchliche Instanzen in politischen Auseinandersetzungen einseitig Stellung beziehen und kirchliche Medien als Meinungsträger benützen."

[58] *Mit der Vermittlungsproblematik im Spannungsfeld zwischen Sachlogik und Menschengerechtigkeit und den zu berücksichtigenden Kriterien des Menschengerechten hat sich A. Rich eingehend auseinandergesetzt in (Wirtschaftsethik), insbesondere 172-217*

und individuellen Lebensform in der 'fortge-schrittenen' modernen Welt."[59] Die aktuell zunehmende Bedeutung von Wirtschaftsethik verdankt sich nicht zuletzt diesem verbreiteten Unbehagen.

Tiefe weltanschauliche Gräben zwischen wirtschaftskritischen Exponenten in der Kirche und Wirtschaftsvertretern werden immer wieder in der Auseinandersetzung um politische Aktualitäten manifest. Erinnert sei in diesem Zusammenhang etwa an die Kontroversen um die Abstimmung über die Bankeninitiative der Sozialdemokraten im Jahr 1984[60], in deren Vorfeld sich kirchliche Kreise mehrheitlich auf Befürworterseite öffentlich an der Diskussion beteiligt haben, an die Diskussion um Waffenausfuhrbeschränkungen oder umweltpolitische Themen.

b) Das akademisch-disziplinäre Verhältnis von Theologie und Ökonomie

Auf universitärer Ebene ist das Verhältnis zwischen Ökonomie und Theologie belastet. „Nicht selten bekommt man den Eindruck, als handle es sich um Schützengräben, über die hin und her mit scharfer, ideologisch aufgeheizter Munition geschossen wird, wenn nicht einfach Totenstille herrscht. Doch auch in ruhigeren Zeiten sind hüben wie drüben Vorurteile, Unsicherheiten, Ängste und vor allem eine tiefsitzende, gegenseitige Ignoranz festzustellen. Der Abgrund dazwischen ist tief, weit, steinig und vor allem wenig erfolgversprechend."[61] Das Urteil Jägers scheint mir etwas überzeichnet zu sein. So tief und unüberbrückbar dürften die Gräben zwischen Theologie und Ökonomie auf dem Hintergrund des gegenwärtigen Diskussionsstandes über wirtschaftsethische Fragen (vgl. Abschnitt 3.2.2) nicht sein. Erschwerend bei der Suche nach Brücken über die zweifellos bestehenden Gräben wirkt die lange Tradition, die hinter der gegenwärtig gespannten Situation steht.

---

[59] *Ulrich P. (verlorene ökonomische Vernunft) 180*

[60] *Die Bankeninitiative wurde am 20. Mai 1984 von Volk und Ständen verworfen.*

[61] *Jäger A. (Unternehmenspolitik) 22*

Die Anfänge dieser Spannungen lassen sich weit ins 19. Jahrhundert zurückverfolgen. Im 18. Jahrhundert benötigte der als Vater des Wirtschaftsliberalismus geltende Adam Smith (mit dieser Etikettierung sind allerdings auch viele Über- und Fehlinterpretationen verbunden[62]) für sein Konzept des freien Marktes noch den Gedanken einer unsichtbaren Hand, die wie Gott still und leise letztlich alles regelt und ins Lot bringt. Ein Markt ohne göttliche Vorsehung und Steuerung war für Smith noch undenkbar. Der Markt hat Gott nötig, um nicht zum Chaos zu werden. Im Verlauf des 19. Jahrhunderts wurde diese philosophisch-christliche Prämisse bedeutungslos. Ökonomie löste sich in Theorie und Praxis endgültig von allen Wertbezügen und damit auch christlichen Bevormundungen (vgl. dazu auch die entsprechenden detaillierteren Ausführungen in Abschnitt 3.2.1). Entsprechend nahm der bürgerliche Liberalismus an, dass jeder Einfluss von Religion nur marktschädigend sein könne. Die Zeit der gegenseitigen Entfremdung begann.[63]

Eine „billige" Verbrüderung ist weder möglich noch sinnvoll. Denn die genannten Spannungen zwischen Theologie und Ökonomie sind zwar teils „nur" auf Missverständnisse und Vorurteile, teils aber auch auf bleibende sachliche Differenzen zwischen theologischen bzw. kirchlichen und ökonomischen Gedankenwelten zurückzuführen. „Wo immer sich Vertreter der beiden Wissenschaften begegnen, kommen noch immer eingespielte Rituale eines gegenseitigen Missverstehens und nicht selten eines mit Vorurteilen befrachteten Konflikts zur Geltung. Mit oberflächlichen Harmoniebestrebungen ist an dieser Situation kaum etwas zu ändern, um so mehr im Blick auf die gemeinsame Lebensdienlichkeit von Theologie und Ökonomie."[64]

Zwar ist Jäger zuzustimmen, wenn er fordert, dass von beiden Seiten zu lernen wäre, mit den genannten Spannungen neu umzugehen, dass es dabei jedoch keine bleibend gültigen Patentlösungen gibt, und dass bei der Frage nach Möglichkeiten eines gegenseitig fruchtbaren Dialogs die Wirtschafts-

---

[62]   *Patzen M. (Adam-Smith-Problem) 22f*

[63]   *Jäger A. (Wirtschaftsethik) 40*

[64]   *Jäger A. (Unternehmenspolitik) 21*

ethik als Brücke zwischen Theologie und Ökonomie eine Schlüsselrolle zu spielen hat.[65] Zu klären ist jedoch, *welche* Wirtschaftsethik diese Brücken-funktion am besten erfüllen kann. Seine Identifikation von „bleibenden sachlichen Spannungen zwischen ökonomischen und theologischen Postula-ten"[66] zeigt, dass er die Integrationskraft von wirtschaftsethischen Konzep-tionen trotz des Verweises auf deren Brückenfunktion nicht allzu hoch ein-schätzt. In der grundsätzlichen Beurteilung, „die Sorge für das materielle Überleben und der Glaube an die Chance eines gelungenen Lebens vor Gott und in Liebe zu den Menschen stehen in dauerhafter, sachlicher Spannung zueinander", ist ihm sicher zuzustimmen. Seine Behauptung allerdings, „die Forderung nach Menschen- und Naturgerechtigkeit wirtschaftlichen Han-delns einerseits, ein verantwortlicher, ökonomisch sachgerechter Umgang mit begrenzten Ressourcen andererseits, werden sich notgedrungen immer in die Quere kommen"[67], wird im Hinblick auf das dahinterstehende Ökono-mieverständnis und im Lichte des Ansatzes einer integrativen Wirtschafts-ethik kritisch zu hinterfragen sein (vgl. dazu die Ausführungen im folgenden Abschnitt 3.2.2).

3.2.2 Das verbindende Potential einer grundlagenkritischen, integra-tiven Wirtschaftsethik

Wirtschaftsethik ist in den 80er Jahren zu einer begehrten Thematik gewor-den. „Nachdem schon während der 70er Jahre in den USA eine neue 'business-ethics' kräftigen Aufschwung genommen hatte, ergriff diese Be-wegung in den 80ern auch die europäische Wirtschaftswelt in Theorie und Praxis. Es war vor allem die Hochschule für Wirtschafts-, Rechts- und So-zialwissenschaften St. Gallen, die mit der Schaffung des ersten Lehrstuhls für Wirtschaftsethik auf europäischem Boden 1987 einen Schritt mit Sig-nalwirkung getan hatte, andere Institutionen zogen nach bis hin zum

---

[65] *ebenda 23*

[66] *vgl. dazu ebenda 21 und 23*

[67] *Jäger A. (Unternehmenspolitik) 23*

'European Business Ethics Network' (EBEN), das seit 1987 die vielfältigen, parallel laufenden Tendenzen zu bündeln sucht."[68]

An diesem Prozess haben sich in Amerika und Europa von Anfang an auch zahlreiche theologische Sozialethiker beteiligt. Damit wurde die Wiederbelebung latenter christlicher wirtschaftsethischer Traditionen ermöglicht. Dies zeigt sich am Beitrag von Theologen, die Sozial- und Wirtschaftsethik aus christlicher Perspektive und als christliches Postulat betrieben. Zu erinnern ist insbesondere an Oswald von Nell-Breuning katholischerseits und an den bereits zitierten Arthur Rich auf evangelischer Seite.[69] Besonders die Arbeiten von Arthur Rich, der als Vorkämpfer einer neuen evangelischen Sozialethik verstanden werden kann und den Schritt zu einer Wirtschaftsethik aus theologischer Perspektive konsequent und tiefgreifend vollzog, wurden international stark beachtet.[70] Allerdings lässt sich feststellen, dass sich Nicht-Ökonomen, insbesondere auch Theologen, deutlich häufiger auf ihn beziehen als Ökonomen.

Hinter dem Aufschwung von Wirtschaftsethik steht ein zunehmendes Unbehagen vieler Menschen gegenüber den Mächten, Kräften und Auswirkungen eines anonymen, unüberschaubaren Wirtschaftssystems. Phänomene wie die zunehmende Ökonomisierung aller Lebensbereiche, Fremdbestimmung durch die entfesselte Dynamik von Marktkräften, durch risikobehaftete Technologien ausgelöste Umweltkatastrophen usw. machen Angst. Angesichts der sozialen und ökologischen Auswirkungen wirtschaftlicher Entwicklung stellen sich immer mehr Menschen die Frage nach deren Sinn und Wert. Dieser Herausforderung sollte eine zeitgemässe Wirtschaftsethik begegnen können. Erforderlich ist dafür, dass Ethik und Ökonomie, „die einander als getrennte Disziplinen fremd geworden sind", miteinander „ins Gespräch"[71] kommen. Dabei geht es gemäss P. Ulrich um die Suche nach

---

[68]   *Jäger A. (Konzepte) 142*

[69]   *Von Nell-Breuning O. (Mitbestimmung)*

[70]   *vgl. Jäger A. (Konzepte) 142f*

[71]   *Ulrich P. (Hrsg.) (moderne Wirtschaftsethik) 9*

„methodischen Ansatzpunkten für eine sachgemässe Vermittlung zwischen ökonomischer Rationalität und ethisch-praktischer Vernunft". Eine zeitgemässe Lösung dieses Problems muss auf der einen Seite den Funktionsvoraussetzungen „eines *modernen Wirtschaftssystems* Rechnung tragen"; auf der andern Seite haben heutige Menschen keineswegs nur materielle Ansprüche, sondern diese Ansprüche beziehen sich auch auf kulturelle und polititsche Errungenschaften, auf persönliche Freiheit bezüglich Lebensgestaltung und eigenen Werthaltungen. Eine zeitgemässe Wirtschaftsethik hat sich deshalb auf die Denkvoraussetzungen zur Funktion einer modernen Wirtschaft ebenso einzulassen wie „auf die praktischen Vernunftideen moderner Ethik."[72] Der von P. Ulrich vorgeschlagene Ansatz einer grundlagenkritischen Wirtschaftsethik berücksichtigt diese Anforderungen. Die Methodik dieses Ansatzes ist - wie noch zu zeigen sein wird - auch für die Vermittlungsproblematik einerseits zwischen Ökonomie und Theologie auf akademisch-disziplinärer Ebene und andererseits zwischen Kirche und Wirtschaft auf politisch-praktischer Ebene relevant.

3.2.2.1 Die Darstellung des Ansatzes einer grundlagenkritischen integrativen Wirtschaftsethik

Die Darstellung dieses Ansatzes folgt den Beiträgen „Wirtschaftsethik auf der Suche nach der verlorenen ökonomischen Vernunft"[73] sowie „Integrative Wirtschafts- und Unternehmensethik"[74] von P. Ulrich. Wesentlich für die Ausgangslage der Wirtschaftsethik in der modernen Welt sind:

Die komplexe Realität einer „fortgeschrittenen" Industriegesellschaft, d.h. Wirtschaftsethik „steht im Spannungsfeld zwischen der institutionalisierten Sachlogik der modernen Wirtschaft einerseits und Ansprüchen der Menschen an die Qualität des modernen Lebens andererseits, was immer sie darunter verstehen mögen." Dieses Spannungsfeld entsteht zwischen einem

---

[72] *ebenda*

[73] *Ulrich P. (verlorene ökonomische Vernunft) 179-218*

[74] *Ulrich P. (integrative Wirtschaftsethik) 76ff*

„verselbständigten ökonomischen *System* und der fortschreitenden soziokulturellen Traditionsauflösung und Rationalisierung der *Lebenswelt*."[75] Wirtschaftsethik gewinnt an Bedeutung, weil sich beide Seiten des Spannungsfeldes akzentuieren: die *Funktionsrationalität* des Wirtschaftssystems einerseits und ein Bewusstseins- und Wertewandel bezüglich der Sozial- und Umweltverträglichkeit des Wirtschaftens andererseits (siehe oben). Es wächst das Bewusstsein, dass, was als ökonomisch rational gilt, aus lebenspraktischer Sicht nicht unbedingt vernünftig sein muss. P. Ulrich spricht in diesem Zusammenhang von der „verlorenen ökonomischen Vernunft aus dem Blickwinkel der Lebenswelt", wobei der Gebrauch des Begriffs ökonomische Vernunft nicht deckungsgleich ist mit dem herkömmlichen Verständnis, bei dem sie durch die Ausgrenzung aller nicht funktionalen Rationalitätsaspekte charakterisiert ist. Dieses herkömmliche Verständnis spiegelt sich auf wissenschaftlicher Ebene „in der fortschreitenden disziplinären Trennung von ökonomischer Rationalität und Ethik."[76] Die Trennung in Ethik und autonome Ökonomik, die sich als ethik- und wertfrei versteht, entspricht dem Paradigma moderner Wirtschaftstheorie neoklassischer Bauart. Die aus dieser Trennung hervorgehende Arbeitsteilung zwischen „wertfreier" Wirtschaftswissenschaft und Ethik bezeichnet P. Ulrich als „Zwei-Welten-Modell von ökonomischer Rationalität und ausserökonomischer Moralität."

Die logische Folge dieses Modells ist eine „korrektive Wirtschaftsethik"[77], indem ethische Kriterien und Folgerungen *von aussen* an das wirtschaftliche Handeln herangetragen werden, um die negativen Wirkungen ökonomischer Rationalität zu korrigieren (vgl. dazu auch die Ausführungen in der Einleitung). Diese Ethik, die sich im Prinzip damit beschäftigt, was an negativen externen Effekten des Wirtschaftens ethisch noch zulässig ist, findet unter praxisbezogenen Wirtschaftswissenschaftlern und in der Praxis tätigen Managern breite Zustimmung. Ein Beispiel dafür ist die „Popularität" der US-

---

[75] *Ulrich P. (verlorene ökonomische Vernunft) 179*

[76] *ebenda 180*

[77] *ebenda 181*

amerikanischen business-ethics, der genau dieser Ansatz zugrunde liegt. Wenn die Wirtschaftsethik sich auf korrigierende Funktionen in jenen Fällen beschränkt, wo die durch Markt und Gewinn gesteuerte Ökonomie versagt, erfüllt sie nur noch „eine situative Lückenbüsserfunktion", ist mithin als „Reparaturethik" konstruiert.[78] Die situative Reparaturethik bleibt jedoch nur solange eine Möglichkeit, als davon ausgegangen werden kann, dass zwischen einer normalerweise gut laufenden Wirtschaftsmechanik und ausnahmsweise auftretenden, zu korrigierenden Konflikten oder Problemen unterschieden werden kann. Angesichts allgegenwärtiger und kaum mehr abgrenzbarer ökologischer Negativwirkungen von Produktion und Konsumption wird die Unterscheidung jedoch höchst fragwürdig. Unternehmensethik kann daher nur als „durchgängige ethische Fundierung wirtschaftlichen Handelns" sachgemäss sein. Zudem ist Ethik im Rahmen des korrektiven Ansatzes, wenn sie praktikabel sein soll, d.h. den real so mächtigen ökonomischen Kräften und den entsprechenden ökonomischen Argumenten etwas entgegensetzen will, darauf angewiesen, „den ökonomischen Sachargumenten als eine *noch mächtigere* Autoritätsinstanz übergeordnet zu werden."[79] Dieser autoritäre Anspruch entspricht einem ziemlich antiquierten Ethikverständnis und verträgt sich natürlich schlecht mit den Realitäten unserer Wirtschaftsgesellschaft. Eine der wesentlichsten Ursachen der in Abschnitt 3.2.1 a an einigen Beispielen skizzierten Spannungen zwischen Kirche und Wirtschaft dürfte darin liegen, dass die Kirche häufig in korrektiver Absicht und mit dem genannten autoritären Anspruch ethische bzw. moralische Ansprüche gegenüber der Wirtschaft geltend macht. Eine Auseinandersetzung auf dieser Basis macht es der Wirtschaft einfach, unliebsamen moralischen Ansprüchen mit dem Verweis auf Schöngeisterei, Weltferne und Verkennen von Realitäten zu begegnen. P. Ulrich folgert auf diesem Hintergrund: „Wenn aber die Wirtschaftsethik unter modernen Bedingungen dem mächtigen ökonomischen Rationalisierungsprozess keine ebenso mächtige normative Kraft entgegenstellen kann, bleibt ihr nur der praktische Weg,

---

[78]   *ebenda 183; der Begriff der "Reparaturethik" stammt von J. Mittelstrass im gleichen Band.*

[79]   *ebenda*

53

durch die ökonomische Rationalität hindurch effektiv zur Wirkung zu kommen ... Und das bedeutet: Es kommt darauf an, dass sie sich die praxisbestimmende ökonomische Rationalität schon im Ansatz zum Freund statt zum Feind macht."[80] Der Ansatz von P. Ulrich kann m.E. für die vorliegende Thematik in zweierlei Hinsicht zum Tragen kommen:

- Was er hier als Chance der Wirtschaftsethik sieht, könnte auch ein tragfähiger und sachgemässer Ansatz sein, um die Spannungen zwischen Theologie und Ökonomie auf disziplinärer Ebene anzugehen und in der Auseinandersetzung zwischen Kirche und Wirtschaft auf politischer Ebene neue Diskussionsformen zu schaffen, weil es im Grundsatz auch bei der Vermittlungsproblematik zwischen Theologie und Ökonomie bzw. zwischen Kirche und Wirtschaft um das Problem geht, wie aus theologischen Überlegungen hervorgehende normative Ansprüche gegen ökonomische Rationalität oder eben durch sie hindurch zur Wirkung gebracht werden können. Wenn sich Theologen allerdings auf die normative Kraft der ökonomischen Rationalität in ethisch-praktischer Absicht einlassen, dürften sie nicht darum herumkommen, sich ökonomische Sachkompetenz zu erwerben.

- Im Hinblick auf den Entwurf von Grundlagen für eine kirchenspezifische Managementkonzeption, bei der Probleme der Integration von ökonomischer Vernunft in die Denkwelten von Theologen und kirchlichen Akteuren im Vordergrund stehen, könnte in Abwandlung von P. Ulrichs Ansatz gefordert werden, dass lebenspraktische ökonomische Vernunft durch theologisch-kirchliche Denkweisen hindurch zur Wirkung kommen sollte und nicht von der Voraussetzung ausgegangen wird, eine solche Integration sei nur zu bewerkstelligen, wenn zugunsten ökonomischer Sachzwänge kompromisshaft-korrektiv Abstriche an theologischen Grundüberzeugungen vorgenommen werden. Theologische Postulate sollen also nicht einfach durch die Notwendigkeiten des Wirtschaftens in Schranken gewiesen werden, sondern durch die Integration von ökonomischer Ratio-

---

[80] *ebenda 184*

nalität getragen und befördert werden. Die zunehmende Diskussion von kirchlichen Managementproblemen in der praktischen Theologie könnte von diesem Grundgedanken entscheidende Impulse erhalten.

Der Ansatz in den genannten beiden Aspekten soll bei der Entfaltung von Grundlagen für ein kirchenspezifisches Management (Abschnitt 3.4) zum Tragen gebracht werden. Für diesen Zweck ist eine vertieftere Darstellung des grundlagenkritischen Ansatzes sowie die kritischen Ausführungen P. Ulrichs zu einer „funktionalen Wirtschaftsethik" in kurzer Zusammenfassung dienlich.

Die Bezeichnung „funktionale Wirtschaftsethik" wurde gewählt, „weil sie sich darauf konzentriert, aufzuzeigen, inwiefern und wie weitgehend die ökonomische Rationalität selbst schon im Sinne einer modernen Ethik funktioniert."[81] Ein solcher Ansatz hätte allerdings nur dann einen Sinn, wenn die von seiten der meisten Ökonomen beanspruchte Reinigung der „reinen" Ökonomik von normativen Gehalten nicht gelungen ist. Der funktionale Ansatz wurzelt im protestantischen Denken, im besonderen im calvinistisch-puritanischen Wirtschaftsethos. Es wird als soziokultureller Motor für das sich entfesselnde moderne Wirtschaftssystem verstanden. Kapitalistisch denken ist hier nicht mehr das Unethische, sondern - indem materielle Güter zum irdischen Zeichen göttlicher Prädestination werden - christlich begründet. Der reale Erfahrungshintergrund dieser Ethik ist die individuelle und gesellschaftliche Freiheit des Bürgers, die durch den freien Markt und eine liberal-demokratische Staatsform konstituiert wird. Entsprechende ökonomische Denkweisen und Lebensformen dienen dank der „unsichtbaren Hand" des Marktes zugleich dem Wohle aller, womit ihre religiöse und ethische Legitimation durch Calvinismus und Wirtschaftsliberalismus begründbar ist. Die Wurzel des jungen bürgerlichen Wirtschaftsethos gründet in der gelungenen Synthese von christlicher Ethik und ökonomischem Erfolgsstreben. „Die Idee der Selbstkoordination freier Bürger mittels *Tauschverträgen* auf freien Märkten"[82] lässt liberale Ethik und ökonomische Effizienz zusam-

---

[81] *ebenda*

[82] *ebenda 186*

menfallen. Das erlaubt schliesslich dem Moralphilosophen Adam Smith, ein System zu entfalten, das frei war von direkten moralischen Ansprüchen und doch aufgrund des naturrechtsphilosophischen Vertrauens in die „unsichtbare Hand" (die mittels Marktmechanismen das gesellschaftliche Interessenharmonisierungsproblem zum Vorteil aller löst) implizite Ethik sicherstellt. Die implizite Binnenmoral dieses Systems eröffnet einer liberalen Wirtschaftsethik die Chance, sich von der traditionalen kirchlichen und politischen Bevormundung zu emanzipieren. Damit ergibt sich die Umkehrung aller Dinge: „Das ökonomische System ist nun nicht mehr der latente Feind, sondern weitgehend der Garant einer ethisch guten und gerechten Gesellschaft."[83] Die systemimmanente (Binnen)moral bekommt funktionalen Charakter im Hinblick auf die Effizienz des ökonomischen Systems für die gegebenen Interessen und Bedürfnisse der Wirtschaftssubjekte. Über die ethische Qualität dieser Bedürfnisse wird nichts gesagt. Die Erklärung moralischen Verhaltens aus Interessen bedingt zwei konstitutive Merkmale: Es geht einerseits nicht um normative Begründung, sondern um empirische Motivation der Wirtschaftssubjekte und andererseits muss den Menschen „eine *strategische Rationalität*, d.h. eine entsprechende nutzenmaximierende Motivationsstruktur"[84] unterstellt werden. Damit wird eine entscheidende menschliche Qualität, auf die Ethik und Moral schwerlich verzichten können, nämlich dass Moral- und Verantwortungsbewusstsein des Menschen nicht in ein berechenbares strategisches Kalkül eingebunden werden können, ausgeblendet. Diese „ethische Lücke" wird nun in diesem Ansatz in eine „Motivationslücke" umgedeutet, welche die Frage impliziert, „durch welche Form von Eigennutzen oder Anreizen die Individuen zu moral*analogem* Verhalten 'motiviert' werden können ... Die potentielle Stärke dieses Ansatzes liegt darin, ethische Forderungen mit ökonomischen Motiven, die im wohlverstandenen Eigeninteresse der Wirtschaftssubjekte liegen, zu vermitteln."[85]

---

[83] *ebenda 187*

[84] *ebenda 189*

[85] *ebenda 189/190*

56

P. Ulrich identifiziert jedoch drei systematische Defizite des funktionalen Ansatzes der Wirtschaftsethik, von denen das dritte aufgrund seiner Relevanz für die Beurteilung der systemischen Managementlehre aus ethischer Perspektive im Rahmen der Ausführungen in Abschnitt 3.5.2 wieder aufgegriffen wird:[86]

1. Es geht beim funktionalen Ansatz um einen rein teleologischen Ansatz, indem der Wert einer Handlung ausschliesslich von ihren Folgen (ihrem Nutzen) für das ethisch Gute bestimmt ist. Der Ansatz kommt nicht ohne sozialtechnische Verobjektivierung von Individuen aus, was der Idee der unantastbaren Freiheit und Würde der Person entgegensteht. Auf dem Hintergrund deontologischer Ethik in der Tradition Kants, die den unbedingt verpflichtenden Eigenwert von personalen Freiheits- und Grundrechten vernünftiger Einsicht zugänglich machen will, spricht Ulrich von einer *deontologischen Lücke* des funktionalen Ansatzes.

2. Ulrich spricht damit die normative Voraussetzung der Mainstream-Ökonomik an, die den empirischen Präferenzäusserungen (den faktischen Bedürfnissen) der Wirtschaftssubjekte eine nicht weiter hinterfragbare ethisch-vernünftige Qualität zuerkennt. Die fehlende Kritisierbarkeit der „gegebenen" subjektiven Präferenzen unterschlägt die Tatsache, dass „mündige Menschen in einem gewissen Mass zur vernünftigen Selbstkritik ihrer eigenen Bedürfnisse und Präferenzen, sowie derjenigen anderer fähig sind, insbesondere was deren Umwelt- und Sozialverträglichkeit ... betrifft."[87]

3. Der „fehlende lebensweltliche Blick für die nicht-systemischen Voraussetzungen des Wirtschaftssystems (rein systemische Perspektive)": Ulrich kritisiert dabei die „falsche Totalität der Systemperspektive", indem sich der „systemische Interessenharmonisierungsansatz selbst als universal und unbegrenzt ... wahrnimmt, sind logischerweise alle politisch-ökonomischen Ordnungsprobleme *innerhalb* der Systemsteuerungskonzeption

---

[86] vgl. ebenda 194-199

[87] ebenda 197

zu lösen". Der „humane Eigenwert bestimmter Leitideen von persönlicher und gesellschaftlicher Lebensqualität" hat in der systemfunktionalen Rationalität keinen Platz.[88]

Integrative Wirtschafts- und Unternehmensethik stellt das Problem der methodischen Vermittlung zwischen ökonomischer Rationalität und ethisch-praktischer Vernunft ins Zentrum. „Rationalität oder die Frage, wie wir vernünftigerweise handeln sollen, ist ja das verbindende Grundthema sowohl der praktischen Philosophie (Vernunftethik) als auch der Wirtschaftstheorie ...Wirtschaftsethik sollte sich deshalb nicht mit der symptomatischen Oppositionsrolle des blossen Anredens *gegen* die ökonomische Rationalität begnügen, sondern sich als eine *Vernunftethik des Wirtschaftens* verstehen, die der ökonomischen Sachlogik auf den (normativen) Grund geht und von da aus *für mehr* wohlverstandene ökonomische Vernunft argumentiert."[89] In einem entsprechenden *grundlagenkritischen Ansatz* von Wirtschaftsethik werden ethisch-normative Voraussetzungen zu einem integralen, konstitutiven Bestandteil ökonomischer Vernunft. In der Tradition kantianischer Vernunftethik fragt der Ansatz nach den „normativen Bedingungen der Möglichkeit lebenspraktisch vernünftigen Wirtschaftens", der „moralisch enthemmten und institutionell entfesselten industriegesellschaftlichen Rationalisierungsdynamik" soll „von innen her" eine vernünftigere Orientierung gewiesen werden.[90] Dieser Ansatz von Wirtschaftsethik „begnügt sich weder mit der äusseren *Eingrenzung* des Geltungsbereichs der ökonomischen Rationalität durch ausserökonomische Moralität (korrektiver Ansatz) noch mit der 'reinen' *Anwendung* der 'gegebenen' ökonomischen Rationalität auf die Ethik (funktionaler Ansatz), sondern er zielt auf die *Erweiterung der ökonomischen Rationalitätskonzeption von ihren normativen Grundlagen her.*"[91] Ökonomische Vernunft braucht ein deontologisches Minimalethos,

---

[88] *ebenda 198*

[89] *Ulrich P. (integrative Wirtschaftsethik) 77*

[90] *ebenda 78*

[91] *Ulrich P. (verlorene ökonomische Vernunft) 200*

z.B. die allgemeine Anerkennung von Menschenrechten, deren unbedingter Eigenwert darin zum Ausdruck kommt, dass sie ohne Ansehen der Person verallgemeinerungsfähig sein sollen. Das Kriterium der Verallgemeinerungsfähigkeit (von Kant als Kategorischer Imperativ spezifiziert) ist das deontologische Minimum jeder rationalen Ethik. Ulrich verweist weiter auf den „deontologischen Kern" der kommunikativen Ethik (Diskursethik), den die Idee rationaler zwischenmenschlicher Kommunkikation und Konsensfindung in sich birgt: „die wechselseitige Anerkennung der Gesprächspartner als mündige Subjekte und die Einsicht in den humanen Eigenwert einer gewaltfreien, konsensuellen Interessenabstimmung und Konfliktlösung."[92] Eine Erweiterung der ökonomischen Realitätskonzeption ist auch in dem zu sehen, was Ulrich als „lebensweltliche Erweiterung der ökonomischen Vernunft" bezeichnet. Moderne Wirtschaftsethik kann keine Binnenethik des ökonomischen Systems sein, ihre Qualität misst sich daran, wie sie mit dem spannungsvollen Verhältnis zwischen ökonomischem System und Lebenswelt umgeht, sie ist damit zwangsläufig auch politische Ethik; sie muss die Frage lösen, wie die entfesselte ökonomische Dynamik bzw. der dahinter stehende Rationalisierungsprozess wieder in lebenspraktische Kriterien des guten Lebens und Zusammenlebens der Menschen eingebunden werden kann. Es geht dabei um die Frage nach Orientierungsmustern *„sozialökonomischer Rationalisierung".* [93] Als institutionelle Umsetzung der sozialökonomischen Rationalitätsidee ergibt sich unter Berücksichtigung der Unterscheidung zwischen normativer (kommunikativer) und funktionaler Sozialintegration das Drei-Ebenen-Konzept sozialökonomischer Rationalisierung in Tabelle 3-1.

---

[92] *ebenda 202*

[93] *ebenda 208*

3.2.2.2 Zum Verhältnis von kognitivistischen Ethik-Ansätzen und christlichem Wertbewusstsein

Der Verweis auf die Notwendigkeit eines „deontologischen Minimums" jeder rationalen Ethik, in der das Kriterium der Verallgemeinerungsfähigkeit von Normen im Sinne des Kategorischen Imperativs von Kant unaufgebbar ist, sowie die Idee rationaler zwischenmenschlicher Kommunikation und Konsensfindung im Rahmen der „Diskursethik" zeigt die ausgeprägte Vernunftzentriertheit dieses Ansatzes, der eindeutig von Kantschen Denk- und Moralkategorien bestimmt ist. Moralisches Denken ist bei diesem Ansatz das Resultat praktischer Vernunft, das letztlich in moralisches Handeln mündet. Im Rahmen dieses Ansatzes stehen Moral gegen Gefühl, Gesetzestreue (die unbedingte Geltung von verallgemeinerbaren Normen) gegen Selbstinteresse, Verstand gegen Instinkt. Diese rationale oder kognitivistische Ethik kann nur „funktionieren" (im Sinne eines ideellen prozeduralen Verfahrens), wenn der gute Wille sowie die Fähigkeit und Bereitschaft vorausgesetzt wird, vernunftgeleitet im Sinne Kants zu handeln. Vernunftethik kann von ihrer Konstruktion her keinerlei kulturspezifische oder subjektive Wertüberzeugungen als gegeben voraussetzen. Sofern nun christliches Wertbewusstsein bzw. entsprechende normative Orientierungen entweder dem Kriterium des kategorischen Imperativs (d.h. ihrer Verallgemeinerungsfähigkeit und universalen Gültigkeit) standhalten oder die Bereitschaft besteht, spezifisch christliche Werthaltungen dem Urteil der praktischen Vernunft unterzuordnen, würden sich keine Diskrepanzen zwischen christlichem Wertebewusstsein und Vernunftethik ergeben. Dass dies nicht ohne weiteres angenommen werden kann, ist beispielsweise an der empirischen Tatsache ersichtlich, dass Werturteile und Handlungsmotivationen im kirchlichen Alltag häufig von subjektivem emotionalem Empfinden gesteuert werden. Die Konzeption der Vernunftethik muss jedoch aufgrund ihrer Konstruktion Grundlagen moralisch-ethischen Verhaltens, die aus anderen Quellen als aus denen der Vernunft gespeist sind, ausblenden. Das bedeutet nicht, dass die Voraussetzung eines grundlegenden Interesses von Handlungssubjekten an ethischer Vernunft falsch wäre, fraglich ist lediglich, ob dieses Interesse stark genug ist, subjektiv-emotional motivierte Werturteile und Handlungsorientierungen einer vernunftgeleiteten kritischen Prüfung zu unterziehen.

Die Wertorientierung einer christlichen „Alltagsethik" kirchlichen Handelns enthält beispielsweise Wertegruppen, die man unter der Bezeichnung Fürsorglichkeit zusammenfassen könnte. Damit sind Handlungsqualitäten der Zuwendung, des Mitfühlens, der Anteilnahme und der Aufmerksamkeit verbunden, deren „Motivationsnährboden" primär im Bereich des Emotionalen liegt.

Dennoch kann m.E. eine vernunftzentrierte, rationale Ethik sachgemäss zur Lösung des *Vermittlungsproblems* zwischen theologisch-kirchlichen Denkgrundlagen und ökonomischer Rationalität beitragen. Denn auf der Ebene der praktischen Implikationen dieses Vermittlungsproblems wird es darum gehen, Konsens (Entwicklung gemeinsamer Sinnzusammenhänge) oder mindestens gegenseitiges Verständnis in normativen Grundsatzfragen unter sehr vielen Akteuren mit divergenten Werthaltungen herbeizuführen. Dazu sind gelingende Interaktion und Verständigung zwischen verschiedensten Akteuren (Mitarbeitern, Gemeindegliedern, gemeindeexternen Anspruchsträgern) nötig, die sich im Hinblick auf das anstehende Vermittlungsproblem sinnvollerweise auf einen *vernunftgeleiteten* Diskurs stützen. Eine emotional gesteuerte Wertorientierung wäre in Bezug auf das genannte Vermittlungsproblem weder sachgemäss noch ausreichend.

3.3 Management- und Betriebswirtschaftslehre für kirchliche Institutionen: Überlegungen zur Lösung von Übertragbarkeitsproblemen

Die Aspekte des Wirtschaftens und der Führung der Kirchgemeinde ins Zentrum zu rücken, ist ein Ansatz, der in kirchlichen Kreisen kontrovers beurteilt und noch auf absehbare Zeit mit verbreiteter Skepsis bis hin zu offener Ablehnung verbunden sein dürfte. Wesentliche Gründe dafür wurden bereits diskutiert. Einige damit zusammenhängende Vorstellungen und Denkmuster sollen im folgenden vertieft dargestellt werden, um Probleme bei der Übertragung von Management- und Betriebswirtschaftslehre auf kirchliche Institutionen zu verdeutlichen. Gleichzeitig wird versucht, Argumente bereitzustellen, die zur Lösung von Übertragbarkeitsproblemen beitragen können.

3.3.1 Der geistliche Charakter von Kirche als Übertragbarkeitshindernis?

Häufig lässt sich feststellen, dass Begriff und Inhalt von Management v.a. dort auf Skepsis stossen, wo die Kirche primär oder ausschliesslich *geistlich* verstanden wird, als Ort des Wirkens Gottes bzw. des Heiligen Geistes. Es muss von dieser Seite mit dem Einwand gerechnet werden, aus dem Blickwinkel des Managements werde diese geistliche Dimension vergessen, es werde unberücksichtigt gelassen, dass der Heilige Geist die Kirche führe. Das Wesentliche der Kirche sei nicht ihre empirisch-weltliche Gegebenheit, sondern ihr geistlicher Charakter. Demgegenüber kann festgehalten werden, dass tatsächlich auf der Basis der hier entwickelten Ansätze und Konzepte explizite Erörterungen des Wirkens des Heiligen Geistes oder Gottes dazu beitragen können, Fragen von Führung und Ökonomie in einer Gemeinde zu untersuchen. In solcher Absicht drückt sich jedoch keineswegs Unglaube aus, „denn eine Wissenschaft ist weder gläubig noch ungläubig, sondern ein bestimmtes Wissenssystem, das von lebenden Menschen entwickelt und getragen wird, in dem bestimmte Sachverhalte zur Sprache kommen und andere nicht."[94] Auch wenn es im folgenden - dies dürfte aus den bisherigen Ausführungen in aller Deutlichkeit zum Ausdruck gebracht worden sein - nicht einfach um unreflektiertes Transferieren von Betriebswirtschafts- und Managementwissen in die Tätigkeitsfelder der Kirchgemeinde geht, kommen damit Wahrnehmungs- und Denkweisen ins Spiel, die denjenigen der Gläubigkeit fremd sind. Dabei geht es aber gerade nicht darum ökonomisches Denken apologetisch gegenüber der Denkweise christlicher Gläubigkeit zu verteidigen, sondern es soll aufgezeigt werden, dass viele lebenspraktische Probleme einer Gemeinde durch diese Integration besser - d.h. besser durchaus auch im Sinne glaubensorientierter Wertekategorien - gelöst werden können.

Selbstverständlich muss zugestanden werden, dass diese Betrachtungsweise in einem wesentlichen Punkt unvollständig, möglicherweise sogar einseitig

---

[94] *Kaufmann F.-X. (Christentum) 24*

ist, indem die Frage nach dem geistlichen Leben in einer Gemeinde in diesem Rahmen nur am Rande behandelt werden kann. Solche Fragen lassen sich bei einer Betrachtung der Gemeinde unter dem Gesichtspunkt, was für sie gutes Wirtschaften und Führen bedeutet, auch bei weitreichender Berücksichtigung normativ-theologischer Ansprüche kaum angemessen erörtern. Der Schwerpunkt liegt klar bei der Entwicklung von Konzepten und Lösungen für „betriebliche" und Leitungsprobleme. Aus dieser Optik kann nicht über alle Gegenstände angemessen gesprochen werden, sondern nur über solche, welche eine Form haben, die dem Erkenntnis- und Erklärungspotential dieses Denkens zugänglich sind. Mit den in den folgenden Kapiteln entwickelten Managementkonzeptionen und dem Versuch, ein kirchenadäquates betriebswirtschaftliches Instrumentarium zu entwickeln, kann und soll nicht die ganze Wirklichkeit erfasst werden. Ebensowenig wie die Psychologie, die Soziologie oder die Theologie die ganze Wirklichkeit zu erfassen vermögen. Für die theologischen Disziplinen muss in diesem Zusammenhang festgestellt werden, dass die hier im Vordergrund stehende Wirklichkeit von Kirche bisher wenig reflektiert wurde. Von der Kirche ist traditionellerweise in zwei Gebieten der Theologie die Rede: in der Ekklesiologie und in der Dogmatik. In beiden Bereichen fehlt bisher eine systematische Berücksichtigung des geistlich-weltlichen Doppelcharakters der Kirche.[95] Die Unbestimmtheit dieses Doppelcharakters führt zu häufigen Kontroversen zwischen Theologen, die von der Position ausgehen, dass das „Eigentliche" nicht durch das Handeln und Bewirken von in der Kirche tätigen Menschen geschieht, sondern Sache des Heiligen Geistes sei, während für die mehr praktisch denkenden Akteure (v.a. die leitungsverantwortlichen Milizer) Kirche eher als sichtbares, konkret gestaltbares Gebilde verstanden wird.

---

[95] *Kaufmann F.-X. (Christentum) 14*

3.3.2 Die Gemeindeorientierung als Übertragbarkeitshindernis?

Die verbreitete kirchliche Skepsis gegenüber dem Begriff des Management und den damit verbundenen Vorstellungen hängt auch damit zusammen, dass theologisches Denken mit vielen Variationen, aber wenigen Ausnahmen, davon ausgeht, dass die Gemeinde die Grundlage allen kirchlichen Handelns bildet. Auf dem Hintergrund der Vorstellungskonzepte von „Gemeinde" oder von „Volk Gottes" und mit Bezug auf den in Abschnitt 3.3.1 angesprochenen geistlichen Charakter dieser Gemeinschaftsformen stellt sich deshalb die Frage, ob die Kirche nicht ihrem theologischen Anspruch nach dem Weltlichen so konträre Ziele verfolgt, dass sie sich zu ihrer Zielerreichung primär auf geistliche Kräfte verlassen sollte? Verlangen die Menschen in einer weithin technologisch perfektionierten Sachwelt nicht gerade als Kontrast das Visionär-Charismatische[96], das mit Managementdenken nicht vereinbar ist?

Demgegenüber darf festgehalten werden, dass einerseits die vermutete Gegensätzlichkeit zwischen Management - mindestens gilt dies für einige neuere Ansätze in der Managementlehre und -praxis - und christlich-kirchlichen Werten nicht so gross ist, wie von in der Kirche arbeitenden Menschen häufig angenommen wird (vgl. die diesbezüglichen Ausführung in Abschnitt 2.2) und andererseits vielfältige Möglichkeiten zur Integration beider Bereiche bestehen (vgl. Abschnitt 3.4 und 3.5). Zudem soll im folgenden in unterschiedlichsten Zusammenhängen dargelegt werden, dass es Möglichkeiten der Anpassung an „weltliche" Sachgesetzlichkeiten (die mit der Anwendung von Managementerkenntnissen durchaus verbunden ist) gibt, die nicht nur theologisch verantwortet werden können, sondern wirkungsvoll in den Dienst theologischer Postulate gestellt werden können.

---

[96] *Hermanns M. (Organisation) 46*

3.3.3 Fehlende Reformbereitschaft als Übertragbarkeitshindernis?

Ein kritisches Hinterfragen der geschichtlich gewachsenen traditionellen Leitungs- und Verwaltungsstrukturen der evangelisch-reformierten Kirche, das mit ernsthaftem Reformwille verbunden wäre, ist erst in den letzten Jahren ansatzweise in Gang gekommen. Dies hat zusammen mit den erwähnten Einwänden gegen Management in der Kirche ein systematisches Überdenken - schon gar nicht im Lichte betriebswirtschaftlichen Know-hows - der bestehenden Strukturen, Organisations- und Finanzierungsformen weitgehend verhindert. Inzwischen ist allerdings unter dem zunehmenden Druck von Führungs- und Finanzierungsproblemen die Bereitschaft gewachsen, Fragen der Gestaltung der Gemeindestrukturen (im organisationstechnischen Sinn), des Einsatzes der finanziellen Mittel sowie des Personalmanagements zu prüfen und nach Verbesserungen zu suchen.

Der Mangel an Problembewältigungspotentialen der traditionellen kirchlichen „Managementformen" zeigt sich besonders an der verbreiteten Ratlosigkeit gegenüber der Aufgabe, einerseits die sich tendenziell verstärkenden kirchlichen Schrumpfungsprozesse zu bremsen und andererseits deren Folgen zu bewältigen. Die Bekämpfung von Mitgliederschwund bei gleichzeitigen Finanzierungsproblemen erhöhen natürlich nicht nur die Anforderungen an das Management, sondern auch eine Herausforderung für das geistliche Selbstverständnis sowie die Gestaltung des kirchlichen Lebens im Sinne des traditionellen Gemeindeaufbaus. Zur Frage der Gestaltungsmöglichkeiten von Gemeindeaufbau gibt es eine umfangreiche Literatur[97], bei den besoldeten Angestellten der Gemeinden (Pfarrer und Gemeindehelfer[98]) eine ebenso

---

[97] *Ein grosser Teil der neueren Literatur zum Gemeindeaufbau ist bei Chr. Möller (Gemeindeaufbau) verarbeitet.*

[98] *Die Bezeichnung für die entsprechenden Berufsgruppen ist uneinheitlich. Für Stellen, die mit Gemeindehelferin / Gemeindehelfer bezeichnet werden gibt es v.a. vier Ausbildungsgänge, die auf die Arbeit in Gemeinden vorbereiten: Die Ausbildungsstelle für Aus- und Weiterbildung kirchlicher Mitarbeiter im diakonischen Bereich Zürich (akim), das Diakoniehaus Greifensee, das Theologisch-diakonische Seminar Aarau (TDS) und die Ausbildung zur Sozialarbeiterin / zum Sozialarbeiter in den Ausbildungsstätten der Schweizerischen Arbeitsgemeinschaft der höheren Fach-*

umfangreiche praktische Erfahrung sowie eine beträchtliche Vielfalt von Idealen und Zielvorstellungen. Dieses Wissen, diese Erfahrungen und Ideale können und müssen bei der Bewältigung von Schrumpfungsprozessen eingesetzt werden. Die entsprechenden Bemühungen werden jedoch wirkungsvoller sein, wenn sie durch kompetente Führungsarbeit mit sachgemässen Managementkonzepten unterstützt werden.

3.4 Ansätze und Grundlagen für eine kirchenspezifische Managementkonzeption

3.4.1 Anforderungen an eine kirchenspezifische Managementkonzeption

3.4.1.1 Die Priorität theologisch-normativer Orientierungen

Kirchliches Wirtschaften muss es sich selbstverständlich gefallen lassen, an christlichen Wertansprüchen gemessen zu werden. Mehr noch: Theologische und normative Orientierungen haben hier grundsätzlich Priorität. Bei diesem Prioritätspostulat fallen folgende Aspekte besonders ins Gewicht: [99]

a) Wenn theologisch und/oder mit dem kirchlichen Auftrag (siehe folgender Abschnitt) begründete normative Prämissen und entsprechende Zielvorgaben in die Gestaltung von Entscheidungsprozessen einfliessen sollen, genügt eine bloss verbale Thematisierung solcher Prämissen nicht, um im

---

schulen für Soziale Arbeit (SASSA); vgl. dazu auch Abschnitt (8.3.1.5 Besonderheiten von kirchlichen Mitarbeitern). Die entsprechenden Stellen in Gemeinden werden auch als diakonische Stellen *bezeichnet. Im folgenden wird, wenn alle Berufsgruppen im diakonischen Bereich einbezogen sind, die Bezeichnung "diakonische Stellen, bzw. Berufsgruppen" verwendet. Diakonischen Stellen werden v.a. Aufgaben in den Bereichen Sozialhilfe (soziale Betreuungsaufgaben, Einzelfallberatung), in der Jugendarbeit und im Gemeindeaufbau zugewiesen. In der Praxis werden Mitarbeiter sowohl spezialisiert in einem dieser Bereiche oder mit kombinierter Aufgabenzusammensetzung aus zwei oder allen drei Bereichen eingesetzt.*

[99] *vgl. Jäger A. (Konzepte) 153f*

übrigen nach reglementarischen Vorgaben und gängiger betriebswirtschaftlicher Logik vorzugehen. Zum kirchenleitenden Geschäft gehört vielmehr, dass grundsätzlich jeder Entscheid im Licht seiner theologischen Relevanz betrachtet wird und entsprechende Konsequenzen gezogen werden. Diese Orientierung hat im kirchlichen Bereich v.a. „strategische" Bedeutung. „In Routinefällen kann sich dieser Vorgang auch stillschweigend und implizit, niemals jedoch unbesehen, auf einen Grundkonsens abstützen ... Entscheide von mittlerer und grösserer Tragweite aber erfordern in jedem Fall eine explizite Durchleuchtung, entweder indem nach Einpassungsrastern in einem zu vereinbarenden Zielsystem gesucht wird" oder indem bei einem „besonders gravierenden Entscheid allenfalls die Ziele und Strategien selbst zu revidieren sind ... An der Aufgabe eines theologisch verantwortlichen, zukunftsgerichteten Vordenkens und Vorgestaltens führt kein Weg vorbei"[100] , wenn die Kirchenleitung dem Wesen ihres Auftrages gerecht werden will.

b) Damit dies möglich ist, muss vorausgesetzt werden, dass es prinzipiell keine ökonomischen, juristischen oder gar bürokratischen Eigengesetzlichkeiten gibt, an denen theologisch bestimmte Zielvorgaben scheitern müssten. Umgekehrt bedeutet dies, dass sich auch das theologisch orientierte Vordenken, an welchem alle Leitungsverantwortlichen partizipieren, bei aller langfristigen Ausrichtung nicht in einem realitätsfremden Raum verlieren darf - durch die immer noch verbreitete evangelische Tradition, sich in intellektualistischen Wortwolken einzuhüllen -, sondern dass Verantwortung bis in die gewollten und immer auch ungewollten Auswirkungen eines Entscheides mitgetragen wird.

c) Damit sind sehr unterschiedliche Kompetenzen gefragt, deren gegenseitige Zuordnung erfahrungsgemäss schwerfällt. Es geht um die Verbindung von theologischen Grundhaltungen sowie von Vorstellungen darüber, was die Kirche ist und tun sollte, mit unverzichtbaren Sachkompetenzen. Die beiden Bereiche lassen sich aus allgemeinen, historisch gewachsenen Entfremdungsentwicklungen nur schwer integrieren. Eine explizite Aus-

---

[100] *ebenda 153*

einandersetzung mit diesem Vermittlungs- und Integrationsproblem ist für kirchliche Leitungsarbeit dringlich. Neben einer gezielten und strukturierten Gestaltung dieser Reflexions- oder Zwischenebene vermögen Konzepte einer adäquaten Wirtschafts- bzw. Managementethik geeignete Rahmenbedingungen zur Bewältigung der notwendigen Integrationsleistungen zu schaffen (vgl. Abschnitt 3.2.2).

d) Was in der „profanen" Managementpraxis oft zur Problemfrage wird: Wie bringe ich welche Wertgesichtspunkte in die wirtschaftlichen Entscheidungen hinein?, stellt sich im kirchlichen Umfeld häufig eher umgekehrt: Wie bringe ich ökonomische Rationalität in das einseitig theologisch-wertorientierte Denken insbesondere theologisch ausgebildeter kirchlicher Handlungsträger? Die i.d.R. von der theologischen oder von der Seite der Diakonie herkommenden Berufsgruppen der Kirchgemeinde erhalten damit die Möglichkeit, auf dem Praxisfeld Kirche ökonomische Sachlogik zu integrieren. Sie werden dabei die Erfahrung machen, dass, wenn ethische und Glaubens-Postulate zur Wirkung kommen sollen, nicht nur entsprechendes persönliches Engagement erforderlich ist, sondern auch „gutes" Wirtschaften in der Kirche entscheidend zu dieser Wirkung beiträgt. Jäger sagt es so: „Christliche Postulate benötigen ökonomische Füsse, damit sie auf der Erde besser gehen lernen."[101] Andererseits wird dem vom ökonomischen Denken Herkommenden (häufig Milizer in kirchlichen Leitungsgremien) im kirchlichen Umfeld exemplarisch vor Augen geführt, was es für die Führungstätigkeit bedeutet, wenn theologisch orientierte Sinn- und Wertvorgaben einen prioritären Stellenwert bekommen. Die für die Führung der Gemeinde verantwortlichen Milizer werden dadurch herausgefordert, (wirtschafts)ethische Kompetenz zu entwickeln, die sie von ihren Arbeitsfeldern (Ökonomen, Juristen, Lehrer, Hausfrauen) meist nur in geringem Umfang mitbringen.[102]

---

[101] *Jäger A. (Unternehmenspolitik) 28*

[102] *In der Bundesrepublik Deutschland betreibt die Kirche zahlreiche diakonische Einrichtungen (z.B. Spitäler, Alters- und Pflegeheime). Jäger verweist darauf, dass die Wirtschaftsethik bei der Leitung solcher Einrichtungen zu einem hilfreichen Instrument werden kann, um Theologie und Ökonomie im Rahmen zeitgemässer Fra-*

3.4.1.2 Management steht im Dienst des kirchlichen Auftrages

Während für die meisten anderen Organisationen - insbesondere für gewinn-orientierte - zahlreiche Zielgrössen bestehen, für die es messbare Faktoren und Kriterien gibt (Gewinn, Cash-flow, Umsatz, Marktanteile), fehlen sie in der Kirchgemeinde fast völlig. Die Gemeinde hat einen Auftrag primär an den zu ihr gehörenden Menschen zu erfüllen. Ein Management im Dienste dieses Auftrags hat sich von allen Tendenzen der Eigendynamik, Eigenge-setzlichkeit und Selbstzweckhaftigkeit fernzuhalten. Im zentralen Punkt, dass Management primär im Dienste eines bestimmten Auftrages (im folgenden wird auch die Bezeichnung „Mission" verwendet) steht, sind Kirch-gemeinden übrigens durchaus mit anderen Nonprofit-Organisationen im Ge-sundheitswesen, dem Bildungssystem oder in kulturellen Bereichen ver-gleichbar.

---

gestellungen einer diakonischen Unternehmenspolitik einander zuzuordnen. Einige Aspekte seiner Ausführungen über die diesbezügliche Brückenfunktion von Wirt-schaftsethik sind m.E. im Sinne einer Ergänzung für das Erfordernis einer inter-disziplinären Zusammenarbeit erwähnenswert (vgl. Jäger A. (Unternehmenspolitik) 23-52): Eine fruchtbare, interdisziplinäre Zusammenarbeit erfordert, die Eigenge-setzlichkeiten und gegenseitige Abschottungen beider Bereiche nicht nur zu erken-nen, sondern auch aufzubrechen. Solche Integrationsbemühungen stecken noch in den Anfängen. Sie leiden auch an Verständigungsproblemen. Christliche Ethik hat es bisher weder gelernt noch sich darum bemüht, sich in ökonomischer Sprache auszudrücken. „Christlicher Ethik fehlt über weite Strecken schlicht die ökonomi-sche Kompetenz. Ohne diese aber werden deren Postulate nur begrenzt ernst zu nehmen sein. Allzu häufig schweben sie noch in einem theologischen und ethischen Verbalhimmel, ohne die Ebene der Volks- und den besonders steinigen Boden der Betriebswirtschaft zu erreichen." (Ebenda 29) Für moderne Theologen wäre dar-aus die Konsequenz zu ziehen, nicht nur aus grosser Distanz über wirtschaftse-thisch Gebotenes zu predigen, ohne selbst im harten Acker des Wirtschaftens mit anzupacken. Das bedeutet für ihr konkretes Umfeld, sich nicht nur um die theologi-sche Qualität ihrer kirchlichen Arbeit zu kümmern, sondern auch für die wirt-schaftliche Situation der Gemeinde Mitverantwortung zu tragen.

a) Die inhaltliche Bestimmung des kirchlichen Auftrags

Problematisch ist dabei, dass die gebräuchlichen Auftragsdefinitionen - wie sie beispielsweise in vielen Präambeln von kirchlichen Reglementen formuliert sind - einseitig auf theologischen Denkmustern beruhen. Auch in fast allen theoretischen Grundlegungen wird kirchliches Handeln vom „Auftrag der Kirche" her definiert, wobei dieser Auftrag in den Grundzügen vorgegeben erscheint, er ist abgeleitet aus biblischen Aussagen, „aus früheren und inzwischen zum Dogma gewordenen Interpretationen der biblischen Aussagen, beispielsweise der Bekenntnisschriften."[103] Der kirchliche Auftrag und das kirchliche Handeln wird also traditionellerweise „nicht definiert unter dem Gesichtspunkt seiner gesellschaftlichen Funktionalität, d.h. seiner Verflechtungen in die jeweilige geschichtliche Situation und deren gesellschaftliche Praxis mit ihren dem Menschen helfenden oder den ihn unterdrückenden Institutionen."[104] Dieses von Dahm zutreffend definierte Defizit bedeutet aber m.E. nicht, dass bei der Definition des Auftrags auf dessen bibelorientierten, geistlichen Gehalt verzichtet werden könnte.

Vielmehr hat sich die Formulierung des kirchlichen Auftrags in zwei Richtungen zu orientieren:

a) Der Bezug auf biblische Aussagen und deren Interpretationsgeschichte; diese Orientierung hat primär geistlichen Charakter und soll durchaus auch visionäre Züge tragen.
b) Berücksichtigung der aktuellen gesellschaftlichen Funktionalität von Kirche; dazu gehört der Einbezug ihrer gesellschaftlichen Vernetzung, insbesondere die Erfassung von Werthaltungsveränderungen sowie Bedürfnisorientierung[105].

---

[103] *Dahm K.-W. (Kirche und Religion) 99*

[104] *ebenda*

[105] *Viele Christen halten eine stärkere Bedürfnisorientierung für dringlich, andere sehen darin eine Gefahr für die Verkündigung. Was die Leute hören wollen, sei eben oft nicht vereinbar mit dem Auftrag, das Evangelium zu verkünden. M.E. ist*

Die beiden Orientierungen zusammenzubringen, erweist sich als Grundproblem einer modernen Kirche. Denn es gehört zum Wesen christlicher Wert- und Sinnzusammenhänge, dass sie *tradiert* und in diesem Sinn als gegeben verstanden werden müssen (dies wird besonders am Beispiel der nachfolgenden Auftragsdefinition einer Gemeinde deutlich). Das Problem einer modernen offenen Volkskirche, zu der immer noch etwa 80% der Bevölkerung gehören, ist aber, dass sie ein Stück weit auch ein Spiegel unserer Gesellschaft und unserer Zeit geworden ist. Damit ist verbunden, dass tradierte Sinn- und Wertbestände durch die Rationalisierung und Pluralisierung der Lebensführung und die Vervielfältigung der normativen Orientierungen ihre Überzeugungskraft verloren haben. Dominierende Erwartungshaltung der Kirche gegenüber und ihr eigenes Selbstverständnis sehen es jedoch als zum Auftrag der Kirche gehörend, Funktionen der Sinnvermittlung und der normativen Sozialintegration (Vermittlung von Zugehörigkeit, sozio-emotionale Geborgenheit und Sicherheit) sowie der personalen Identitätsbildung (Persönlichkeitsbildung)[106] zu erfüllen. Damit steht die Kirche vor der schwierigen Aufgabe, auf dem Hintergrund von Wertepluralismus und gleichzeitiger Verpflichtung, tradierte christliche Glaubens- und Werteüberzeugungen zeitgemäss zu vermitteln, integrative Kräfte zu entwickeln. Die Suche nach dem Verbindenen wird zur zentralen Herausforderung. Denn der Bestand an Kon-sens, also gemeinsam getragenen Sinnorientierungen ist - und die Kirche ist hier mit einzuschliessen - das kulturelle Fundament jeder „funktionsfähigen" sozialen Gemeinschaft. „Eine solche ist stets eine (partielle) Sinngemeinschaft, d.h. sie wird durch gemeinsame Wirklichkeitsinterpretationen ('Weltbild'), geteilte Wertvorstellungen und Überzeugungen sowie durch die Selbstverständlichkeiten einer vertrauten gemeinsamen Lebenspraxis verbunden."[107] Um die entsprechenden integrativen Leistungen

---

Bedürfnisorientierung heute für eine Volkskirche, die für alle offen sein will, unverzichtbar. Differenzierte Kenntnisse über die Bedürfnisse der Mitglieder bedeuten eine wertvolle Feedback- und Steuergrösse für die Gestaltung und Lenkung der Gemeinde (vgl. dazu Spiegel Y. (Kirche) 28).

[106] *vgl. dazu Ulrich P. (symbolisches Management) 283*

[107] *ebenda 284*

zu erbringen, hat sich der traditionelle missionarisch ausgerichtete Verkündigungsansatz kirchlichen Handelns als nicht mehr zeitgemäss erwiesen. Es wurden im Sinne einer zeitgemässen Ergänzung oder Substitution dieses Ansatzes im Rahmen der Gemeindeaufbau-Literatur und der praktischen Theologie eine grosse Zahl von Konzepten, Ansätzen und Gestaltungsvorschlägen entwickelt. Ein integraler und tragender Bestandteil all dieser Möglichkeiten und besonders im Hinblick auf das diskussionsprozedurale Problem der Definition eines gemeinsam getragenen Auftrags liegt m.E. darin, sich auf Prozesse der „kommunikativen Rationalisierung" für Reflexions-, Argumentations- und Begründungsverfahren abzustützen, die bei P. Ulrich mit dem bereits skizzierten Ansatz einer Diskursethik verbunden werden (vgl. Abschnitt 3.2.2.1).[108] Es geht dabei um die Ablösung vormals „fraglos akzeptierter tradierter Sinnstrukturen" durch „argumentativ erzielte Verständigung". D.h., in einer liberalen, demokratischen, der Möglichkeit nach pluralistischen Gesellschaft, in der es Religions-, Meinungs- und Pressefreiheit gibt, müssen „Weltbilder, Lebensentwürfe, normative Handlungsorientierungen und auch sakral geschützte Glaubensinhalte und Moralprinzipien *kritischen Begründungsansprüchen* unterworfen werden, d.h. sie dürfen in Frage gestellt und mit rationalen Argumenten 'entzaubert' werden"[109].

Die konkrete Ausformulierung des Auftrages, dem sich eine Gemeinde verpflichtet, kann nicht allgemeingültig, gewissermassen idealtypisch vorgenommen werden, sondern hat situativ unter Abstimmung auf die personellen und strukturellen Gegebenheiten einer Gemeinde am besten im Rahmen einer Leitbilderarbeitung zu erfolgen. Dabei dürfte es dem erwähnten Interesse an normativer Sozialintegration dienen, auch bibelgemässe ethische Prinzipien mit universalem Geltungsanspruch zu integrieren, wie z.B. Nächsten-(Menschen)liebe, gegenseitige Achtung oder Toleranz. Denn auch Menschen, die den unterschiedlichsten Lebensformen angehören, können höchsten, universell gültigen ethischen Prinzipien zustimmen.

---

[108] *vgl. dazu auch Ulrich P. (symbolisches Management) 296ff und (Brent Spar) 35*

[109] *Ulrich P. (symbolisches Management) 296*

Die folgenden beiden Auszüge aus einem aktuellen Leitbild[110] zeigen exemplarisch, wie die Orientierungen a) und b) berücksichtigt wurden.

Zur Orientierung an a) der Auszug „unser Auftrag":

„Gemäss Artikel 1 und 2 der Verfassung der evangelisch-reformierten Kirche des Kantons St. Gallen bekennt sich diese zum Evangelium Jesu Christi, wie es im Alten und Neuen Testament bezeugt wird. Kernbotschaft dieses Evangeliums ist der gekreuzigte und auferstandene Jesus Christus.

Ziel und Auftrag der kirchlichen Arbeit ist es, unseren Gemeindegliedern eine vertrauensvolle persönliche Beziehung mit Gott, der sich in Jesus Christus offenbart, zu ermöglichen und die Einbindung der Mitglieder in eine verantwortungsvolle Gemeinschaft zu fördern. Dabei macht die Botschaft von der mitleidenden, vergebenden Liebe Gottes die Versöhnung mit Gott und den Menschen immer wieder möglich. Denken, Handeln und Reden unserer Gemeinde orientieren sich an der Heiligen Schrift im Vertrauen darauf, dass der Geist Gottes uns auch heute noch führt.

Weil unsere Kirchgemeinde Gott dient, setzt sie sich in verschiedenster Weise für die ihr anvertrauten Menschen ein. Aus der Parteinahme Gottes für die Schwachen und Leidenden erwachsen der Kirche Aufgaben im Bereich der Nächstenliebe und der Bewahrung der Schöpfung, welche die Gemeindeglieder gemeinsam und zeitgemäss zu lösen versuchen.

Hoffnung und Kraft schöpft die Gemeinde aus den Friedensverheissungen und der Botschaft von Kreuz und Auferstehung Jesu, die alles Lebensfeindliche, Tote überwunden hat.
Unsere Kirchgemeinde steht allen offen (Volkskirche). Dieser Auftrag verpflichtet uns zu gegenseitiger Achtung und Toleranz."

Zur Orientierung an b) Auszüge aus dem Abschnitt „Leitsätze":

„Die Leitsätze orientieren sich am Vorbild Jesu, der den Menschen half, ihr Leben zu bewältigen und ihr Verhältnis zu Gott zu erneuern, indem er ihnen Geschichten aus dem Alltag erzählte oder helfend in ihr Leben ein-

---

[110] *Leitbild der evangelisch-reformierten Kirchgemeinde Straubenzell St. Gallen West 1995 (das Leitbild wurde unter Leitung des Verfassers dieser Arbeit entwickelt)*

73

griff. Unsere Kirchgemeinde soll im Sinne dieses Vorbildes menschen- und lebensnah werden.

- *Bei allen organisierten, gestalteten Lebensformen der Gemeinde (z.B. Gottesdienste, Kinder- und Jugendarbeit, Religionsunterricht, Seelsorge/ Besuchsdienst, soziales und kulturelles Engagement) wird darauf hingearbeitet, ehrenamtliche Mitarbeiter zu eigenverantwortlicher Mitwirkung zu gewinnen und sie nach Möglichkeit auf ihre Einsätze und Tätigkeiten vorzubereiten. Für ihre Aufgaben werden diesen Mitarbeitern auch die nötigen Kompetenzen delegiert.*

- *Mitgliedermobilisation, Zugehörigkeit vollziehen sich zunehmend in kleinen, überschaubaren Gruppierungen. Andererseits braucht die Kirchgemeinde auch gesamtgemeindliche Strukturen. Eine quartier- und gruppenbezogene Kultur (Stärkung kleinräumiger Beziehungsnetze) und die Zugehörigkeit zur Gesamtgemeinde werden gleichzeitig gefördert. Die beiden Bereiche sollen vernetzt werden. Die Gestaltung des Gemeindelebens und der Einsatz der Mitarbeiter sollen weniger auf bestehende Pfarr- und Kirchkreisstrukturen Rücksicht nehmen. Diese Strukturen dienen mehr Verwaltungsaufgaben der Gesamtgemeinde.*

- *Um unserem Auftrag gerecht zu werden, soll das Angebot vielfältiger und vieldimensionaler werden, damit eine möglichst grosse Zahl von Menschen angesprochen werden kann. In der Kirchgemeinde Straubenzell gibt es einen überdurchschnittlich hohen Anteil an 20 - 40-Jährigen, also jenes Altersegmentes, das sich am wenigsten am kirchlichen Leben beteiligt. Die Bedürfnisse dieser Gruppe müssen bei der Angebotsgestaltung berücksichtigt werden.*

- *Das Angebot an Anlässen ohne spezifisch kirchliche Prägung, welche wichtige Bedürfnisse heutiger Menschen aufnehmen, z.B. musikalische Anlässe, Veranstaltungen mit guten Kontakt- und Begegnungsmöglichkeiten, wird gefördert (u.a. indem Räumlichkeiten zur Verfügung gestellt werden). Solche Anlässe sind geeignet, die Schwellenängste gegenüber der Kirche, bzw. dem kirchlichen Leben zu reduzieren."*

Das Beispiel zeigt, dass die Orientierung b) in Form von Leitsätzen im wesentlichen als umsetzungsorientierte Ableitung des Auftrages konzipiert ist.

Zum Zweck einer vertiefenden Begründung für die Orientierung b) werden im folgenden einige empirische Aspekte zur Funktion von Kirche und Religion in unserer Gesellschaft angefügt.[111]

b) Empirische Aspekte zur Funktion von Kirche und Religion in unserer Gesellschaft

Bei traditionellen Definitionen kirchlichen Handelns bleibt unberücksichtigt, dass für eine Mehrheit der Gemeindeglieder die immer noch vorwiegend selbstverständlich anerkannte Anwesenheit von „so etwas wie Kirche" nicht auf einem unmittelbaren Interesse an theologischen Fragen zu beruhen scheint. Vielmehr wird Kirche mehrheitlich „funktional" begriffen.[112] Bei der Frage, wie diese funktionale Betrachtungsweise ihren Ausdruck findet, d.h. welche Aufgaben der Kirche von der Bevölkerung zugeschrieben werden, ortet K.-W. Dahm zwei funktionale Schwerpunkte:

---

[111] *Dahm K.-W. (Kirche und Religion) 99*

[112] *vgl. die diesbezüglichen Auswertungen von Umfragen in ebenda 105f. Dahm verweist weiter darauf, dass sowohl aus dem Datenmaterial der empirischen Kirchenforschung als auch aus den von ihm skizzierten Rahmenmodellen einer möglichen Deutung dieses Materials erschliessen lässt, dass die Kirche von ihren Mitgliedern ... nicht in erster Linie als eine von der Gesamtgesellschaft gleichsam losgelöste ... Grösse eigener Art empfunden wird, sondern dass sie auf vielfältige Weise eingebunden ist in andere soziale Zusammenhänge: sie wird von vielen Mitgliedern nicht nach ihrem theologischen Selbstverständnis (das die meisten gar nicht kennen), sondern danach beurteilt, welche Aufgaben sie hat und wie sie diese erfüllt. ... Man fragt, welche Rolle die Kirche im wirtschaftlich-politischen Gesamtzusammenhang der Gesellschaft spielt, ... welche Grundwerte sie vermittelt, ob und wie diese Grundwerte auf gegenwärtig anstehende Probleme anwendbar sind usw. Kurz: die Kirche wird durchwegs als ein Teil der gesellschaftlichen Wirklichkeit, sie wird ... "funktional" begriffen.(S.116)*

- Die Darstellung und Vermittlung grundlegender Werte, d.h. es geht dabei um Sinnfragen, um Bedeutungszusammenhänge, um Lebens- und Verhaltensorientierung, um ethische Motivation und Normierung,

- die helfende Begleitung, besonders des emotionalen Beistandes in Krisensituationen (Trauer, Krankheit, Familienkonflikte usw.) und an den Knotenpunkten des menschlichen Lebens (Hochzeit, Kindertaufe, Konfirmation).

Für die Aktualität dieses immerhin bereits vor 25 Jahren aus verschiedenen empirischen Untersuchungen abgeleiteten Befunds spricht, dass er sich weitgehend mit der heutigen beruflichen Praxiserfahrung vieler Pfarrer zu decken scheint und deutliche Parallelen zu den jüngsten in der Schweiz durchgeführten Befragungen zur Religion in der Schweiz aufweist.[113] Allerdings dürfte für die genannten Funktionen zutreffen, dass eine abnehmende, schrumpfende Tendenz festgestellt werden muss, nicht weil die „Nachfrage" nach Werteorientierung und insbesondere emotionalem Beistand abnehmen würden - im Gegenteil - sondern weil die Befriedigung dieser Bedürfnisse weniger in der Kirche gesucht wird.

Auch wenn eine Definition des kirchlichen Auftrags sich nicht nur auf die bedürfnisorientierte Wahrnehmung von gesellschaftlichen Funktionen ausrichten kann (vgl. oben Orientierung a) für die Auftragsdefinition), ist m.E. ein verstärktes Überdenken des eigenen Auftrags aus funktionaler Perspektive längst überfällig und sind entsprechende vertiefte Analysen der gesellschaftlichen Vernetzung insbesondere bei der Erfüllung von Leitungsfunktionen unumgänglich. Das in Kapitel 7 zu entwickelnde Managementmodell für Kirchgemeinden legt deshalb besonders Gewicht auf die Analyse und Implikationen dieser gesellschaftlichen Verflechtungen.

Die Berücksichtigung der gesellschaftlichen Vernetzung muss jedoch aus der Optik der Management- oder Leitungsaufgaben noch weitergehende Konsequenzen haben. Wenn die Kontroversen um den Auftrag der Kirche

---

[113] *vgl. Dubach A./Campiche R. J. (Religion)*

zunehmend von Gegensätzen, Widersprüchen und gegenseitigen Verständigungsschwierigkeiten geprägt zu sein scheinen, wenn immer wieder in verwirrend vielfältiger Weise der Ruf nach Erneuerung der Kirche laut wird, so erstaunt es, wie wenig sich diese Diskussionen bisher auf die tatsächliche Gestaltung des kirchlichen Lebens und Handelns ausgewirkt haben. Diese Erscheinung hat zweifellos vielfältige und komplexe Ursachen. Eine aber dürfte m.E. darin liegen, dass Veränderungen und Konsequenzen der gesellschaftlichen Vernetzung von Kirche und deren mehrheitlich funktionale Wahrnehmung durch die Bevölkerung von Theologen und Kirchenleitungen nicht ausreichend berücksichtigt werden.

Dahm vermutet, dass in den zeitgenössischen theologischen Entwürfen zum Thema Kirche zu wenig Hilfen zur Bewältigung der Differenz zwischen dem „Auftrag" und den „Alltagsfunktionen" der Kirche angeboten werden und fordert, dass die theologische Besinnung über Ziel, Inhalt und Auftrag unmittelbarer als bisher auf die alltäglichen Aufgaben zu beziehen seien (vgl. dazu 3.4.1 Anforderungen an ein kirchenspezifisches Management). Die Voraussetzung, die Dahm dafür nennt, dass nämlich „das Ungleichgewicht zwischen einem sehr umfangreichen und ausdifferenzierten theologischen Potential zur Reflexion des Auftrages einerseits und einem noch kaum entwickkelten wissenschaftlichen Instrumentarium zur Reflexion der praktischen Aufgaben andererseits ausbalanciert wird"[114], ist m.E. grundsätzlich immer noch zutreffend, auch wenn im Blick auf die heutige Situation einige Korrekturen angebracht sind. Im Interesse einer besseren Bewältigung praktischer Aufgaben hat sich seither die Öffnung der praktischen Theologie und auch der kirchlichen Leitungspraxis gegenüber sozialwissenschaftlichen Disziplinen wie Soziologie, Psychologie sowie Recht und Ökonomie weiter verstärkt. Zudem betrifft diese Öffnung nicht nur die Entwicklung eines „wissenschaftlichen Instrumentariums zur Reflexion praktischer Aufgaben", sondern findet zunehmend auch in der praktischen Arbeit Anwendung.

---

[114] *Dahm K.-W. (Kirche und Religion) 100*

c) Konsequenzen der Auftragsbezogenheit von kirchenspezifischem Management

Wenn kirchenspezifisches Management auftragsbezogen ist, hat dies weitreichende Konsequenzen für die Führung sowie die Ausgestaltung der Organisation. Zunächst sei an einen einfachen und elementaren Zusammenhang zwischen Auftrag und Management erinnert. Je klarer dieser Auftrag definiert werden kann und je kleiner die Meinungsunterschiede unter Führungsverantwortlichen und Mitarbeitern der Kirchgemeinde über diesen Auftrag sind, desto einfacher wird es, die Gemeinde zu organisieren, zu gestalten und zu leiten. Damit ist nicht gemeint, dass einer gelungenen Verständigung über den eigenen Auftrag „nur" die Funktion einer Effizienzverbesserung der Führung zukommt. Eine solche Verständigung hat nicht instrumentellen Charakter, sondern einen unabhängigen Eigenwert. Zugleich dient eine auf normativen Konsens zurückführbare Effizienzsteigerung dem zu erfüllenden Auftrag.

Der angesprochene Zusammenhang kann an einem Beispiel aus der Kirchengeschichte verdeutlicht werden. Das vorreformatorische Christentum beruhte auf einer engen Verbindung mit der - im wesentlichen agrarischen - mittelalterlichen Kultur. Aufgrund einer vergleichsweise homogenen Weltsicht mit globalen Sinndeutungen und einer praktisch konkurrenzlos herrschenden christlich inspirierten Symbolik konnte sich die Kirche mit einer wenig ausdifferenzierten Organisation sowie einfachen Führungsmethoden begnügen. Geistliches und Weltliches durchdrangen sich in gleicher Weise, unabhängig davon, ob geistliche oder weltliche Herrscher an der Macht waren. Im Gegensatz zum mittelalterlichen (gesamtkulturellen) und zum nachreformatorischen (territorialstaatlich geprägten) Christentum nahmen nach der Trennung von Kirche und Staat die Konfessionen überwiegend teilgesellschaftlichen oder subkulturellen Charakter an. Erst im Zuge dieser Entwicklung wird die Frage relevant, welches die der Kirche angemessene Organisationsform sei (vgl. Abschnitt 4.1) und sie führte zu einem ständig wachsenden Grad der formalen Organisation und erhöhte damit natürlich auch die Anforderungen an die Führung.[115]

Mit diesem Beispiel soll nicht der Eindruck erweckt werden, dass im Interesse der Vereinfachung der Führungsaufgaben eine „ideologische" Gleichschaltung von Mitarbeitern bzw. Führungsverantwortlichen angestrebt werden soll. Die pluralistischen Strukturen unserer Gesellschaft sind eine Realität, von der eine Volkskirche zwangsläufig mitbetroffen ist. Dies entbindet jedoch nicht von der Aufgabe, nach gemeinsamen Grundpositionen betreffend dem Auftrag der Kirche bzw. einer einzelnen Kirchgemeinde zu suchen. Weil die bestehenden traditionellen Formulierungen des Auftrages sich i.d.R. auf kurze, sehr allgemein gehaltene Präambeln biblisch-theologischen Inhalts in den geltenen kirchlichen Reglementen beschränken, bleiben sie meist ohne Auswirkungen auf die Leitungspraxis. Was not tut, ist eine Grundsatzdiskussion über die Reformulierung dieses Auftrages im Lichte der aktuellen Gemeinde und ihres Umfeldes sowie die Einigung auf davon abgeleitete grundsätzliche längerfristig anzustrebende Ziele. Zweifellos liegt in der Bewältigung dieser Aufgabe, auch wenn sie nur ansatzweise gelingen sollte, ein entscheidender Erfolgsfaktor. D.h. es lohnt sich, dieser Aufgabe viel Zeit und Aufmerksamkeit zu widmen. Aus diesem Grund wird im Rahmen der in den folgenden Kapiteln zu entwickelnden Konzepten und Lösungsansätzen wiederholt auf die Bedeutung und Funktion von Zielbildungsprozessen sowie in Kapitel 10 auf die Methodik bei der Erarbeitung eines Leitbildes eingegangen.

3.4.1.3 Die Berücksichtigung der komplexen gesellschaftlichen Vernetzung von kirchlichen Institutionen

Im vorausgehenden Abschnitt wurde darauf hingewiesen, dass ein verstärktes Überdenken des eigenen Auftrags aus funktionaler Perspektive längst überfällig wäre und damit entsprechende vertiefte Analysen der gesellschaftlichen Vernetzung insbesondere bei der Erfüllung von Leitungsfunktionen unumgänglich werden. Auf dem Hintergrund des sich beschleunigen-

---

[115] *Kaufmann F.-X. (Christentum) 50ff*

den gesellschaftlichen Wandels kommt dabei der Aspekt der Komplexitäts-bewältigung in Sicht. In der Managementlehre - insbesondere der systemori-entierten - ist „Komplexitätsbewältigung" ein Schlag- und Modewort ge-worden, dessen Gebrauch nur aussagekräftig wird, wenn genau gesagt wird, welche Komplexität zu „bewältigen" ist. Kirchgemeinden sind bezüglich Umsatz, Personalbestand, Infrastrukturen und Formen der Leistungserstel-lung einfache, überschaubare Gebilde. Es gibt jedoch einzelne management-relevante Aspekte, die vergleichsweise komplex sind (sie hängen alle mit der komplizierten gesellschaftlichen Vernetzung von Kirchgemeinden zusam-men):

– Verhaltensprognosen und -beeinflussungen einer Kirchgemeinde sind im Vergleich zu anderen Organisationen vergleichbarer Grösse äusserst schwierig. Denn neben den reglementarisch festgelegten formalen Struk-turen bestehen i.d.R. vergleichsweise komplizierte Beziehungsvernetzun-gen, d.h. eine Vielzahl von informellen Verbindungen und Funktionen. Dazu kommt eine grosse Vielfalt von Positionen und Sichtweisen der in der Gemeinde tätigen Akteure darüber, was Kirche ist und sein sollte. Die Entwicklung gemeinsamer verhaltenssteuernder Ziele, Motive und Ideale ist unter diesen Bedingungen nur mit grossem Aufwand möglich.

– Wenn davon ausgegangen wird, dass Bedürfnisorientierung auch im Hinblick auf den zu erfüllenden Auftrag nicht nur legitim, sondern auch notwendig ist, muss festgestellt werden, dass die Kirchgemeinde eine Or-ganisation mit aussergewöhnlich komplizierter „Kundenstruktur" ist: Wie in Abschnitt 4.2.2 dargelegt wird, sind die Nutzniesser gleichzeitig Mit-glieder und in beschränktem Mass auch Mitwirkende der Organisation, die für sie Leistungen erbringt. Es gibt in betriebswirtschaftlicher Aus-drucksweise sehr viele „Kunden" mit sehr vielen, nur teilweise bekann-ten, aber sicherlich inhomogenen Bedürfnissen.

– Die einzelne Kirchgemeinde ist in vielfältiger formeller Weise eingebun-den in die Gesamtsysteme Kantonalkirche und gesamtschweizerische kirchliche Organisationen. Die Zersplitterung des Protestantismus (viele autonome Teilkirchen, eine grosse Zahl kirchlicher Einrichtungen, Dienste, Institute, Kommissionen und Konferenzen ohne integrierende Struktur einer Gesamtkirche, aber mit komplexen personellen Verflechtungen) macht die Einbettung der Kirchgemeinde in gesamtkirchliche Strukturen unübersichtlich und undurchsichtig.

Eine kirchgemeindespezifische Managementkonzeption sollte also in der Lage sein, einen wesentlichen Beitrag zur Bewältigung der genannten Komplexitätsaspekte zu leisten. Die gleichzeitige Ausrichtung auf normative Vorgaben (Orientierung a) bei der Auftragsdefinition oder in kirchlicher Ausdrucksweise: erfüllen des „Verkündigungsauftrages") und auf empirische Bedürfnisstrukturen erfordert einen entsprechenden Ausbalancierungsprozess, zu dessen Bewältigung eine kirchgemeindespezifische Managementkonzeption beizutragen hat. Ob und in welcher Form „Auftrag" und „Alltagsfunktionen" miteinander verbunden werden können (vgl. dazu auch den folgenden Abschnitt), dürfte dabei von entscheidender Bedeutung sein.

3.4.1.4 Die Verbesserung von Flexibilität und Effizienz der Führung

In Abschnitt 3.3.3 wurde auf den Mangel an Problembewältigungspotential der traditionellen kirchlichen Organisations- und Führungsstrukturen hingewiesen. Eine zeitgemässe kirchenspezifische Managementkonzeption sollte daher die Voraussetzungen für eine Verbesserung der Effizienz (zum Stellenwert von Effizienz in kirchlichen Institutionen aus ethischer Perspektive vgl. Abschnitt 3.4.2) und Flexibilität der Führungsorganisation und -praxis schaffen können.

Verbesserung von Flexibilität und Effizienz der Führung bedeutet auf dem Hintergrund der empirischen Analysen Dahms auch, dass Konzepte und Instrumente zur Überbrückung der von ihm identifizierten Differenz zwischen dem „Auftrag" und den „Alltagsfunktionen" der Kirche bereitgestellt werden.

3.4.2 Zum Verhältnis von Effizienz und Ethik

Kirchenspezifisches Management muss auftragsbezogen sein. Es ist zwar i.d.R. unbestritten, dass der Auftrag möglichst wirtschaftlich erfüllt werden soll, aber weil es für die in der Kirchgemeinde erbrachten Leistungen nur wenig objektive Wirtschaftlichkeitsmassstäbe gibt, werden durch die Frage, was effizient ist, stets auch unterschiedliche Positionen in Grundsatzfragen aktiviert. Zudem wird der Begriff der „Effizienz" auf dem Hintergrund der zunehmenden Ökonomisierung des Lebens immer belasteter: Knappheit „kujoniert" nach der Zeit der Überflussgesellschaft wieder die Welt. Immer übermächtiger werden Spar- und Kostensenkungszwänge auch für kirchliche Einrichtungen, allerorts ist von Gesundschrumpfung, Stellenabbau und schlanken, kostengünstigen Strukturen die Rede. Werte wie Solidarität, Gemeinschaft, Ausgleich haben es zunehmend schwerer. In einer solchermassen ökonomisierten Welt ist Effizienz zu einem allmächtigen Zauberwort geworden, das allerdings auch sehr viel Angst macht.

Bei den in Kapitel 8 zu entwickelnden Ansätzen zur Verbesserung von Führung und Organisation wird bezüglich der genannten Zielgrössen und Inhalte nicht explizit auf Effizienz verwiesen. Effizienzverbesserungen sind jedoch bei Überlegungen für funktionstüchtige Führungs- und Organisationsstrukturen als implizite Folgewirkungen zu erwarten und beabsichtigt. Nun ist es für Kirchgemeinden wenig gebräuchlich, die erbrachten Leistungen aus der Perspektive der Effizienz zu beurteilen. Es wird dabei unterstellt, dass das Kriterium Effizienz aufgrund der Negativ-Assoziationen, die es auslöst, für die in einer Gemeinde geleistete Arbeit unangemessen ist. Der Vorbehalt ist so lange berechtigt, als nicht einsichtig gemacht werden kann, dass Effizienzorientierung theologisch-ethisch legitimierten Zielen zu dienen vermag.

Es scheint m.E. gerade aus ethischer Sicht nicht nur verantwortbar, sondern erforderlich, auch in einer Kirchgemeinde die Frage nach der Effizienz des eigenen Tuns nicht auszuklammern. Es geht dabei einerseits um die mehr technische Frage, mit welchen Methoden und Massnahmen die Effizienz verbessert werden kann und andererseits um die ethischen Fragen: Wofür soll Effizienz angestrebt werden (Sinnfrage) und unter welchen normativen Voraussetzungen steht sie?

Weil ein sparsamer und auf Wirtschaftlichkeit bedachter Umgang mit den verfügbaren Mitteln dazu beiträgt, für die Erfüllung des Auftrags mit gegebenen finanziellen Mitteln mehr Sach- und Arbeitsenergien freizusetzen, liegt die Legitimationsbasis der Effizienzorientierung in deren Auftragsbezogenheit. Dies ist jedoch in der Kirchgemeinde nicht die einzige Legitimationsorientierung. Weil jedes kirchliche Handeln der Beobachtung einer kritischen internen (Gemeindeglieder) und externen (allgemeine) Öffentlichkeit unterliegt, muss es auch gegenüber dieser Öffentlichkeit legitimierbar sein. Bei Entscheiden, die normativen Konfliktstoff in sich tragen - und das wird bei effizienzverbessernden Massnahmen stets der Fall sein - kann dabei nicht nur funktional auf der Ebene von Nutzenwirkungen, mit Vorteils-/Nachteils-Überlegungen operiert werden. Auch eine noch so ausgeklügelte Interessenausgleichsmechanik dürfte nicht ausreichend sein. Das Gespräch mit der kritischen Öffentlichkeit bekäme so den Charakter einer Sozialtechnik zur Akzeptanzherstellung. Um echte Verständigung mit der Öffentlichkeit herzustellen, sei auch in diesem Zusammenhang auf die Möglichkeiten einer vernunftgeleiteten Diskursethik verwiesen, in der es darum geht, „verallgemeinerungsfähige Gründe dafür zu bestimmen, was alle Subjekte, die guten Willens sind, in einer normativ problematischen Situation vernünftigerweise als richtig und verbindlich betrachten können."[116] Das Legitimierbarkeitspostulat erfordert allerdings die Bereitschaft von Handlungsträgern, ihr „privates Erfolgsstreben oder das eigene Interesse kategorisch von der Bedingung seiner Legitimierbarkeit abhängig zu machen."[117]

Für viele Gesprächspartner in der kirchlichen Öffentlichkeit dürfte die Berechtigung von Effizienzorientierung (und grundsätzlich allen damit zusammenhängenden Strukturgestaltungsfragen) an der Möglichkeit biblischer Legitimierbarkeit gemessen werden. Ohne biblische Aussagen systematisch

---

[116] *Ulrich P., (Brent Spar) 32*

[117] *ebenda 36*

auf diesen Aspekt hin geprüft zu haben, soll das folgende Beispiel darauf hinweisen, dass effizienzorientiertes Denken in der Bibel durchaus auffindbar ist, bezeichnenderweise mit klar ausgewiesenem Sinn- und Zweckbezug dieses Denkens: Mose wird empfohlen, durch organisatorische Strukturierung und Spezialisierung (Trennung zwischen Verkündigung und Verwaltung, Delegation von Aufgaben, Kompetenzteilung) die Voraussetzungen zu schaffen, sich besser auf das „Geschäft vor Gott" konzentrieren zu können:[118]

„Sein Schwiegervater sprach zu Mose: Es ist nicht gut, was du tust. Du machst dich zu müde, dazu auch das Volk, das mit dir ist. Das Geschäft ist dir zu schwer; du kannst's allein nicht ausrichten. Aber gehorche meiner Stimme; ich will dir raten, und Gott wird mit dir sein. Pflege du des Volks vor Gott und bringe die Geschäfte vor Gott. Und stelle ihnen Rechte und Gesetze, dass du sie lehrest den Weg, darin sie wandeln, und die Werke, die sie tun sollen. Siehe dich aber um unter dem Volk nach redlichen Leuten, die Gott fürchten, wahrhaftig, und dem Geiz feind sind; die setze über sie, etliche über tausend, über hundert, über fünfzig und über zehn, dass sie das Volk allezeit richten. Wo aber eine grosse Sache ist, dass sie dieselbe an dich bringen, und sie alle geringen Sachen richten. So wird's dir leichter werden, und sie werden mit dir tragen..."[119]

3.4.3   Fazit: Thesen zu den Anforderungen an ein kirchenspezifisches Management

1. In kirchenspezifischem Management hat die normative Orientierung Priorität vor jeder funktionalen, instrumentalen Orientierung (was nicht heisst, dass adäquate Managementtechniken bedeutungslos wären). Das Primat normativ-theologischer Prämissen im Management hat v.a. „strategische" Bedeutung. Entscheide von mittlerer und grösserer Tragweite erfordern

---

[118]   *Spiegel Y. (Kirche) 11*

[119]   *Ex 18, 17-22 nach Luther*

deren Abstimmung auf ein zu vereinbarendes Zielsystem, das von normativen Vorgaben abgeleitet ist.

2. Bei einer entsprechenden Vorgestaltung von Entscheidungsprozessen muss - ohne dabei realitätsfremd zu werden - vermieden werden, an sogenannten Sachzwängen zu scheitern. Dies erfordert die Berücksichtigung bei gleichzeitiger kritischer Prüfung von ökonomischen, juristischen oder gar bürokratischen Sachzwängen, um gezielt und realitätsgerecht Handlungsspielräume zu schaffen.

3. Eine explizite Auseinandersetzung mit dem Problem der Integration unterschiedlicher Kompetenzen - einerseits im Bereich Theologie / kirchliche Praxis und andererseits managementrelevante Sachkompetenzen - erfordert die strukturierte Gestaltung einer entsprechenden Reflexions- oder Zwischenebene. Strukturierte Gestaltung bedeutet aus diskursethischer Sicht die Orientierung an einer argumentativen, vernunftgeleiteten Konfliktregelung und Konsensfindung unter „wechselseitiger Anerkennung der Gesprächspartner als mündige Subjekte"[120] und aus führungsorganisatorischer Sicht die Institutionalisierung von entsprechenden Diskussionsplattformen.

4. Kirchenadäquates Management ist auftragsbezogen. Die Gemeinde hat einen Auftrag an den zu ihr gehörenden Menschen zu erfüllen. Ein Management im Dienste dieses Auftrags hat sich von allen Tendenzen der Eigendynamik, Eigengesetzlichkeit und Selbstzweckhaftigkeit fernzuhalten.

5. In der zunehmend komplizierter werdenden gesellschaftlichen Vernetzung von Kirchgemeinden, bzw. den Auswirkungen dieser Vernetzung ist ein wesentlicher Grund für die Krisenanfälligkeit der Führung zu sehen. Die Fähigkeit zu entsprechender Komplexitätsbewältigung hat einerseits mit der Effizienzqualität der Führung zu tun (vgl. Ziffer 6.). Andererseits hängt sie ab von den Möglichkeiten normativer Sozialintegration. Management, das in der Auseinandersetzung mit der komplizierter werdenden

---

120 *Ulrich P. (verlorene ökonomische Vernunft)* 202

gesellschaftlichen Vernetzung der Kirche kompetenter werden will, hat m.E. zwei Schwerpunkte zu setzen: Die Schaffung von guten Rahmenbedingungen für die normative Integration und die Bereitstellung von Analyseinstrumenten zur Erfassung der gesellschaftlichen Vernetzung.

6. Kirchenspezifisches Management muss in der Lage sein, in „kirchenverträglicher" Weise Effizienzverbesserungen in umfassendem Sinne (der Organisations- und Leitungsstrukturen, der Leistungserstellung, der Entscheidungsprozesse usw.) zu realisieren. Die „Kirchenverträglichkeit" betrifft dabei weniger die technische Frage, mit welchen Methoden und Massnahmen die Effizienz verbessert werden kann als vielmehr die ethischen Fragen: Wofür soll Effizienz angestrebt werden (Sinnfrage) und unter welchen normativen Voraussetzungen steht sie?

3.5 Kritische Prüfung der Anwendungsrelevanz verschiedener Managementansätze für die Kirchgemeinde

Das allgemeine Drei-Ebenen-Modell sozialökonomischer Rationalisierung in Tab. 3-1 lässt sich auch in adäquater betriebswirtschaftlicher Form spezifizieren, indem es der Dreiteilung von operativem Management, strategischem Management und normativem Management entspricht (vgl. die entsprechende Erweiterung der Tab. 3-1 in Tab. 3-2). Die in Abschnitt 3.4 skizzierten Anforderungen an eine kirchenspezifische Managementkonzeption erfordern, dass normativ-ethische Fragen systematisch auf allen drei Ebenen integriert werden können, ohne die selbstverständlich auch für kirchliche Organisationen nötige Unterscheidung verschiedener Entscheidungs- und Handlungsebenen aufzugeben. Eine kritische Prüfung von Managementansätzen im Hinblick auf die Anwendungsrelevanz in kirchlichen Institutionen orientiert sich im folgenden neben den dargelegten Anforderungen an kirchenspezifisches Management auch an diesem Anspruch. Ziel dieser Prüfung ist, dass für die Konstruktion von Managementkonzeptionen (dies gilt insbesondere für das in Kapitel 7 zu erarbeitende Managementmodell für die Kirchgemeinde), kirchenadäquate Managementansätze herangezogen werden.

institutionelle Ebene	sozialökonomische Grundfunktion	Rationalitätstypus	Management-ebene[121]
Verständigungs-ordnung	normative Sozialintegration	kommunikative (ethische) Ratio-nalität	normatives Management
Verfügungs-ordnung	funktionale Sy-stem- und Verhal-tenssteuerung	strategische (sozialtechnische) Rationalität	strategisches Management
personales Han-deln	effizienter Ressourceneinsatz	instrumentelle (technische) Ra-tionalität	operatives Management

Tab. 3-2: Drei-Ebenen-Modell sozialökonomischer Rationalisierung mit zugehörigen Managementebenen

Die folgende Prüfung von Managementansätzen beschränkt sich auf diejenigen Varianten, bei denen eine mindestens teilweise Kompatibilität mit den Erfordernissen von kirchenspezifischem Management angenommen werden darf.

3.5.1 Managementlehre für Nonprofit-Organisationen (NPO)

Die Betriebswirtschafts- und Managementlehre arbeitet häufig mit der groben Unterscheidung in Profit- und Nonprofit-Organisationen.

Aus formaler Perspektive gehört die Kirchgemeinde zu den NPO.[122] Die NPO absorbieren in den meisten Ländern inzwischen rund 50% des Sozial-

---

[121] *Bedeutung und Inhalt der drei Managementebenen sind detaillierter ersichtlich aus der Abb. 7-6 und den zugehörigen Erläuterungen.*

produktes; ihr reibungsloses Funktionieren ist für eine moderne Gesellschaft mindestens ebenso wichtig, wie jenes der Wirtschaft; und sie sind sehr viel schwieriger zu organisieren, zu gestalten und zu führen, als die Organisationen der Wirtschaft, nicht zuletzt deshalb, weil ihr Zweck schwerer zu bestimmen und i.d.R. anspruchsvoller ist, und weil ihre Leistungen, ihr Erfolg und Misserfolg kaum zu messen sind.[123]

Zu den besonderen Formen des Managements von NPO ist eine umfangreiche Literatur entstanden. In der Schweiz hat v.a. die Managementlehre von Peter Schwarz grössere Bedeutung erlangt.[124] Trotz der formalen Bestimmung der Kirchgemeinde als NPO sind seine Ansätze auf dem Hintergrund der dargestellten Anforderungen an kirchenspezifisches Management m.E. für die Kirchgemeinde (und allgemein für kirchliche Institutionen) nur in sehr beschränktem Rahmen anwendbar. Dies aus folgenden Gründen:

---

[122]   *„Ihnen (den NPO, Anm. d. Verf.) allen ist gemeinsam, dass sie von Mitgliedern getragen werden, die Mitglieder mindestens in der Willensbildung (in Organen), teils auch in der Aufgabenerfüllung (z.B. Mitglieder eines Samaritervereins) mitwirken und die Institutionen als solche nicht gewinnorientiert handeln, sondern Bedarfsdeckungs-, Unterstützungs- und Hilfszwecke erfüllen und deshalb als Nonprofit-Organisationen bezeichnet werden." (Schwarz P. (Management in NPO) 17) Drucker erfasst das Wesen von NPO umfassender und grundsätzlicher, wenn er sagt: „The non-profit organization exists to bring about a change in individuals and in society. The first thing to talk about is what missions work..." (Drucker P.F. (Management) 3) D.h. NPO bewirken Veränderungen bei Einzelnen und in der Gesellschaft, wobei der wesentlichste Aspekt darin besteht, was ihr Auftrag, ihre Mission bewirkt. Im Sinne beider Definitionen gehört die Kirchgemeinde zweifellos zu den NPO, die Umschreibung von Drucker charakterisiert jedoch m.E. sehr treffend einen zentralen Zweck der Kirchgemeinde, indem ihr (vielleicht oberstes?) Ziel darin besteht, „auf das Verhalten und die Einstellung der Mitglieder im Sinne ihres institutionalisierten Wert- und Normengefüges einzuwirken. Kirchliches Handeln zielt wesentlich auf Personenveränderung." (Dubach A./Campiche R.J. (Hrsg.) (Religion) 167)*

[123]   *Malik F. (Management)*

[124]   *Zusammengefasst im Werk: Schwarz P. (Management in NPO)*

– „Management in NPO" enthält zwar eine Fülle von Checklisten, Gestaltungsanweisungen und Empfehlungen, es fehlt jedoch der „rote Faden", eine klare, übersichtliche und konsistente Systematik, die Auswahl von Managementprinzipien, Managementmodellen, betriebswirtschaftlichen Instrumenten und Begriffen wirkt teilweise zufällig und in der Gliederungslogik wenig überzeugend.

– Die dargestellten Konzepte und Instrumente sind zu allgemein gehalten, d.h. sie nehmen zu wenig Rücksicht auf die konkrete Gestalt und die spezifischen Gegebenheiten von kirchlichen Organisationen.[125]

– Ansätze in dem für Kirchgemeinden so wesentlichen Bereich des normativen Managements fehlen fast vollständig. Für alle genannten Anforderungen an kirchenspezifisches Management (Abschnitte 3.4.1.1 - 3.4.1.2) fehlen somit die konzeptionellen Voraussetzungen bei Schwarz.

Dennoch gibt es in seiner Führungs-, Organisations- und Planungslehre den Rahmenbedingungen von kirchenspezifischem Management adäquate Elemente. Dies betrifft insbesondere einige von ihm verwendeten Begriffsraster; sie werden in Abschnitt 4.2 (Definition der Kirchgemeinde als Organisation) rezipiert sowie einzelne Problemlösungsansätze im Bereich des operativen Managements.

Zudem werden aus ausgewählter Literatur insbesondere aus dem Bereich Management von sozialen Organisationen und aus der Organisationslehre selektiv geeignete betriebswirtschaftliche Konzepte und Instrumente zur Lösung von kirchgemeindespezifischen Führungproblemen herangezogen (betrifft besonders das anwendungsbezogene Kapitel 8).

---

[125] *So ordnet Schwarz beispielsweise in seiner Gliederung von NPO die Kirche (zusammen mit Sekten!) bei den soziokulturellen, privaten NPO ein (vgl. Schwarz P. (Management in NPO) 18f). Diese Einordnung wird der gesellschaftlichen Stellung und Funktion, dem geistlich-weltlichen Doppelcharakter und dem öffentlich-rechtlichen Status der Landeskirchen kaum gerecht. Seine Management-Konzeptionen sind vorwiegend auf die Situation und Führungserfordernissen von privaten Verbänden ausgerichtet.*

3.5.2 Systemorientierte Ansätze

Der systemorientierte Ansatz benutzt den formalen Rahmen der „Allgemeinen Systemtheorie"[126], d.h.

- das terminologische Instrumentarium und

- die methodische Anleitung.

H. Ulrich geht von folgenden fünf Merkmalen systemorientierten Denkens aus:[127]

- Ganzheitliches Denken in offenen Systemen;

- analytisches und synthetisches Denken;

- Denken in kreisförmigen Prozessen;

- Denken in Strukturen und informationsverarbeitenden Prozessen;

- interdisziplinäres Denken.

Der Systemansatz wurde in der deutschsprachigen Betriebswirtschafts- und Managementlehre von Ulrich entworfen und u.a. von Malik (Evolutionsansatz[128]), Mewes (energo-kybernetischer Ansatz[129]) und Gomez/Probst (systemmethodischer Ansatz[130]) weiterentwickelt.

---

[126] *Während das Ganzheitsdenken in der Philosophie eine lange Tradition hat, wird die heutige disziplinübergreifende Verwendung von Systemkonzepten erst durch den Biologen Ludwig v. Bertalanffy (General systems theory) eingeleitet, der in den 30er Jahren eine Theorie der Selbstregulierungsfähigkeit offener biologischer Systeme entwickelt. Durch Verallgemeinerung strebt er eine Allgemeine Systemtheorie an (Staehle W. (Management) 40).*

[127] *Ulrich H. (Management) 52*

[128] *z.B. Malik F. (Systemisches Management)*

[129] *z.B. Mewes W. (Managementlehre)*

[130] *z.B. Gomez P./Probst J.B. (Denken)*

Das Charakteristische beim Systemdenken besteht darin, dass Elemente eines Systems zu einem Ganzen verknüpft werden. Dieses Ganze stellt mehr dar als die Verbindungen der Einzelteile. „In der einfachen Addition 5+7=12 besitzt die Summe 12 Eigenschaften, die kein einzelner Ton hat. Gleiches gilt vom Verhältnis der Wörter zum Satz, von Sätzen zum Text, von Menschen zur Gruppe...Kommunikation ist eine übersummative Grösse; sie beruht zwar auf Verknüpfungen, bedeutet aber mehr als die Summe einzelner Eigenschaften... Das Prinzip der Gesamtheit besagt, dass einseitige Beziehungen den Systemen nicht gerecht werden. Viele Jahre hindurch hat die Theologie vordringlich die Tätigkeiten von Predigern und Amtskirche bedacht, Gemeinde und Gesellschaft eher als passive Grössen in einer einseitigen Empfängersituation behandelt. Wechselwirkung aber ist eine grundlegende, unverzichtbare Eigenschaft offener Systeme."[131]

Wesentlich bei der Analyse von Eigenschaften solcher offener Systeme ist das Prinzip der *Rückkoppelung*. Bastian erinnert in diesem Zusammenhang an die Forschungen von N.Wiener, der die Geltung des Rückkoppelungsprinzips für biologische, technische und soziale Systeme behauptet hat und für die „Regelungstechnik" dieser Systeme den Begriff Kybernetik vorgeschlagen hat. Interessant ist dabei, dass im Neuen Testament in Kor. 12,28 von der Kybernesis=Gemeindeleitung gesprochen wird.[132] Offene Systeme müssen geregelt werden, weil sie sonst ihre Ganzheit nicht bewahren könnten, wobei die Regelung so erfolgen sollte, dass Flexibilität und Anpassungsfähigkeit an die Umwelt gewährleistet sind. Management als solche Regelung (Kybernesis) erfordert entsprechend systemorientiertes Denken (siehe oben).

Es dürfte ohne weitere Erläuterungen einsichtig sein, dass Kirchgemeinden auf dem Hintergrund ihrer Einbettung in die Gesellschaft und den aktuellen Anforderungen, die sich daraus ergeben, sich vermehrt als offene Systeme verstehen müssen, in denen Wechselwirkungen zwischen Kirche und Gesell-

---

[131] *Bastian H.-D. (Kommunikation) 17f*

[132] *ebenda 18; Bastian verweist in diesem Zusammenhang auf Wiener N. (Mensch und Menschmaschine)*

schaft, zwischen der einzelnen Gemeinde und ihrem Umfeld, zwischen Prediger und Gemeinde usw. im Sinne systemorientierten Denkens stärker bedacht werden sollten. Den entsprechenden Systemeigenschaften von kirchlichen Organisationen ist in der Theologie und in der kirchlichen Praxis bisher wenig Beachtung geschenkt worden. Die den kirchlichen Strukturen zugeschriebene Starrheit sowie die Probleme bei der Bewältigung von Störungen des Systems Kirche werden durch H.-D. Bastian auf die mangelnde Beachtung von Systemeigenschaften zurückgeführt.[133] Wenn Bastian darauf hinweist, dass das Anliegen, die Kirche den Umständen der Zeit anzupassen, grundsätzlich eine „Kommunikationsabsicht" ist, die angesichts der Vielzahl der Kirchenmitglieder und der Verschiedenartigkeit ihrer Ansichten eine Ergänzung der normativ argumentierenden Theologie durch die Systemtheorie erfordert[134], wird daraus ersichtlich, welche Funktion er dem systemorientierten Denken primär zuschreibt: Es wird zum massgebenden Instrument,

---

[133] *Eine Fülle von Störungen, bis hin zur Gefährung des Gesamtsystems, gründet weniger in boshaften Absichten einer Minderheit als in der Blindheit der Mehrheit gegenüber der eigenen Praxis ... Ein Vergleich der Ist-Werte mit den Sollwerten unterbleibt, so dass die theologischen Führungsgrössen nicht selten an der Regelstrecke, der kirchlichen Praxis vorbeiwirken. Anstatt dass es gelingt, durch negative Rückkopplung die störenden Änderungen auszugleichen, kommt es zur positiven Rückführung. Hierbei werden Störungen nicht rückgängig gemacht, sondern wirken auf die Führungsgrösse verstärkend ein. Es entsteht der berüchtigte Teufelskreis, in dem sich ein System zielsicher aus der eigenen Organisation schaukelt. ... Starre Kirchen werden in bewegten Zeiten noch starrer ... H.R. Rapp analysiert eine Phase aus der urchristlichen Geschichte mit der Theorie des Regelkreises (vgl. Rapp H.R. (Kybernetik) 99): "In der Theologie werden religiöse Systeme mit starrer Führungsgrösse als 'gesetzlich' bezeichnet. Solche Systeme folgen ihrem Prinzip oft mit tragischer Unerbittlichkeit, auch wenn die Zeit über sie hinweggegangen ist. Es war für das junge Christentum ein Schritt von unabsehbaren Konsequenzen, als Paulus es aus den Fesseln der 'Festwertregelung' durch das jüdische Ritualgesetz löste und statt dessen die 'Folgeregelung'einführte." Das gut gewählte Beispiel verdeutlicht, wie mit dem Thema Kommunikation Probleme der aktuellen Systemorganisation wichtiger werden als historische Entstehungsfragen. (Bastian H.-D. (Kommunikation) 22f)*

[134] *ebenda 25*

um den kommunikativen Herausforderungen einer modernen, zeitgemässen Theologie gerecht zu werden. Daran verdeutlicht sich die funktionale Perspektive der Systemrationalität. Im Drei-Ebenen-Modell (Tab. 3-2) ist die sozialökonomische Grundfunktion „normative Sozialintegration" der Ebene des normativen Managements zugeordnet. Management auf dieser Ebene erfordert kommunikativ-ethische Rationalität, einer funktional orientierten Systemrationalität würde die Möglichkeit nicht-systemischer Interessenharmonisierung fehlen. Denn die Probleme, die sich bei der dominierenden normativen Orientierung von Kirchgemeinden ergeben (wie Konflikte zwischen unterschiedlichen Werthaltungen, der Umgang mit hohen, aber divergierenden moralischen Ansprüchen an das kirchliche Handeln usw.) können mit funktionalistischen, erfolgs- oder nutzenorientierten Denkhaltungen kaum gelöst werden. Eine kommunikative Ethik dagegen, d.h. eine reflexions-, begründungs- und verständigungsorientierte Ethik ist in der Lage, die Verständigungsvoraussetzungen für normativen Konsens sowie die Lösung von Wertkonflikten zu schaffen (vgl. Abschnitt 3.4.2).

Systemorientierte Managementkonzepte wurden nicht für Kleinorganisationen geschaffen, weil systemisches Denken und systemische Theorieansätze ihre Fruchtbarkeit eher in komplexen Grosssystemen entfalten können, auch wenn sich der weitaus grösste Teil der neueren systemorientierten Literatur auf die Funktionsweise von Kleinsystemen bezieht, der Face-to-Face-Group, ob es sich nun um betriebliche Arbeitsgruppen, Projektteams oder die Familie handelt.[135]

Auch bei grossen Kirchgemeinden handelt es sich im Hinblick auf das Finanzvolumen und die Anzahl der Mitarbeiter um Kleinsysteme. Es fragt sich deshalb, ob hier nicht mit Kanonen auf Spatzen geschossen wird, wenn für diese relativ kleinen und überschaubaren Organisationen Systemtheorie und Kybernetik bemüht werden. Demgegenüber gilt es zu bedenken, dass die Krise der Kirche - wie in Abschnitt 2.1 dargelegt - auch eine Krise ihrer Leitungsformen, ihrer Leitungspraxis und -strukturen ist. Wenn die Erfahrung zeigt, dass wir es heute insbesondere bei grossen Kirchgemeinden, die

---

[135] *Malik F. (Systemisches Management) 11*

aus mehreren Subeinheiten bestehen (sogenannte Kirchkreise einer Gesamtgemeinde oder Teilgemeinden, die in einem Gemeindeverband zusammengeschlossen sind)[136], keineswegs mit reibungslos funktionierenden Organisationen zu tun haben, so liegt ein wesentlicher Grund darin, dass die
Berücksichtigung der gesellschaftlichen Vernetzung einer Kirchgemeinde
(vgl. Abschnitt 3.4.1.3) Schwierigkeiten bereitet.

Modelle des systemorientierten Managements legen Wert darauf, Führung
nicht funktional als Entscheiden, Organisieren, Planen, Kontrollieren, usw.
zu definieren, sondern in Anlehnung an H. Ulrich abstrakt und zusammenfassend als Gestalten, Lenken und Entwickeln zweckorientierter gesellschaftlicher Systeme.[137]

Die Aufgabe des Gestaltens besteht darin, personelle und materielle Ressourcen aus der Umwelt auszuwählen und zu Komponenten eines hand-
lungsfähigen Systems zu machen. Gestalten als Managementfunktion bedeutet daher das gedankliche Entwerfen eines Modells der Institution, in dessen
Rahmen sich die Aktivitäten zur Zweckerreichung abspielen sollen.

Lenkung bedeutet im von H. Ulrich entworfenen Managementsystem die
kontinuierliche Steuerung aller Aktivitäten. [138]

Erwähnenswert ist die an der Managementfunktions-Trias Gestalten-
Lenken-Entwickeln anschliessende Weiterentwicklung der systemorientierten Managementlehre, die sich an evolutionären Prozessen orientiert. Sie
geht von der Einsicht aus, dass sowohl das Unternehmen (oder die Institution) wie auch ihre Umwelt ähnlichen Entwicklungsprozessen und Wir-
kungsprinzipien unterworfen sind, wie sie in der natürlichen Evolution fest-

---

[136] *Bei den Subeinheiten von Gemeinden werden im folgenden Kirchkreise einer Ge-*
samtkirchgemeinde und Mitgliedgemeinden eines Gemeindeverbandes mit "Teilge-
meinden" bezeichnet. Solchen Teilgemeinden werden i.d.R. ein oder mehrere Pfarr-
kreise (territorialer Zuständigkeitsbereich eines Pfarrers) zugeordnet.

[137] *Ulrich H. (Management) 113ff*

[138] *vgl. ebenda 114-117*

gestellt werden können. Im Mittelpunkt steht die Auffassung, dass das Unternehmen zusammen mit seinem Wirkungskontext ein selbstorganisierendes System ist, das nur in einem begrenzten Umfang durch bewusste, geplante Eingriffe gestaltet werden kann.[139] Die Grenzen solcher Konzeptionen bestehen jedoch darin, dass sie sozialtechnischer Rationlität (Komplexitätsbeherrschung) verhaftet bleiben.[140]

Eine dominierende Funktion systemorientierten Managements besteht nach Malik darin, „komplexe Systeme zu beherrschen durch Koordination des Verhaltens von Menschen auf variierende Ziele unter ständig wechselnden Umständen, über die wir nie alles wissen können.“[141].

---

[139] *vgl. dazu Malik (Systemisches Management) 110ff*

Die Affinitäten dieses Ansatzes zur Alltagsrealität kirchlichen Lebens sind offensichtlich: Das kirchliche Leben in einer Gemeinde wird immer mehr zu einem Konglomerat von kleineren Gruppierungen, die sowohl sich selbst als auch ihre Integration in die Gesamtgemeinde zunehmend unabhängig voneinander koordinieren und organisieren und die von eigenen Regeln und Verhaltensnormen gesteuert werden. Oft gehören zu einer Kirchgemeinde so verschiedenartige Gruppierungen wie Müttertreffs, Seniorengruppen, „amnesty international“ - Gruppen, Gebetskreise, Jugendgruppen usw. Die Entwicklung dieser Gruppierungen und ihre Integration in die Gemeinde lässt sich nur beschränkt planen und organisieren. Allenfalls kann und soll der Gemeindepfarrer und/oder die Gemeindeleitung im Sinne einer Moderations- und Animatorenfunktion auf das Gefüge solcher Gruppen Einfluss nehmen. Es wird aber dennoch oft unbeabsichtigte Nebenwirkungen dieses Zusammenspiels geben, weil der Anteil an spontanem Reagieren und Agieren sowie an kreativen Komponenten eine grosse Rolle spielt. Diese „Nebenwirkungen“ sind für die Entwicklung des Systems Kirchgemeinde natürlich erwünscht. Denn sie fördern die Lebendigkeit des Gemeindelebens. Sie beschränken aber auch die Möglichkeiten einer zielorientierten Planung. Management aus dieser Perspektive wird zu einem Ausbalancieren zwischen dem Erfordernis gezielten Gestaltens und Lenkens und der Notwendigkeit selbstorganisierende, evolvierende Prozesse zu unterstützen.

[140] *vgl. dazu Ulrich P. (Unternehmenskultur) 4354*

[141] *Malik F. (Management-Systeme) 7*

Unter-Kontrolle-halten heisst aus systemtheoretischer Perspektive nicht, die Einhaltung bestimmter Regeln und Anweisungen zu überwachen, sondern bedeutet etwas verkürzt und bildhaft gesagt dasselbe wie „ein Orchester unter Kontrolle haben", „eine Sportart oder Fremdsprache beherrschen".[142] Kontrolle bedeutet, dass man nicht beliebige Systemzustände akzeptiert. Dazu ist es jedoch notwendig, die Verhaltensmöglichkeiten des Systems zu beschränken. Für eine evangelisch-reformierte Kirchgemeinde würde dies beispielsweise bedeuten, dass nicht alle Äusserungsformen und Inhalte von Religiosität zugelassen werden können.

An dieser Stelle drängen sich im Hinblick auf die - etwas verallgemeinernd ausgedrückt - christliche Wertelandschaft einer Kirchgemeinde Einwände auf. Die vom systemorientierten Managementansatz verwendete Begrifflichkeit wie „unter-Kontrolle-halten", „Beherrschen der Verhaltensmöglichkeiten des Systems" wirft kritische Fragen auf. Taucht hier nicht eine sozialtechnologisch orientierte Systemsteuerungsrationalität (um nicht zu sagen -mentalität) auf, die den Problemlösungserfordernissen einer Kirchgemeinde nicht angemessen sind? Denn hier geht es weniger darum, ein System mittels bestimmter (Management)techniken unter Kontrolle zu halten als vielmehr um Integration und Synthese sehr divergenter, ja widersprüchlicher Erwartungen, um die Harmonisierung unvermeidlich widersprüchlicher Absichten und Interessen, die einen ausgeprägt normativen Charakter haben, um das Erzielen von Verständigung mit einer grossen Zahl von Interaktionspartnern. Das aber heisst, dass die Subjektivität von Personen ins Zentrum rückt. Gelingende Interaktion und Verständigung zwischen Mitarbeitern, mit den Gemeindegliedern, mit verschiedensten Anspruchsträgern der Gemeinde ist für die Kirchgemeinde nicht nur eine notwendige Bedingung, um ihren Auftrag zu erfüllen, sie hat in diesem Umfeld auch eine eminent ökonomische Bedeutung. Im Vergleich zu dieser kommunikativ-ethischen Rationalität kommt betriebswirtschaftlicher Sachlogik in Kirchgemeinden eine ziemlich unbedeutende Rolle zu. Damit kommen aber wiederum die bereits angesprochenen - nicht nur für Kirchgemeinden gültigen - Grenzen der Sy-

---

[142] *Malik F. (Systemisches Management) 54f*

stemtheorie in Blick. Die Auseinandersetzung mit Anspruchsträgern ist Beziehungsgeschehen, vollzieht sich mehrheitlich in persönlichen Interaktionen. Wenn nun diese Interaktionsqualität, d.h. die Beziehungsqualität zwischen einzelnen Personen oder Gruppen „erfolgs-entscheidend" ist, dann muss Management in der Kirchgemeinde zwar auch, aber wesentlich mehr umfassen als - um es in der Sprache des systemorientierten Managements auszudrücken - „Komplexitäts- und Ungewissheitsbewältigung in einem soziotechnischen System."

Auf dem Hintergrund der vorgetragenen kritischen Einwände können für die Integration systemischer Ansätze in ein Managementmodell für die Kirchgemeinde folgende Bedingungen formuliert werden:

– Ein Phänomen, das in jeder Organisation zu beobachten ist, tritt in einer Kirchgemeinde besonders ausgeprägt in Erscheinung: Viele Lebensäusserungen der Gemeinde und deren Entwicklung entziehen sich weitgehend der direkten Machbarkeit, Planbarkeit und Gestaltbarkeit in einem funktionalen oder instrumentalen Sinne. Zu solchen nicht beeinflussbaren Variablen gehören etwa soziokulturelle Entwicklungen wie beispielsweise die Pluralisierung der religiösen Bedürfnisse und Interessen. Dies anzuerkennen bedeutet, dass sich Management in einer Kirchgemeinde darauf konzentrieren muss, möglichst gute Rahmenbedingungen für diejenigen Prozesse und Entwicklungen zu schaffen, die nur begrenzt und indirekt beeinflussbar sind. Dies erfordert jedoch keine Relativierung des Stellenwertes von Management oder der dafür eingesetzten Modelle, Instrumente und Methoden, sondern eine realistische Einschätzung von deren Wirkungen und Grenzen. Wenn v.a. im Rahmen des in Kapitel 7 zu entwickelnden Managementmodells einzelne Elemente von systemorientierten Managementkonzepten entlehnt werden, so vermögen diese Modellkomponenten im Gegensatz zum Problembewältigungsanspruch, welcher das systemorientierte Management sonst zu beanspruchen pflegt, nur eingeschränkte Teilbereiche der Managementaufgabe in einer Kirchgemeinde abzudecken (beispielsweise die Entwicklung von Analyseinstrumenten).

– Systemische Ansätze sind im vorliegenden Kontext ergänzungsbedürftig: Für Fragen wie z.B. die Legitimation des Handelns einer Kirchgemeinde gegenüber Mitgliedern und Öffentlichkeit, Lösung von Konsensproblemen oder das angemessene Berücksichtigen von theologisch-normativen Orientierungen erfordert andere, nicht-systemische Ansätze.

3.5.3 New Public Management

Kirchgemeinden sind aufgrund ihres öffentlich-rechtlichen Status auch öffentliche Verwaltungen. Deshalb stellt sich im vorliegenden thematischen Zusammenhang die Frage, ob sich aus den in den letzten Jahren entwickelten Modellen und Theorien des *New Public Management (NPM) - gebräuchlich ist auch die Bezeichnung „wirkungsorientierte Verwaltungsführung"* - nicht Lösungsansätze für die Probleme einer Kirchgemeinde gewinnen liessen. Eine Prüfung der entsprechenden Literatur[143] sowie der bisherigen Praxiserfahrungen mit NPM zeigt, dass es weit mehr Inkompatibilitäten und Unvereinbarkeiten mit der Kultur- und Wesensart von kirchlichen Institutionen gibt, als Bereiche und Aspekte, wo eine sinnvolle Anwendung von NPM in kirchlichen Institutionen möglich ist.

3.5.3.1 *Die Grundlagen von NPM*

Mit dem Aufkommen einer neuen liberalen Ideologie aus England und den USA - *Thatcherismus* und *Reaganomics* - erhielten die als positiv gewerteten Auswirkungen von Markt und Wettbewerb eine zunehmende Bedeutung. Hier liegt auch der zentrale Bezugspunkt von New Public Management oder wie es in der Schweiz auch genannt wird, der wirkungsorientierten Verwaltungsführung (WoV). Es wird davon ausgegangen, dass die Kräfte eines funktionierenden Marktes automatisch zu mehr Effizienz und Effektivität führen, auch im Bereich von öffentlichen Verwaltungen.[144] NPM ist ein

---

[143] *vgl. Schedler K. (Verwaltungsführung) und Hablützel P., Haldemann T., Schedler K., Schwaar K. (Management)*

[144] *Schedler K. (Verwaltungsführung) 3*

umfassender Ansatz zur Reorganisation der öffentlichen Verwaltung und insbesondere deren Steuerungsabläufe. Das Konzept des NPM beinhaltet ein ganzes Instrumentarium von grundsätzlichen Neuerungen, die dazu dienen sollen, Verwaltungen effizienter, leistungsfähiger, kundenorientierter und kostengünstiger zu machen. Wesentliche Grundsätze von NPM sind:

– Verlagerung der sogenannten Input-Steuerung (d.h. einer Steuerung über den Einsatz von personellen und finanziellen Ressourcen) auf eine outputorientierte Steuerung, d.h. eine verstärkt produkt- und wirkungsorientierte Führung. Wichtig ist dabei v.a. die Wirkungsorientierung: die politischen Instanzen - Exekutiven, Legislativen, Stimmberechtigte - steuern die Tätigkeit der Verwaltung nicht mehr mittels detaillierter Vorgabe der finanziellen und personellen Ressourcen (Input), sondern mittels Vorgabe der zu erreichenden Leistungen (Output) und der gewünschten Wirkungen (Outcome).

– Kundennähe: die Leistungen der Verwaltungen („Produkte") richten sich enger als bisher an den konkreten Bedürfnissen der Benützerinnen und Benützer in der Bevölkerung aus („Kunden").

K. Schedler unterscheidet sechs Hauptelemente von WoV:[145]

1. Kunden- und mitarbeiterorientierte Verwaltung: Eine vermehrte Kundenorientierung soll dazu führen, dass die Verwaltung bewusster ihre Produkte definiert, und alle ihre Aktivitäten auf diese Produkte und deren Qualität ausrichtet. Letztere wird nicht mehr nur von der Verwaltung selbst, sondern von den Kunden bestimmt. Gleichzeitig wird eine grössere Mitarbeiterorientierung angestrebt.

2. Schlanke, qualitätsorientierte Verwaltung: Was nicht direkt zur Wertvermehrung des Endproduktes beiträgt, wird nicht mehr ausgeführt. Durch *Contracting out* oder *Outsourcing* sollen die eigenen Energien auf die wirklichen Stärken der Verwaltung konzentriert werden. Verbesserte Qualitäts-

---

[145] *Schedler K. (Verwaltungsführung) 13 ff.*

management-Systeme führen die Prozesse und Produkte der Verwaltung näher an die Bedürfnisse der Abnehmer der Leistungen heran.

3. Wettbewerb: Durch die Schaffung von externen und internen Märkten wird versucht, für jeden Teilbereich der Verwaltung einen Wettbewerb zu schaffen, der für vermehrte Effizienz und Effektivität sorgen soll. Wo dies *per se* nicht möglich ist, sollen Instrumente wie *Benchmarking, Competitive Testing* oder Ausschreibungen den Wettbewerb simulieren. Eine Aufteilung der Rollen von Leistungsfinanzierer, Leistungskäufer und Leistungserbringer, die organisatorisch jeweils über Leistungsvereinbarungen und Globalbudgets verbunden werden, soll die Verantwortlichkeit der jeweils Beteiligten vergrössern.

4. Wirkungskontrolle: Die Kontrollmechanismen der öffentlichen Verwaltung sind vorwiegend auf finanzielle und personelle Mittel ausgerichtet. Im Bereich der Prüfung bewegt sich der Trend weg von der reinen Finanzprüfung zu einem umfassenden Wirkungsprüfungsansatz. Die Programmevaluation gewinnt weltweit an Bedeutung, und für beschränkte Fragestellungen werden vermehrt Leistungsevaluationen eingesetzt.

5. Organisation: Die zentralisierte Verwaltung der Gegenwart ist zu gross und zu träge, um noch effizient und effektiv produzieren zu können, die Entscheidungswege sind zu lang (Mitberichtsverfahren, Stellungnahmen). Daher wird versucht, durch Bildung von Konzernstrukturen mit dezentralen, autonomen Verwaltungseinheiten vermehrt Eigenständigkeit und Verantwortlichkeit an die Front zu delegieren. Dezentralisierung heisst aber immer auch ein Verlust an operativen Steuerungs- und Einflussmöglichkeiten. Dadurch wird die Bedeutung des strategischen Managements verstärkt, die Führungsaufgaben werden wichtiger.

6. Finalsteuerung: Die Führungsinstrumente werden so verändert, dass weniger Regulierung, dafür vermehrt Ziele für das Verhalten der Verwaltungseinheiten und deren Mitarbeiter massgebend sind. Die Vorgaben beschränken sich weitgehend auf das *Was*; die Verwaltungseinheit ist frei, *wie* sie die vereinbarten Produkte erstellen oder Ziele erreichen will.

3.5.3.2 Die (partielle) Unvereinbarkeit von NPM und kirchlichen Grundsätzen

Zunächst ist festzustellen, dass wichtige Schlüsselbegriffe des NPM (Definition von Produkten, Qualitätsmessung und -verbesserung dieser Produkte, Wirkungskontrolle, verwaltungsinterner Wettbewerb und Kundenorientierung) nicht nur der Sprach- und Arbeitskultur sowie der sozialen Dynamik von kirchlichen Institutionen fremd sind, sondern auch den Formen und Zielen der „Leistungserstellung" nicht adäquat sind. Es besteht bei einer unkritischen Übernahme von NPM-Instrumenten und -Denkweisen eindeutig die Gefahr, dass auch den bewährten Struktur- und Organisationsformen in der Kirche etwas völlig Wesensfremdes übergestülpt wird. Dies soll anhand von zwei Schlüsselbegriffen von NPM exemplifiziert werden:

1. Kundenorientierung:

Mit NPM sollen nicht nur Effizienzverbesserungen und Einsparungen erzielt werden, sondern den „Kunden" massgeschneiderte „Produkte" geliefert werden. Eine *ausschliessliche* Ausrichtung kirchlicher Aktivitäten auf die „Kundenbedürfnisse" dürfte nicht nur theologisch bedenklich sein, sondern es drängen sich auch andere kritische Vorbehalte auf. Die Definition des Kirchbürgers als Kunde birgt die Gefahr in sich, dass die ohnehin von verschiedenster Seite geförderte Konsum- und Anspruchshaltung auch auf die Kirche übertragen wird, die Kirche mithin als Dienstleistungsbetrieb wahrgenommen wird, der die eigenen Bedürfnisse möglichst kundenfreundlich abdecken soll. Das gängige (privat)wirtschaftliche Kundenverständnis kann jedoch nicht ohne weiteres auf die Gemeinschaft von Kirchenmitgliedern übertragen werden. Zwischen einem Kundenkollektiv und einer freiheitlich-demokratischen sowie solidarischen Glaubensgemeinschaft bestehen erhebliche Unterschiede. Kunden bekommen eine Leistung, weil sie dafür bezahlen, es gibt einen äquivalenten Austausch zwischen Leistung und Gegenleistung. Kunden, die nichts einzubringen haben, dürfen auch keine Gegenleistung beanspruchen. Diese Hintergrundvorstellungen von Kunden als vorzugsweise kaufkräftige und -willige Konsumenten sind nicht vereinbar mit den Grundsätzen einer kirchlichen Solidargemeinschaft, die sich aufgrund ihrer christlichen Werthaltungen gerade denjenigen zuwendet, die nichts in die Gemeinschaft einbringen können, mindestens nicht auf materieller Ebene. Die Kundenorientierung hat in der Kirche allenfalls unter dem Aspekt der *Bedürfnisorientierung* eine gewisse Berechtigung. Es sei in diesem Zusammenhang an Abschnitt 3.4.1.2 erinnert, wo als Orientierung für den kirchlichen Auftrag auf die Berücksichtigung der aktuellen gesellschaftlichen Funktionalität von Kirche hingewiesen wurde, wozu auch der Einbezug ihrer gesellschaftlichen Vernetzung, insbesondere die Erfassung von Werthaltungsveränderungen sowie Bedürfnisorientierung gehört.

2. Wirkungsorientierung:

Eine verstärkte Produkt- und damit auch Wirkungsorientierung wäre nur möglich, wenn bei den erbrachten Leistungen der Kirche Produkte definierbar bzw. Wirkungen erfassbar oder messbar wären. Wie aber sollen die Wirkungen von kirchlichen Aktivitäten oder Dienstleistungen gemessen werden, wenn es z.B. um Wertevermittlung, Sinndeutung, Förderung von normativer Integration usw. geht? Dies dürfte in den meisten Aktivitätsbereichen der Kirche kaum möglich und auch nicht sinnvoll sein. Weil es in der Kirche keine definierbaren Endprodukte gibt, kann auch nicht entschieden werden, welche Leistungen zur Wertvermehrung dieser Endprodukte beitragen, weshalb viele Optimierungsansätze des NPM (wie z.B. Outsourcing) nur in marginalen Teilbereichen (z.B. Reinigungsdienst von kirchlichen Räumen) angewendet werden können.

Eine bedeutende Rolle bei der Wirkungsorientierung spielt das sogenannte Benchmarking, d.h. Verwaltungseinheiten vergleichen sich mit anderen vergleichbaren Verwaltungssektoren, wobei untersucht wird, wie Verwaltungseinheiten, welche in Teilbereichen sehr gute Leistungen erbringen, arbeiten. Das Ziel besteht dabei darin, dass die Schlechten von den Besten lernen. Solche Vergleiche könnten unter der Voraussetzung eines engagierten Mitwirkens der Beteiligten und Betroffenen auch für kirchliche Institutionen insbesondere auch zwischen Kirchgemeinden von grossem Nutzen sein.

Partielle Anwendbarkeit in grossen kirchlichen Institutionen:

Erfahrungen des Verfassers mit Reorganisationen einer grossen kantonal-kirchlichen Verwaltung bzw. den gesamtkirchlichen Diensten haben gezeigt, dass unter den in Abschnitt 3.5.3.1 genannten Hauptelementen von NPM die Elemente 5. und 6. auch für die Verbesserung der Strukturen von grossen kirchlichen Organisationen anwendbar sind. Die folgenden Leitsätze einer Reorganisation der gesamtkirchlichen Dienste der evangelisch-reformierten Kirchen Bern-Jura zeigen, dass partiell Anwendungen von NPM in diese Leitsätze eingeflossen sind:

– Trennung zwischen strategischer und operativer Ebene, d.h. zwischen Synodalrat und den fünf Bereichen[146].

– Delegation von Entscheidungsbefugnis und Handlungsverantwortung auf die tiefstmögliche Hierarchiestufe.

– Einfache, überschaubare Organisation mit klaren Über- und Unterstellungsverhältnissen.

– Funktions- und synergieorientierte Einbindung/Zusammenlegung gesamtkirchlicher Ämter in entsprechende organisatorische Einheiten (Bereiche).

Gewichtige Defizite des NPM liegen auch im Bereich des normativen Managements. Das Primat von normativ-theologischen Ansprüchen in kirchlichen Einrichtungen bleibt bei NPM-Konzeptionen durchwegs unberücksichtigt, indem ökonomische Rationalität (Kosteneinsparungen und Effizienzverbesserungen) einen nicht von „höheren" Werten abzuleitenden Eigenwert besitzt.

---

[146] *Die Organisationseinheit „Bereich" fasst eine Anzahl bisheriger kirchlicher Dienste und Ämter, deren Tätigkeit Ähnlichkeiten aufweisen, zusammen.*

4 Die Kirche als Organisation

4.1 Organisationsgeschichtliche Perspektiven

In diesem Abschnitt sollen einige organisationsgeschichtliche Entwicklungslinien skizziert werden, welche die heutige Ausprägung der kirchlichen Struktur- und Organisationsformen mitbestimmt haben.

Zunächst werden die ersten Entwicklungsschritte bei der Konsolidierung der Kirche in feste Formen (bis etwa zum Ende des 3. Jahrhunderts) dargestellt.[147] Diese Darstellung erfolgt ausführlicher als die organisationsgeschichtliche Skizze späterer Epochen, weil ein grosser Teil der Organisations- und Strukturelemente, die sich in den ersten drei Jahrhunderten herausbildeten, entweder in späteren Zeiten prägend blieben oder von den Akteuren der Kirchengeschichte wieder reaktiviert wurden.

4.1.1 Die Entwicklung der Kirchenorganisation im heidnischen Römerreich

Die Existenz der Kirche ist schon für die allerersten Zeiten anzunehmen. In Mt. 16,18 spricht bereits Jesus von „seiner" Kirche. Bereits die ersten Christen haben sich als Mitglieder eines eigenständigen Gebildes empfunden. *Dieser Urkirche fehlten freilich noch alle festen Organisationsformen.* Die Gemeinde verstand sich als sichtbare Vergegenwärtigung des Leibes Christi auf Erden. Damit verbunden war die Vorstellung, dass der Leib Christi handelt, wenn die Kirche handelt. Alles stand unter der unmittelbaren Leitung des Heiligen Geistes, der die Mitglieder mit den Gaben ausstattete, die zur Gestaltung des Gemeindelebens nötig waren. Allmählich entwickelten sich daraus drei charismatische Funktionen mit gesamtkirchlichem Wir-

---

[147] *Die Zusammenfassung folgt der entsprechenden Darstellung von Schmidt D.K. (Kirchengeschichte) 74ff*

kungsbereich: *Apostel, Propheten und Lehrer.* Die mehr *funktionalen Gemeindeämter, Episkopen und Diakonen,* standen noch ganz im Schatten dieser charismatischen Ämter, sie waren blosse Gehilfen der äusseren Dinge. In der religiösen Gedankenwelt, in der Verfassung, im Gottesdienst und im Gemeindeleben herrschte noch grosse Vielfalt und Regellosigkeit.

Um die Wende zum 2. Jahrhundert bildete sich eine festere Organisation der Einzelgemeinde. Mit dem *monarchischen Episkopat* entstand eine zunächst noch auf die einzelne Gemeinde bezogene Hierarchie: An der Spitze der Gemeinde stand der Bischof, der vom „Führungsgremium" der *Presbyter* oder Ältesten unterstützt wurde. Wichtiger als die im wesentlichen repräsentative Stellung der Presbyter waren die Funktionen der diesen untergeordneten *Diakonen* (Aufgaben: Armen- und Krankenpflege, Dienstleistungen beim Gottesdienst). Die charismatischen Ämter der Apostel, Propheten und Lehrer bestanden neben den Gemeindeämtern noch eine Zeitlang fort, mit diesen nicht selten in Feindschaft.[148] Hinzu kam in dieser Zeit eine sich verstärkende Bindung an die Tradition, insbesondere die *apostolische Tradition,* denn nur die Apostel, d.h. die elf ehemaligen Jünger Jesu (der zwölfte schied bekanntlich durch Selbstmord aus) und Paulus konnten von dieser Tradition berichten.

In der Organisation der Kirche entstand damit erstmals eine *hierarchische Differenzierung.* Ausgangspunkt dieser Differenzierung war dabei der Gottesdienst. Er wurde ursprünglich von geistbegabten prophetischen Personen geleitet. Dabei schälte sich allmählich ein *primus inter pares* (ein Erster unter Gleichrangigen) heraus, der als Bischof bezeichnet wurde und schliesslich den Gottesdienst allein leitete. An diese „Schlüssel-Führungsfunktion" wurden schon bald weitere geknüpft: Der Bischof entschied in Glaubensfragen (und wurde damit Herr über die Lehre), und er verwaltete die Finanzen (und wurde damit Herr über das Vermögen der Kirche). Das bedeutete die *Aufhebung des demokratischen Prinzips des Priestertums aller Gläubigen,* das später als kategorischer Imperativ und tragender Pfeiler des reformatori-

---

[148] *Heussi K. (Kirchengeschichte) 38*

schen Kirchenverständnisses wieder eingeführt wurde. (Allerdings ist die praktische Umsetzung dieses Prinzips der protestantischen Kirche bis heute nur in Ansätzen gelungen).

Mit den skizzierten ersten beiden organisatorischen Entwicklungsstufen der Kirche waren zwei grundlegende Kirchenverständnisse verbunden, die je eigene Organisations- und Führungsformen bevorzugten:

1. *Das charismatische Prinzip der Urgemeinden* mit ihrem Vertrauen auf die Leitung durch den Heiligen Geist. Damit orientiert sich die Gemeinde an einem dynamisch-charismatischen Führungsprinzip, das ohne feste Formen und Strukturen auszukommen glaubt.

2. *Das Prinzip der Tradition*, d.h. ein ausgeprägt statisch wirkendes Element. Dieses Kirchenverständnis hat ein Führungsprinzip, das sich am Statischen, organisatorisch Geregelten und Institutionalisierten orientiert.

Der Kampf zwischen den beiden Ordnungs- bzw. Führungsprinzipien prägte die Geschichte der Kirche bis in unsere Zeit. Viele neuentstehende kirchliche (und andere religiöse) Bewegungen waren in der Anfangszeit vom dynamisch-charismatischen Prinzip geprägt und machten dann eine Entwicklung der Institutionalisierung mit festeren Organisationsformen durch. Aber auch innerhalb der institutionalisierten Kirchen standen und stehen die beiden Prinzipien bis heute oft im Widerstreit miteinander (vgl. Abschnitt 3.4). Diese Auseinandersetzung kann, sofern eine polarisierende Trennung in ideologische Lager vermieden werden kann, wertvolle Impulse zur Entwicklung von neuen Ideen und Visionen geben sowie zur Erhaltung der Flexibilität von bestehenden Organisationsformen beitragen.

Die christlichen Vorstellungen über charismatische Gemeindeleitung haben übrigens deutliche Ähnlichkeiten mit der in jüngster Zeit stark betonten Notwendigkeit von Visionen, Kreativität und Flexibilität im Management, dem Erfordernis, Organisationsformen wandlungs- und anpassungsfähig zu halten.

Die Hierarchisierung der Funktionen machte *die Einführung von formalem Kirchenrecht* nötig. „Die grosse Bedeutung der Einführung des monarchischen Episkopates ... inauguriert die Entwicklung zur *Rechtskirche* und zur *Priesterkirche*."[149] Dies hat Folgen für die *Entstehung von Gemeinden im Rechtssinn*. Diese Verfassungsentwicklung rief gleich eine zweite nach sich, nämlich die Entstehung von den Gemeinden übergeordneten organisatorischen Gebilden. Wenn Fragen auftauchten, die viele oder alle Gemeinden betrafen, traten die Gemeindeleiter (Bischöfe) zu gemeinsamer Beratung zusammen, d.h. es bildeten sich *Synoden*. Dies war der Anfang eines *Zentralisationsprozesses in der Kirche*. In der Synode erhielt nun die Kirche als Gesamtkörper ein handelndes Organ, wie die Gemeinde es im Bischof hatte.

Aus dem Synodalwesen entwickelte sich die sogenannte „Metropolitanverfassung", d.h. es wurde üblich, die Synoden in den Provinzialhauptstädten zu versammeln. Als die regelmässigen Leiter der Synoden erlangten die Bischöfe der Provinzialhauptstädte bald einen Ehrenvorrang, schliesslich das Oberaufsichtsrecht über die übrigen. Die staatliche Provinzhauptstadt wurde auch zur kirchlichen Hauptstadt. So bildeten sich *kirchliche Provinzen, deren Grenzen mit den staatlichen zusammenfielen*. Die Kirche als Zusammenschluss von Einzelgemeinden entwickelte eine nächste, übergeordnete Hierarchiestufe. Einen charakteristischen Ausdruck fand das Erstarken der bischöflichen Gewalt in dem neuen Kirchenbegriff, den Cyprianus von Karthago klar entwickelt und klassisch formuliert hat. Danach ist die Kirche die hierarchisch organisierte, äusserliche sichtbare Heilsanstalt.

Im Laufe des 3. Jahrhunderts ist damit in ihren Grundlinien die „katholische Kirche" oder die „Grosskirche" entstanden. Die Einzelgemeinden haben in ihrem Bischof ihr sichtbares Zentrum erhalten und sind untereinander zu einem rechtsartigen Verband zusammengeschlossen, dem ein Bischof mit übergeordneten Führungsfunktionen vorsteht.[150]

---

[149] *Schmidt D.K. (Kirchengeschichte) 79*

[150] *Heussi K. (Kirchengeschichte) 56-81*

4.1.2 Die römische Reichskirche und die Zeit des katholisch-germanischen Landeskirchentums

Nachdem Kaiser Konstantin zu Beginn des 4. Jahrhunderts die früher verfolgte Kirche zur Staatskirche machte (sein Ziel war eine starke Kirche im Dienste des Staates, aber unter dem Staat), nahm sie die antike Herrscherverehrung und, was noch folgenreicher war, die kaiserliche Herrschaft über die Kirche mit in Kauf. Die Menschen strömten in Massen in die Kirche. Dieser Wachstumsschub musste auch organisatorisch bewältigt werden. Mit dem Anwachsen der christlichen Bewegung und dem aufgrund des neuen staatskirchlichen Status sowohl verwaltungstechnisch als auch religionssoziologisch notwendigen Zusammenschluss vieler christlicher Gemeinden, die über die gesamte antike Welt verteilt waren, zu einer Weltkirche, mussten auch die Organisationsstrukturen angepasst werden. Nach der konstantinischen Wende für das Christentum wurde die Organisationsform der Kirche noch stärker der Struktur des zentralistisch regierten römischen Imperiums angeglichen. Die kirchliche Regierungsgewalt des Kaisers ermöglichte es, die innere Einheit der Kirche herzustellen, teilweise auch zu erzwingen, und sie machte die Kirche zu einem mit dem Staate eng verwandten Rechtsinstitut. Dies führte zu einem Ausbau des Synodalwesens und der kirchlichen Provinzialeinteilung. Die Regierungsgewalt des Bischofs erfuhr gewisse Einschränkungen: das staatliche Kirchenregiment konnte beliebig in die Angelegenheiten der Einzelgemeinde eingreifen. Andererseits waren die Steigerung der Macht des monarchischen Bischofs innerhalb seiner Gemeinde und die Entwicklung des Klerus zu einem besonderen Stand ebenfalls durch die Verbindung von Kirche und Staat mitbedingt.[151]

Zu Beginn des 4. Jahrhunderts brach das Imperium in ein oströmisches und ein weströmisches Reich auseinander. Aber trotz des Zusammenbruchs des römischen Staates zeigten sich die Strukturen der katholischen Kirche gegenüber diesen Umwälzungen als resistent.

---

[151] *Heussi K. (Kirchengeschichte) 104f*

„Das Christentum hatte ... eine Organisationsstruktur aufgebaut, die sowohl den weltanschaulichen Herausforderungen des Altertums widerstehen als auch die Germaneneinfälle in das römische Weltreich und den politischen Zusammenbruch dieses Weltreichs überdauern konnte."[152] Zunächst während der Zeit des germanischen Landeskirchentums schwächer und unbedeutender als die Kirche des Morgenlandes, erstarkte die katholische Kirche nach 800 zu *der* Universalkirche des Abendlandes, die in Karl dem Grossen ihren weltlichen Schutzherrn fand.

4.1.3 Die Papstkirche im Mittelalter und die Vorreformation

Die Fäden der Macht liefen bereits ab dem 4. Jahrhundert zunehmend in Rom zusammen, dessen Bischofsitz allmählich eine Vorrangstellung entwickelte, aus der unter Leo I. der Papstanspruch dann voll ausgebildet wurde.[153]

Im 10. Jahrhundert erfolgte dann die Umgestaltung der katholischen Kirche zur zentralistischen Papstkirche. Trotzdem kann aufgrund der noch unzulänglichen Verkehrs- und Kommunikationsmittel noch nicht von einer unmittelbaren Regierung des Papstes gesprochen werden. Die folgenden drei Jahrhunderte wurden die Glanzzeit der katholischen Kirche und Kultur des Abendlandes. Sie war untrennbar verknüpft mit der gewaltigen auch weltlichen Machtentfaltung des Papsttums.

In diesem Zusammenhang muss auf die entscheidende Bedeutung des Mönchtums, bzw. der Orden für die zentralistische kirchliche Führung hingewiesen werden.

Da das Mönchtum als Stand der Vollkommenheit galt, errang und behielt es einen starken Einfluss auf Kirche und Volk. Die Klöster wurden zu geistigen, wissenschaftlichen, kulturellen, karitativen und seelsorgerlichen Zen-

---

[152] *Hermanns M. (Organisation) 28*
[153] *Schmidt D.K. (Kirchengeschichte) 138*

tren, die einen höchst aktiven Faktor des gesellschaftlichen Lebens darstellten. Mit ihnen verfügte die Kirche über ein riesiges Innovationspotential, das für die innere und äussere Erneuerung der Kirche ausschlaggebend blieb. Alle Reformen, die sich innerhalb der katholischen Kirche ereignet haben, hatten im Kloster ihren Ursprung.

Mit dem Mönchtum bzw. der Entstehung von international tätigen und romtreuen Mönchsorden verfügte der Papst über eine weltweite parakirchliche Organisation, die als flächendeckendes Informationsbeschaffungs- und Kontrollinstrument zu einem höchst wirkungsvollen Führungsinstrument der zentralistischen Papstmacht wurde. D.h. neben der eigentlichen kirchlichen Hierarchie bestand ein unterschiedlich dichtes Netz von Klöstern, die i.d.R. dem Papst direkt unterstellt waren. Ihre Rückmeldungen über das Geschehen an der kirchlichen Basis bedeuteten auch eine Kontrollmöglichkeit der unterstellten Bischöfe. Ihr grosser Einfluss auf das Volk ermöglichten Machtsicherung.

Bis ins hohe Mittelalter hat sich die Kirche nicht zuletzt durch den permanenten Kampf mit den Trägern weltlicher Macht um die Vorherrschaft ihre Flexibilität und Fähigkeit, auf Veränderungen in der Umwelt einzugehen, bewahrt. In jener Zeit „hat die Kirche ganz im Sinne moderner Systemtheorie auf die Veränderungen in der sozialen, politischen und rechtlichen Umwelt durch umweltoffene Verarbeitung der veränderten Bedingungen und Erwartungen flexibel reagiert, um damit sowohl das eigene System zu erhalten und zu stabilisieren als auch die ihr wesentlich erscheinenden Grundwerte einer veränderten Umwelt weiter sinnadäquat zu vermitteln".[154]

Mit der Vorreformation geriet die katholische Kirche in eine schwere Krise. Mit dem politischen, kirchlichen, geistigen und moralischen Verfall des Papsttums, der vollständigen Verweltlichung der Kurie, löste sich auch die kirchliche Einheitskultur allmählich auf. Die Nationalstaaten gewannen an Macht, Kaiser- und Papsttum traten zurück. Neben der Veränderung der politischen Kräfteverhältnisse spielte dabei auch der Niedergang von Moral

---

[154] *Hermanns M., (Organisation) 29*

und Führungskompetenz der sogenannten „Renaissancepäpste" eine wesentliche Rolle. Dies erinnert an die Bedeutung von klaren, glaubwürdigen Werthaltungen und Führungsphilosophien bei Führungsverantwortlichen, auf die Wichtigkeit von Verantwortungsbewusstsein, dem Willen und der Fähigkeit zur Vermittlung von Sinngebungen und Visionen.

4.1.4   Reformation, Gegenreformation und Aufklärung

Am Ende der Reformationszeit standen neben der römisch-katholischen Kirche drei neue, protestantische Kirchentypen, die sich auch je ihre eigenen organisatorischen Strukturen entwickelten. Der anglikanische Typus, der sich in einzelnen Punkten mit dem römischen Katholizismus eng berührte, der lutherische Typus, der schon weit entschiedener den Bruch mit der Papstkirche vollzogen hatte und der reformierte Typus, der die schroff antikatholische Form des Protestantismus darstellte. Im Luthertum entwickelte sich die Organisation von Landeskirchen. Mit dieser Anbindung an die politische Macht entstanden erst die Voraussetzungen für die nachfolgenden Konfessionskriege. Ein bedeutender Unterschied des Calvinismus (reformierter Kirchentyp) lag auf dem Gebiet der kirchlichen Organisation. Während das Luthertum gegen organisatorische Fragen gleichgültig war - und deshalb für die Vereinnahmung durch die staatliche Organisation anfälliger war - war nach Calvin (und Zwingli) die in der Bibel von Gott gebotene Gemeindeverfassung die Grundlage organisatorischer Gestaltung.

In Abschnitt 4.1.3 wurde auf die Flexibilität in der organisatorischen Gestaltung der katholischen Kirche als wesentliche Ursache ihrer Stärke während ihrer Blütezeit hingewiesen. Die reformatorische Kirchentrennung hat bezüglich dieser Flexibilität grosse Unterschiede zwischen den Konfessionen hervorgebracht. Nur der reformatorische Teil hat auf die durch Renaissance und Humanismus bewirkte Hinwendung auf das Individuum mit neuer Sprache und gewandelten Aussagen geantwortet, während der traditionell-katholische Teil der Kirche trotzig ablehnend reagierte. Dies war einerseits einer der Hauptgründe für die Kirchenspaltung und andererseits für die reformierte Kirche Ausgangspunkt für eine aktive Mitgestaltung bei der Entstehung der modernen Welt. Die theologische Rechtfertigung des Individualismus war die normative Basis für den Aufbau genossenschaftlich-demokratischer Strukturen in den Gemeinden, wie sie in der evangelisch-reformierten Kirche heute noch konstitutiv sind.[155]

Die protestantische Erneuerungsbewegung trat mit dem Ziel der Rückbesinnung auf das Urchristentum, der Befreiung des Christen von einschränkenden Vorschriften und Gesetzen und des Abbaus hierarchischer Strukturen an, eine protestantische Tradition, die bis heute v.a. von charismatischen Erneuerungsbewegungen innerhalb und ausserhalb der Landeskirchen immer wieder aufgegriffen wird. Die Wirkung auf die daraus hervorgegangenen Organisations- und Verwaltungsstrukturen muss jedoch relativiert werden. P.L. Berger warnt: „ein Soziologe, der das Wirken der Kirchen von innen her kennenlernen möchte, tut gut daran, sich nicht allzulange von ihren offiziellen Selbstauffassungen fesseln zu lassen. Die wahren Macht- und Organisationsfragen nämlich haben...wenig mit 'Kirche' im theologischen Sinne zu tun. Bei allen Denominationen von nennenswerter Grösse ist die Grundform der Organisation schlicht bürokratisch...Das episkopalische oder kongregationalistische Grundprinzip hat nur selten auf ihre Wirksamkeit Einfluss...Hinter der Fassade einer episkopalen Kirchenverfassung zum Beispiel verbirgt sich ein bürokratischer Apparat, nicht viel anders als bei einer Bundesbehörde, General Motors oder der Automobilarbeiter-Gewerkschaft."[156]

Dennoch wurden und werden mit Bezugnahme auf urchristliche Wurzeln immer wieder charismatische Herrschafts- bzw. Organisationsformen propagiert (vgl. dazu Abschnitt 4.1.1)[157]. Als Kriterien der charismatischen

---

[155] *Berger P.L. (Auf den Spuren der Engel) 25 u. 28*

[156] *Berger P.L. (Soziologie) 43f*

[157] *Mit Blick auf die heutige kirchliche Landschaft lässt sich diesbezüglich bei evangelikalen und fundamentalistischen Gruppierungen eine seltsame Ambivalenz feststellen: Einerseits eine deutliche Affinität zu charismatischen Gemeindeverständnissen mit ihrer Ablehnung von Institutionalisierungstendenzen (Formalisierungen, festen Strukturen, verbindlichen Regelungen von Aufgaben und Kompetenzen) und andererseits auffällig wenig Berührungsängste bei der Anwendung moderner Managementmethoden beispielsweise bei der Geldbeschaffung und im Gebrauch von Mar-*

Herrschaft nennt Weber: Es gibt keine „Anstellung", keine „Laufbahn", sondern nur „Berufung nach Eingebung des (charismatischen) Führers", keine „Amtssprengel" und „Kompetenzen", „keine Appropriation von Amtsgewalten durch Privileg", kein Gehalt, keine feststehenden Behörden und keine abstrakten Rechtssätze. „Reines Charisma ist spezifisch wirtschaftsfremd. Es konstituiert ... einen 'Beruf'... als 'Sendung' oder innere 'Aufgabe' ... Charismatische Bedarfdeckung ist, von einer rationalen Wirtschaft her gesehen, eine typische Macht der 'Unwirtschaftlichkeit'. Denn sie lehnt jede Verflechtung in den Alltag ab."[158]

Was Weber als charismatische Herrschaft diagnostiziert, ist immer wieder von reformatorischen bis hin zu revolutionären Gruppen und heute oft von sektiererischen Gemeinschaften gefordert worden.

Die Armutsbewegungen des Mittelalters (Franziskaner, Dominikaner) haben als Antwort auf hierarchische Verfestigungen und Erstarrungen in der Kirche sowie Verfilzungen des Religiösen mit der gesellschaftlichen Alltagswelt gerade diese Elemente der persönlichen Berufung, der Bedürfnislosigkeit und einem negativen Affekt gegen die Geldwirtschaft herausgestellt. Der Gedanke des allgemeinen Priestertums und die Kritik an der Hierarchie der Kirche, die in der Armutsbewegung der Waldenser und Katharer grundgelegt war, wird in der Reformation vertieft. Die Forderungen v.a. in den 70er Jahren nach Demokratisierung der Kirche in Europa und Lateinamerika, wie sie insbesondere durch Basisgemeinden und engagierte christliche Gruppen erhoben wird, wäre ohne Reformation kaum denkbar.[159]

Die Aufklärung brachte für die Religion und Kirche völlig neue Rahmenbedingungen: Die religiösen Kräfte erlahmten, die konfessionellen Gegensätze verloren ihre Schärfe, die Kirche begann im öffentlichen Leben der Men-

---

ketingmethoden. Gott preisen und Gott anpreisen wird durchaus nicht als Widerspruch empfunden.

[158] *Weber M. (Soziologie) 180, zit. in: Hermanns M. (Organisation) 40*
[159] *Hermanns M. (Organisation) 40f*

schen, besonders in der Politik, zurückzutreten, eine neue weltliche Kultur entstand, die sich von aller kirchlichen Bevormundung emanzipierte. V.a. die protestantischen Theologen gingen unbefangen auf die neue Kultur ein. Die Folge: Eine Zersplitterung des Protestantismus in zahlreiche Territorialkirchen und Sekten sowie die Zerklüftung in verschiedene dogmatische Überzeugungen. Von da an blieben alle Bemühungen, auch nur für die Kirche eines Nationalstaates eine klare übergeordnete Organisationsstruktur zu schaffen, erfolglos. So sind beispielsweise in der Schweiz alle über die Kantonalkirchen hinausgehenden kirchlichen Strukturen eher unübersichtlich und die Entscheidungen von deren Organen weitgehend unverbindlich.

4.1.5 Das 19. und 20. Jahrhundert

Die bereits im 18. Jahrhundert sich auflösende Geschlossenheit und Einheitlichkeit der kirchlichen Entwicklung trifft auch auf ihre organisatorische Gestalt - insbesondere bei den protestantischen Kirchen - zu. Die organisatorischen Formen werden vielfältiger und differenzierter und sind stark von den jeweiligen nationalstaatlichen Verhältnissen und Rahmenbedingungen abhängig. Gemeinsam blieb den reformierten Gemeinden die genossenschaftliche und/oder demokratische Grundverfassung sowie in unterschiedlicher Form die Bildung von Gemeindeverbänden, deren Grösse sich meist an der staatlichen Provinz- oder Landesgrenze orientiert. Obwohl in vielen Ländern die beiden grossen Konfessionen in unterschiedlicher Form einen öffentlich-rechtlichen Charakter behielten, wurde in den meisten europäischen Ländern (in den USA schon bei ihrer Gründung) im 19. Jahrhundert eine teilweise oder vollständige Trennung zwischen Kirche und Staat vorgenommen. Im Gegensatz zum mittelalterlichen Christentum, das die gesamte Kultur dominierte, und im Gegensatz zum nachreformatorischen Christentum, das territorialstaatlich geprägt war, schrumpften die Konfessionen nach der Trennung von Kirche und Staat zu einem je nach Nation unterschiedlich wichtigen Teilbereich der Gesamtgesellschaft, bzw. -kultur. Erst im Zuge dieser Entwicklung wird die Kirche frei in der Gestaltung ihrer Organisation, d.h. erst jetzt besteht echte Handlungsfreiheit in der Frage, welches die der Kirche angemessene Organisationsform sei. Sie führte zu einem ständig wachsenden Grad der formalen Organisation und erhöhte damit natürlich auch die Anforderungen an die Führung.

Als Fazit der skizzierten organisationsgeschichtlichen Entwicklung der Kirchen ergibt sich:

Viele Probleme, die sich heute für die Führung und organisatorische Gestaltung von kirchlichen Institutionen stellen, sind nicht neu. Aus der Geschichte kirchlicher Organisationsformen lassen sich bewährte und zeitlos gültige Prinzipien von Führung und organisatorischer Gestaltung im allgemeinen und für kirchliche Institutionen im besonderen ableiten:

- Die Minimalorganisation der Urkirche, die aus kleinen, fast vollständig autonomen Einzelgemeinden bestand und dennoch funktionstüchtig war, weist - auch wenn die damaligen Verhältnisse noch einen geringen Organisationsgrad und administrativen Aufwand erforderten - auf einen organisatorischen Grundsatz hin: Kleine organisatorische Gebilde brauchen, wenn ihnen ein hoher Autonomiegrad zugestanden werden kann, nur wenige feste Organisationsformen. Sie müssen auch heute im Interesse ihrer Flexibilität und der Wahrung dynamischer Entwicklungsmöglichkeiten vor Überorganisation geschützt werden. Eine dezentrale Organisationsform erfordert und erträgt ein hohes Mass an Subautonomie der dezentralen Einheiten und damit einen geringeren Organisationsgrad. Das reduziert den administrativ-bürokratischen Aufwand, verringert aber auch die Möglichkeiten zentraler Steuerung.

- Dass die ersten Gemeinden der Urkirche ohne feste Organisation auskamen, hängt auch damit zusammen, dass lebendige, gemeinsame Glaubensüberzeugungen koordinierend, gewissermassen als unsichtbare Führungskräfte wirkten. In Bezug auf die aktuelle Situation ist daraus der Schluss zu ziehen: Die Entwicklung und Pflege gemeinsamer Werthaltungen entlastet die Führung, verringert den Regelungsbedarf und schützt vor Bürokratisierungstendenzen, erhöht also die Effizienz der Führung. Mit dieser Formulierung soll jedoch nicht der (falsche) Eindruck erweckt werden, dass normative Integration nur aus der Optik ihres Nutzens betrachtet werden soll. Sie besitzt einen gewissermassen autonomen Eigenwert ohne jedes utilitaristische Zweckdenken.

- Die Weiterentwicklung und organisatorische Ausdifferenzierung der entstehenden katholischen Kirche zeigt: Wachsende Organisationen, bzw. Organisationen, die aus mehreren Subeinheiten bestehen, benötigen zur Koordination von Einzelaufgaben eine funktionale Differenzierung der Organisation, Arbeitsteilung und die Definition von Leitungsfunktionen. Zudem muss die Regelungsdichte erhöht werden (Entwicklung formeller Regelungen, historisch: Kirchenrecht).

- Die Resistenz der katholischen Kirche gegenüber den Krisen und Zerfallserscheinungen während der Völkerwanderung und ihre „Glanzzeit" während der folgenden Jahrhunderte weisen darauf hin: Eine klare Strukturierung und ein hoher Organisationsgrad tragen zur Krisenresistenz von Institutionen bei, allerdings nur unter der Voraussetzung, dass gleichzeitig Flexibilität und Anpassungsfähigkeit der Organisation erhalten bleiben. Äussere Bedrohungen erhöhen die Flexibilität und Lebenskraft von Organisationen (vgl. Papstkirche im Kampf mit der weltlichen Macht im Mittelalter oder verfolgte Kirchen in totalitären Staaten).

- Der organisations- und führungstechnische Nutzen des Mönchtums als Innovationsquelle und als Kontroll- und Informationsinstrument für die zentralistische Papstkirche zeigt: Parakirchliche Organisationen stärken die Kirche. Ein aktueller Bezug ist in den diakonischen und Gesundheitsversorgungseinrichtungen der deutschen Kirche zu sehen; diese Einrichtungen stärken die Position der Kirche in der Öffentlichkeit. Den heutigen Schweizer Kirchen beider Konfessionen fehlen vergleichbare Einrichtungen. Ebenso wie Einrichtungen, welche die Funktion des Mönchtums als Impulsgeber von Kirchenreformen wahrnehmen könnten.

Die historisch-biblischen Wurzeln der organisatorischen Struktur heutiger evangelisch-reformierter Gemeinden sowie übergemeindlicher Strukturen sind eine Erklärungsmöglichkeit für deren Rigidität. Wesentliche Elemente stammen aus der Entwicklung der Gemeindeorganisation in der Anfangszeit der Kirche (vgl. Abschnitt 4.1.1): Der Pfarrer repräsentiert die Funktionen der ursprünglich charismatischen Ämter, während der Gemeindevorstand ähnliche Funktionen wahrnimmt wie ursprünglich das Presbyterium. Auch die Funktion der Diakonen ist heute in Form von diakonischen Stellen (auch „Gemeindehelfer/innen") in grösseren Gemeinden fest etabliert. Alle Kantone kennen in irgend einer Form die Synode als Führungsgremium für übergemeindliche kirchliche Aufgaben. Im Gegensatz zum autoritär-patriarchalischen Führungsprinzip, das sich in der katholischen Kirche herausbildete und sich bis heute erhalten hat, ist die Führungsstruktur der evangelisch-reformierten Kirche demokratischen Grundsätzen verpflichtet. Theologisch dürfte für diese Entwicklung das Prinzip des Priestertums aller Gläubigen, die biblisch begründete Rechtfertigung des Individuums aus Glauben und bezüglich der Ausbildung von demokratisch geprägten Organisations- und Verwaltungsstrukturen die Orientierung an der Bildung von demokratischen Staatsverfassungen im 19. Jahrhundert ausschlaggebend gewesen sein.

4.2 Die Kirchgemeinde als Organisation

Abschnitt 4.1 hat deutlich gemacht, dass die Organisationsformen sowohl der Gesamtkirche(n) als auch der einzelnen Gemeinden im Laufe der Geschichte starken Veränderungen unterworfen waren, und dass sich diese Formen einerseits den herrschenden theologischen Richtungen anpassten und andererseits die Vorbilder ihres weltlichen Umfeldes adaptierten. Im folgenden wird eine Definition der *heutigen* Führungs- und Organisationsgestalt vorgenommen. In kirchlicher Sprache bestehen solche Definitionen bereits, neu an der im folgenden eingeführten Begrifflichkeit ist lediglich die Einführung betriebswirtschaftlicher Begriffs- und Denkkategorien. Davon darf erwartet werden, dass neue Sichtweisen und Beurteilungsperspektiven in Blick kommen, welche für die Erfassung und Lösung von Führungsproblemen wichtig sein dürften.

4.2.1   Definierende Attribute der Organisation Kirchgemeinde

Die folgende Darstellung orientiert sich in der Gliederung an der entsprechenden Darstellung von P.Schwarz für Verbände und NPO.[160]

Die Kirchgemeinde soll einen bestimmten Auftrag, eine „Mission" erfüllen. Die (wirtschafts)ethischen Implikationen dieses Postulates und die Notwendigkeit der Ausrichtung der kirchlichen Strukturen und Tätigkeiten auf diesen Auftrag wurden in den Kapiteln 1 bis 3 in verschiedenen Zusammenhängen ausgeleuchtet.

Die Kirchgemeinde ist umweltabhängig (vgl. dazu auch Kapitel 7): d.h. dass sie vielfältige sporadische oder permanente Beziehungen zu zahlreichen Segmenten, Partnern, Akteuren ihrer Umwelt (im systemischen, nicht ökologischen Sinne) unterhält. Dabei gilt es, die Besonderheit der Kirchgemeinde zu beachten, dass ihre Mitglieder gleichzeitig Teil der Gemeinde und aus der Sicht der das Leben der Gemeinde gestaltenden „Aktiven" als direkte Umwelt der Gemeinde wahrgenommen werden. Schwarz spricht in diesem Zusammenhang vom Identitätsprinzip (Mitglieder = Kunden / Nutzniesser) oder von kollektiver Eigenbedarfsdeckung (vgl. Tab. 4-1).

Schwarz greift die Begrifflichkeit des Produktionsbetriebs auf, wenn er bei NPO von Input und Output spricht. Wenn im folgenden diese Begriffe verwendet werden, soll damit nicht der Eindruck erweckt werden, Leben und Tätigkeiten in einer Gemeinde könnten auf diese betriebswirtschaftlichen Kategorien reduziert werden. Es geht lediglich darum, das Wirtschaften als Teilaspekt der Organisation Kirchgemeinde begrifflich zu fassen.

Auf ihrer *Input-Seite* beschafft sich die Gemeinde - mehrheitlich von „aussen" - alle Ressourcen, Betriebsmittel, Potentiale, die sie für ihre Existenz und Tätigkeit benötigt: Sie versucht, den bestehenden Mitgliederbestand zu halten, rekrutiert neue ehrenamtliche Mitarbeiter aus ihrem Mitgliederbestand und Festangestellte von aussen, kauft und unterhält Material und Mobilien, baut und unterhält die bauliche Infrastruktur, verschafft sich Un-

---

[160]   *Schwarz P. (Management in NPO) 22ff*

terstützung / Koalitionspartner sowie Finanzmittel, holt Informationen ein usw. Auch wenn diese Aufzählung nicht vollständig ist, wird doch deutlich, dass die Input-Seite oder der Ressourcenverbrauch wesentlich besser fassbar und definierbar ist als die Output-Seite.

Primärer „Input-Faktor" sind dabei die finanziellen Mittel. Die Kirchgemeinde hat selbstredend keine gewinnorientierte Finanzverwaltung. Sie hat danach zu streben, die finanziellen Mittel möglichst wirkungsvoll zur Bereitstellung ihrer Leistungen einzusetzen. Diejenigen in der Gemeinde, die mit Geld umgehen, müssen es sich dabei gefallen lassen, an höheren und auch komplexeren ethischen Massstäben gemessen zu werden als in „weltlichen" Organisationen. Allerdings ist bei den Erwartungen der Gemeinde bezüglich des Einsatzes der finanziellen Mittel festzustellen, dass diese sich häufig zu einseitig an ethisch-moralischen Kriterien orientieren, Kriterien der Wirksamkeit und Wirtschaftlichkeit aber noch wenig akzeptiert sind. Dies dürfte allerdings auch darauf zurückzuführen sein, dass eine kirchenspezifische Legitimation solcher Kriterien unzureichend kommuniziert wird.

Auf der *Output-Seite* unterhält die Gemeinde Beziehungen zu ihren Mitgliedern, zu Behörden, anderen verwandten Institutionen und Organisationen, zu den Medien usw. Sie kreiert und beeinflusst Gewohnheiten, Visionen, Glaubens- und Werthaltungen, Kirchenbindung, Kenntnisse. Sie leistet Sozialhilfe. Sie fördert die „Beziehungsinfrastruktur" innerhalb der zur Gemeinde gehörenden Menschen. Sie nimmt wertebildende und kulturfördernde Funktionen wahr. Sie produziert Dienstleistungen. Hinsichtlich der Erwartungshaltungen der Nutzniesser ist an die funktionalen Aspekte kirchlichen Handelns in Abschnitt 3.4.1 zu erinnern.

Dieser Definitionsversuch zeigt, dass die Output-Seite der Kirchgemeinde aus Leistungen und deren Wirkungen besteht und dass beides kaum umfassend definierbar und nur in beschränkten Teilaspekten quantifizierbar oder messbar ist. Zwei Studien (je für die evangelisch-reformierte und die katholische Kirche) im Kanton Zürich haben versucht, die Sozialbilanzen der beiden Kirchen zu quantifizieren. Der Umfang der ehrenamtlichen Arbeit konnte dabei recht gut beziffert werden; für die evangelisch-reformierte Kirche wurden jährlich 1,1 Mio. Stunden Freiwilligenarbeit mit einem Gegenwert von rund 40 Mio. Franken ermittelt.[161] Dabei muss jedoch berücksichtigt werden, dass die Landeskirche nicht auf ihre sozialen Funktionen reduziert werden kann. Die Studien stellen denn auch fest, dass die Sozialbilanz einer sinnstiftenden Institution sich besonders schwierig gestaltet und ihre nicht bezifferbaren Leistungen beträchtlich sind. Die Verfasser verweisen etwa auf die nicht inventarisierbaren Grössen Gemeindeaufbau oder Integrationsleistung, mit der die Landeskirchen gegenläufig zu Individualismus und Sozialabbau die Menschen zusammenführen möchten und kommen zum Schluss, dass die Kirchen einen im Vergleich zu ihren geringen Mitteln „erstaunlichen Output" aufweisen.

Aus dem Zweck, dem Auftrag der Gemeinde werden die Aufgaben abgeleitet, zu deren Erfüllung Leistungen erbracht werden, von denen die Mitglieder und teilweise auch Menschen, die nicht zur Gemeinde gehören, profitieren können. Ein grosser Teil dieser Leistungen sind öffentlich zugänglich (z.B. Gottesdienste, Bildungs- und Musikveranstaltungen). Sie stehen damit auch denjenigen offen, die keinen Beitrag an ihre Finanzierung geleistet haben (z.B. Besucher von kirchlichen Veranstaltungen aus andern Gemeinden oder Konfessionen). Daneben erbringt die Gemeinde Dienstleistungen, die primär für Mitglieder bestimmt sind: Taufen, Hochzeiten, Beerdigungen, Seelsorge und Religionsunterricht.

I.d.R. werden die Wirkungen der von der Kirche erbrachten Leistungen erhöht, wenn es gelingt, möglichst viele Gemeindemitglieder nicht nur als „Konsumenten", sondern als aktiv Mitwirkende zu gewinnen.

Das Anliegen, dass die Kirche einer verbreiteten Wahrnehmung als Dienstleistungseinrichtung für Bedürfnisse, die nur noch teilweise religiös motiviert sind, entgegentreten sollte, dürfte weitgehend unbestritten sein. Bei einer Beschränkung auf Dienstleistungsfunktionen wie Steuern einzunehmen, sich als Apparat am Leben zu halten und mehrheitlich passiven Mitgliedern als

---

[161] *TAGES-ANZEIGER (Leistungsausweis)*

Gegenleistung Dienstleistungen (z.B. Taufen, Hochzeiten und Abdankungen) anzubieten, würde sie ihr Potential an Fähigkeiten und Möglichkeiten brachliegen lassen. Was P. Drucker allgemein über NPO sagt: „The non-profit institution is not merely delivering a service. It wants the end user to be not a user but a doer. It uses a service to bring about change in a human being"[162] gilt besonders auch für die Kirchgemeinde. Ihre Lebendigkeit und Überlebensfähigkeit wird zunehmend davon abhängen, ob es ihr gelingt, aus Konsumenten von kirchlichen Veranstaltungen und Passivmitgliedern aktive, persönlich für die Kirche engagierte Mitwirkende zu machen. Dabei muss realistischerweise akzeptiert werden, dass die Mehrheit der Kirchenmitglieder stets aus Leuten bestehen wird, die mehr oder weniger häufig passiv die Angebote und Dienstleistungen der Kirche beanspruchen wollen. Aber die Aktivitäten einer Gemeinde werden farbiger, vielfältiger, umfangreicher, damit auch für die „Passiven" attraktiver, wenn möglichst viele Ehrenamtliche aktiv mitwirken.

Kirchgemeinden sind formale Organisationen. Sie haben eine Verfassung (Kirchgemeindeordnung), die:

a) die Organisationsform festlegt,

b) die Bedingungen zur Mitgliedschaft festlegt,

c) die Rechte und Pflichten der Mitglieder bestimmt,

d) die Organe der Gemeinde definiert

e) und die Aufgaben, Kompetenzen und Verantwortlichkeiten auf die Funktionsträger und Gemeindeorgane verteilt (diese Aufgaben- und Kompetenzzuteilung weist jedoch in den meisten Kirchgemeindeordnungen Mängel auf (vgl. dazu Kapitel 6)).

Kirchgemeinden sind mitgliedschaftlich strukturierte, demokratische, milizgeführte Systeme. Die zur Gemeinde gehörenden Mitglieder sind deren Träger und bestimmen in grundsätzlich direkt-demokratischen Entschei-

---

[162] *Drucker P.F. (Management) 39*

dungsprozessen über Grundfragen der Gemeinde. Diese Entscheide werden - mit Ausnahme von grossen Kirchgemeindeverbänden, wo Urnenabstimmungen durchgeführt werden - durch die Versammlung der Gemeindemitglieder (Kirchgemeindeversammlung) gefällt. Die Mitglieder wählen aus ihren Reihen die Mitglieder des Vorstandes[163] (für den es je nach Region verschiedene Bezeichnungen gibt: Kirchgemeindevorstand, Kirchenpflege oder Kirchenstand; im Kanton St. Gallen: Kirchenvorsteherschaft) sowie die Revisoren (im Kanton St. Gallen: Geschäftsprüfungskommission). Mit Ausnahme der Pfarrer, die in vielen Kantonen stimmberechtigte Mitglieder der Kirchenvorstände sind, setzen sich diese ausschliesslich aus Milizfunktionären zusammen. Fachkommissionen (z.B. Jugendkommission oder Kommission für Unterrichtsfragen) werden i.d.R. durch den Vorstand bestimmt. (Ausführlicher wird die personelle Struktur der Kirchgemeinde im folgenden Abschnitt 4.2.2 dargestellt).

Die Organisation Kirchgemeinde muss - um ihre Aufgabe erfüllen zu können - wirtschaften. Die damit verbundenen allgemeinen Führungsaufgaben sind abstrahiert formuliert vergleichbar mit denjenigen anderer erwerbs- und gemeinwirtschaftlicher Organisationen:

a) **Ziele** setzen und deren Realisierung planen, ingangsetzen und kontrollieren;

b) **Ressourcen** aus der Umwelt beschaffen und sie in arbeitsteiligen Prozessen zu optimaler Wirkung „zusammenfügen" (organisieren, planmässig einsetzen);

c) **Leistungen** bestimmen, gestalten und diese an die entsprechenden Empfänger abgeben;

---

[163] *Im folgenden werden die Bezeichnungen "Vorstand" verwendet, wenn das Leitungsgremium explizit bezeichnet werden soll oder allgemein "Gemeindeleitung", wenn alle Personen oder Gremien, die mit Führungsaufgaben befasst sind (z.B. der Verwalter oder die Verwaltungskommission bei Grossgemeinden), eingeschlossen werden.*

d) **Strukturen** gestalten, Aufgaben und Kompetenzen verteilen und die Zusammenarbeit einzelner organisatorischer Teileinheiten gewährleisten bzw. diese koordinieren. [164]

Weil in dieser grundsätzlichen abstrahierten Form alle Organisationen die gleichen Aufgaben erfüllen müssen, gibt es im Bereich des operativen Managements viele Probleme, die sich in einer Kirchgemeinde gleich oder ähnlich stellen wie in einem Sportverband, einer Bank oder einem Bauunternehmen. Dennoch ist es erforderlich, bei der Anwendungsmethodik von betriebswirtschaftlichen Instrumenten, die sonst in andern Organisationen eingesetzt werden, die spezifischen Verhältnisse einer Kirchgemeinde angemessen zu berücksichtigen.

In der folgenden Tab. 4-1 wird die strukturelle Ähnlichkeit der Kirchgemeinde mit Nonprofit-Verbänden dargestellt und ergänzt mit besonderen Merkmalen von Kirchgemeinden.

Strukturmerkmale	Ausprägungen bei		
	(erwerbswirtschaftliche) Unternehmung	Nonprofit - Organisation	Besonderheiten von Kirchgemeinden
1. **Hauptzweck**	Als Erwerbswirtschaft anstreben eines Ertrags auf investiertem Kapital, also Gewinn und Rentabilität (Formalziel-Dominanz)	Erbringen spezifischer Leistungen (Sachziel-Dominanz) für die Mitglieder; NPO als Gruppen-Bedarfswirtschaft oder Kollektivwirtschaft bezeichnet	Leistungserbringung im Rahmen des Auftrags

---

[164] *Schwarz P. (Management in NPO) 24ff*

2. **Bedarfsdeckung Kunden**	Deckt den Fremdbedarf von Nachfragern auf Märkten	Deckt Eigenbedarf der Mitglieder. Man spricht vom Identitätsprinzip (Mitglieder = Kunden/Nutzniesser) oder von kollektiver Eigenbedarfsdeckung	Mitgliedschaft lässt grossen Spielraum für eigenen Beitrag zum Gemeindeleben. Minimum: Kirchensteuer
3. **Steuerung der Organisationsentscheide**	Orientiert sich am Markt, am Kunden- und Konkurrenzverhalten	Mitglieder bestimmen demokratisch (direkt) über die Leistungen oder bewirken durch indirektes Verhalten (Wahl von Organen, Bereitstellung von Finanzmitteln, Eintritt /Austritt, Apathie), mitgliedergerechte Entscheide der Leitungsorgane; Marktsteuerung ist nicht existent	Wesentliche Steuerungsimpulse gehen vom Teilnahmeverhalten der Mitglieder an Angeboten und Aktivitäten der Gemeinde aus
4. **Produzierte Güter**	Nur private, marktfähige Individualgüter, die ausschliesslich vom einzelnen Käufer genutzt werden können	Sehr viele Kollektivgüter, die verschiedenen Gruppen in wechselnder Zusammensetzung zugute kommen, auch jenen, die nichts dafür bezahlen (Problem der Trittbrettfahrer = nichtzahlende Nutzniesser); private Güter vorwiegend im Bereich von Dienstleistungsfunktionen	Die Kirchgemeinde produziert fast ausschliesslich immaterielle Güter

125

5. **Finanzmittel**	Kapitaleinlagen und direkte individuelle Leistungsentgelte (Preise) aus Güter-verkauf	Mitgliederbeiträge (Steuern) als Pau-schalentgelte für die Kollektivgüter-produktion); Preise und Gebühren (= intern subventionierte Entgelte) bei Dienstleistungsver-kauf	Angebote und Lei-stungen sind i.d.R. kostenlos, ausser Dienstleistungen für Nicht-Mitglieder
6. **Faktor Arbeit**	Vorwiegend haupt-amtlich angestellte Mitarbeiter	In wesentlichem Masse ehrenamtli-che Partizipation der Mitglieder in Leitungsorganen, Ausschüssen und Mitglieder-Basis-gruppen	Die bezahlte Arbeit von Angestellten ist grösser als die eh-renamtliche Mitar-beit
7. **Erfolgskontrolle (Effizienz)**	Primär über markt-bestimmte Grössen (Gewinn, ROI, Um-satz, Marktanteil), welche die Gesamt-effizienz messen	Kein Indikator für die Gesamteffizi-enz; schwierige Zieloprationalisie-rung und Nutzen-messung (kaum quantifizierbar)	do.

Tab. 4-1: *Unterschiede und wichtige Strukturmerkmale von erwerbswirt-schaftlicher Unternehmung, Nonprofit-Organisation und Kirch-gemeinde (in Anlehnung an Schwarz[165])*

Aufgrund der identifizierbaren strukturellen Ähnlichkeiten der Kirchgemein-de mit Verbänden können einzelne Managementerfahrungen und -instru-mente aus diesem Bereich bei der Führung von Kirchgemeinden einbezogen werden. Daneben können und müssen aufgrund des öffentlich-rechtlichen

---

[165] *ebenda 25f*

Charakters von Kirchgemeinden und der Tatsache, dass die Verwaltung der Gemeinde in einzelnen Teilbereichen vergleichbar ist mit der Verwaltung anderer öffentlicher Körperschaften, in geringem Masse auch Aspekte der Betriebswirtschaftslehre der öffentlichen Verwaltung, insbesondere im Bereich der Finanzverwaltung, berücksichtigt werden.[166]

4.2.2 Personelle Struktur der Kirchgemeinde

Im Rahmen ihres Charakters als *soziales System* muss die Kirchgemeinde auch unter dem Aspekt der in ihm tätigen Menschen betrachtet werden. Kennzeichnende und gleichzeitig motivierende Merkmale von Stellen oder Ehrenämtern in Kirchgemeinden sind menschenbezogene Arbeit (sachbezogene Aufgaben haben vergleichsweise geringe Bedeutung), viel Freiheit in der Gestaltung der Arbeitszeiten und -inhalte und eine geringe Formalisierung des Arbeitsumfeldes (wenig einengende „betriebliche" Strukturen, geringe Abhängigkeit von vorgesetzten Stellen und Gremien, wenig bindende Zielvorgaben usw.).

Wesentliche Elemente der personellen Struktur der Kirchgemeinde sind:

– Demokratieprinzip in der personellen Besetzung der Organe der Gemeinden sowie in der Entscheidungsfindung und Beschlussfassung;
– Zusammenarbeit von Milizern und Mitarbeitern[167] im Anstellungsverhältnis;
– Identität von Mitgliedern und Nutzniessern.

---

[166] *Gemäss Reichard Chr. "ist das Erkenntnisobjekt der Verwaltungswissenschaften die öffentliche Verwaltung als Verbund von Verwaltungsbetrieben. Die Wirtschaftswissenschaft - soweit mit öffentlicher Verwaltung befasst - versucht das ökonomische Handeln der in diesen Verwaltungsbetrieben Tätigen, die ökonomischen Beziehungen zwischen den Verwaltungsbetrieben sowie zwischen Verwaltung und Umsystem zu beschreiben, zu erklären und zu gestalten."; Reichard Chr. (Betriebswirtschaftslehre) 8.*

[167] *Der Einfachheit halber wird bei Funktions- oder Berufsbezeichnungen nur die männliche Form verwendet.*

Wenn festgestellt wird, dass die hierarchische Ordnung und die Entscheidungsprozesse dem Demokratieprinzip folgen - d.h. die Leitungsgremien und Stelleninhaber werden demokratisch gewählt und alle wesentlichen Entscheidungen werden demokratisch gefällt - so muss dazu ergänzt werden, dass in der Kirchgemeinde Einschränkungen der demokratischen Aktionsfähigkeit und Funktionstüchtigkeit bestehen.

Die *Aktionsfähigkeit* wird begrenzt durch Bereiche, in denen nicht demokratisch entschieden werden kann, d.h. dort, wo es um Glaubensaussagen allgemeingültiger Art geht, die nicht demokratisch ausgehandelt werden können: Es kann beispielsweise nicht in einem demokratischen Verfahren darüber befunden werden, ob Christus der Sohn Gottes ist, allenfalls darüber, welche Konsequenzen daraus zu ziehen sind.[168] Diese Tatsache ist für die katholische Kirche weniger problematisch, da ein kirchliches Lehramt autoritär über dogmatische Grundfragen entscheidet. In der evangelisch-reformierten Kirche hingegen besteht keine verbindliche Lehrautorität, was einerseits mehr Handlungsspielraum in der Interpretation der biblischen Überlieferung ermöglicht, aber andererseits die Zusammen- und Führungsarbeit in der Gemeinde erschwert, weil es nie ganz möglich ist, Prozesse der Glaubensbildung (die nicht nach demokratischen Regeln gesteuert werden) und die Wahrnehmung von Leitungsfunktionen (die nach demokratischen Spielregeln geordnet sind) ganz zu trennen. Darin ist ein wesentlicher Grund dafür zu sehen, dass die Qualität des Konsens-Managements in der Führung von Gemeinden eine entscheidende Rolle spielt.

Die *Funktionstüchtigkeit* wird durch die - auch im Vergleich zu anderen öffentlichen Körperschaften - geringe Beteiligung der Mitglieder an demokratischen Entscheiden beeinträchtigt. Es lässt sich feststellen, dass die Beteiligung an ordentlichen Kirchgemeindeversammlungen in den letzten Jahrzehnten stark zurückgegangen ist und heute ohne aussergewöhnliche Geschäfte etwa zwischen 1% und 5% der Mitglieder schwankt (vgl. nachfolgende Abb. 4-1).

---

[168] *Perels H.U. (Kirchgemeinde) 19*

128

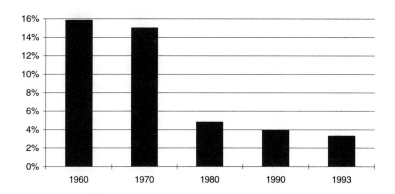

Abb. 4-1: Entwicklung der Teilnehmerzahl an der Kirchgemeindeversammlung in % aller stimmberechtigten Kirchgemeindeglieder zwischen 1960 und 1993 in Kirchgemeinden des Kantons St. Gallen. Datenbasis: 1960: 7 Gemeinden, 1970: 9 Gemeinden, 1980: 15 Gemeinden, 1990: 19 Gemeinden, 1993: 21 Gemeinden.

Das bedeutet, dass heute faktisch nur noch eine kleine Minderheit über die Geschicke der Gemeinde entscheidet.

Die gewählten Vertreter im Vorstand der Gemeinde sind *Milizfunktionäre*. Sie arbeiten grundsätzlich ehrenamtlich in der kirchlichen Behörde mit, auch wenn die meisten Gemeinden an ihre Behördenmitglieder Sitzungsgelder und bei grösserem Arbeitsaufwand (z.B. Präsident oder Kassier) i.d.R. eine Pauschalentschädigung zahlen.

Wenn jede ehrenamtliche Tätigkeit in der Kirchgemeinde eingeschlossen wird, muss die Gruppe der Milizer natürlich weiter gefasst werden. Viele Mitglieder tragen mit ehrenamtlicher Arbeit einen substantiellen Beitrag an die Vielfalt und Attraktivität des Gemeindelebens bei. Dabei haben die Milizdienste unterschiedliches Gewicht: vom Kaffeekochen beim Kirchenkaffee oder Altennachmittag bis hin zu fachlich qualifizierter Mitarbeit durch speziell dafür ausgebildete Erwachsene, z.B. in Konfirmandenlagern als Gruppenleiter. Allerdings steigen mit der Anzahl der ehrenamtlichen Mitar-

129

beiter auch die Ansprüche an das Management auf der Ebene des Pfarrers und des Vorstandes.[169]

Schliesslich hat die Kirchgemeinde *angestellte, besoldete Mitarbeiter*: In kleinen Gemeinden sind dies der Pfarrer, der Mesmer und der Organist. In grossen Gemeinden und Gemeindeverbänden kommen die diakonischen Stellen, die Katecheten und das Verwaltungspersonal hinzu.

Die *ehrenamtliche Mitarbeit* ist einerseits ein zentrales Anliegen und Dauerthema vieler Bemühungen im Bereich des Gemeindeaufbaus und andererseits ein wesentlicher Faktor der Legitimation der Kirche gegenüber der Öffentlichkeit, indem sie den Leistungsausweis und die Sozialbilanzen der Kirchen im Vergleich zu den eingesetzten Mitteln positiv beeinflussen. Die bereits erwähnten Studien der evangelisch-reformierten und der katholischen Kirche des Kantons Zürich (vgl. Abschnitt 4.2.1) sind zum Schluss gekommen, dass eine Stunde professionelle Arbeit - im Verhältnis 1:1 - eine Stunde freiwilliger Arbeit auslöst[170], eine Schätzung, die jedoch für andere Kantone nicht repräsentativ sein dürfte.

Wenn die ehrenamtliche Mitarbeit gefördert werden soll, darf nicht übersehen werden, dass insbesondere die angestellten Fachspezialisten (Pfarrer, diakonische Berufsgruppen) anforderungsreiche Aufgaben gegenüber den ehrenamtlichen Mitarbeitern erfüllen sollten:

– Coaching und Supervision

– Anleitung und Koordination der Tätigkeiten

– Verantwortung für die Schulung der Helfer (sie können diese Aufgabe entweder delegieren oder selber wahrnehmen)

Die schematische Übersicht in Abb. 4-2 deutet darauf hin, dass eine gute Kooperation zwischen Milizern und Mitarbeitern im Anstellungsverhältnis

---

[169] *Perels H.U. (Kirchgemeinde) 19*

[170] *TAGES-ANZEIGER (Leistungsausweis)*

für die Funktionstüchtigkeit der Personal- und Leitungsstruktur der Kirchgemeinde gleichermassen anforderungsreich wie unentbehrlich ist (die Problematik wird in den Kapiteln 6 und 8 eingehender diskutiert).

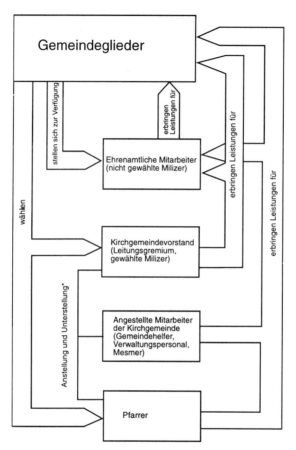

*) Bei den Pfarrern kann nur mit grossen Einschränkungen von einer Unterstellung unter die Kirchenvorsteherschaft gesprochen werden (dies gilt auch für die meisten deutschschweizer Kantonalkirchen), vgl. dazu Abschnitt 5.2.

Abb. 4-2: Personal- und Leistungsstruktur in der Kirchgemeinde

131

Prozesse der *Differenzierung und Spezialisierung* - die in grösseren Organisationen i.d.R. zu beobachten sind - haben sich bisher in der evangelisch-reformierten Kirche erst in unbedeutendem Umfang durchgesetzt. In geringem Masse gibt es zwar Subeinheiten, die spezialisierte Funktionen für eine Region oder die gesamte Kantonalkirche wahrnehmen, so z.B. Ämter oder Stellen für Drogenfragen, Ehe- und Familienfragen, Gehörlosenseelsorge, Pfarrerweiterbildung, Religionspädagogik usw. Aber wesentliche Funktionen, die bei anderen NPO häufig ausgegliedert und organisatorisch definiert werden, fehlen in der Kirche ganz: So gibt es beispielsweise weder die Spezialisierung noch eine entsprechende organisatorische Einordnung für das Controlling, für die Entwicklung neuer „Produkte" bzw. Angebote und für die Personalentwicklung. Ob solche Spezialisierungen als nötig oder mindestens wünschbar zu beurteilen sind, soll hier nicht weiter diskutiert werden; auf der Ebene Kirchgemeinde ist sie bedeutungslos.

5 Strukturen und Rahmenbedingungen für evangelisch-reformierte Kirchgemeinden

Mit dem öffentlich-rechtlichen Status der evangelisch-reformierten Kirche sind spezifische Strukturen formeller und organisatorischer Art sowie bezüglich der Finanzierung verbunden. Diese Rahmenbedingungen begrenzen und regeln den Handlungsspielraum der Gemeindeleitungen. Im folgenden werden die m.E. wesentlichsten vier Aspekte dieser Rahmenbedingungen ausgeleuchtet:

- Die Verflechtung der Kirchgemeinde mit übergeordneten Strukturen;
- die demokratischen Strukturen und formellen Regelungen;
- das Finanzierungssystem und
- die ethischen Konsequenzen des öffentlich-rechtlichen Status.

Die ersten drei Teile sind analytisch-deskriptiv ausgestaltet, während im vierten Teil übergeordnete ethische Perspektiven diskutiert werden.

Die Ausführungen zum Verhältnis Gemeinde - Kantonalkirche, zu deren Strukturen und formellen Regelungen sowie zum Finanzierungssystem beschränken sich auf die Darstellung der Verhältnisse im Kanton St. Gallen. Die konkrete Ausgestaltung der Verbindungen zwischen Staat und Kirche ist in jedem Kanton der Schweiz anders geregelt. Es ist im Rahmen dieser Arbeit nicht möglich und entspricht auch nicht der untersuchten Thematik, auf die Ausgestaltung des Verhältnisses zwischen Staat und Kirche in allen Kantonen einzugehen. Die grundsätzlichen Aufgabenstellungen, die sich durch die kantonalkirchliche Verflechtung der Gemeinden und ihren öffentlich-rechtlichen Status ergeben, sind jedoch in allen Kantonen ähnlich. Das gleiche gilt für die Grundformen der Finanzierung. Wenn im folgenden stellvertretend die Verhältnisse im Kanton St. Gallen dargestellt werden, so kann davon ausgegangen werden, dass für andere Kantone mindestens bezüglich

des methodischen Vorgehens für Analyse und Beschreibung gleich vorgegangen werden kann.

5.1 Die Verflechtung der Kirchgemeinde mit übergeordneten Strukturen

Zu den wesentlichen Rahmenbedingungen gehört die Einbettung der Kirchgemeinde in übergemeindliche Strukturen, indem sie in vielfältiger Weise
verflochten ist mit dem System Kantonalkirche und indirekt auch mit dem
Schweizerischen Evangelischen Kirchenbund (SEK).

Abb. 5-1 zeigt ein Strukturmodell für die Kirche des Kantons St. Gallen,
welches die Verflechtungen der Gemeinde mit dem System Kantonalkirche
und dem SEK zeigt sowie die Qualität der Vernetzung darstellt. Die Darstellung und Beurteilung der Strukturen stützt sich auf die bestehenden gesetzli-
chen und reglementarischen Grundlagen und teilweise auf die erwähnte
Umfrage bei den Gemeinden.

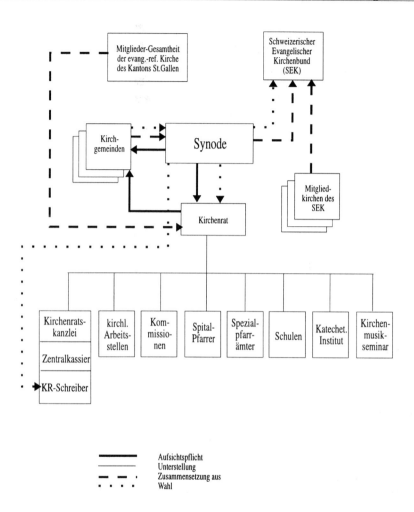

Mitglieder-Gesamtheit
der evang.-ref. Kirche
des Kantons St.Gallen

Schweizerischer
Evangelischer
Kirchenbund
(SEK)

Kirch-
gemeinden

Synode

Mitglied-
kirchen des
SEK

Kirchenrat

| Kirchenrats-kanzlei | kirchl. Arbeits-stellen | Kom-missio-nen | Spital-Pfarrer | Spezial-pfarr-ämter | Schulen | Katechet. Institut | Kirchen-musik-seminar |

Zentralkassier

KR-Schreiber

	Aufsichtspflicht
	Unterstellung
	Zusammensetzung aus
	Wahl

Abb. 5-1: Strukturmodell der evangelisch-reformierten Kirche des Kantons
St. Gallen

Im folgenden werden die einzelnen Teilelemente des Strukturmodells in
Abb. 5-1 kurz erläutert.

5.1.1 Mitglieder-Gesamtheit der evangelisch-reformierten Kirche des Kantons St. Gallen

Gemäss Art. 3 der Verfassung der evangelisch-reformierten Kirche des Kantons St. Gallen[171] „umfasst die evangelisch-reformierte Kirche des Kantons St. Gallen als Volkskirche alle Einwohner, die einer evangelisch-reformierten Kirchgemeinde angehören."

5.1.2 Kirchgemeinden

Es gibt im Kanton insgesamt 55 evangelisch-reformierte Kirchgemeinden. Art. 10 der Kirchenverfassung zeigt, dass minimale Bedingungen an die Mitgliedschaft geknüpft sind: „Mitglied der Kirchgemeinde ist jeder in ihr wohnhafte oder ihr zugeteilte evangelische Einwohner, der nicht schriftlich seinen Austritt oder bei der Wohnsitznahme seine Nichtzugehörigkeit erklärt hat."

Die Kantonalkirche und die einzelnen Gemeinden sind öffentlich-rechtliche Körperschaften.

5.1.3 Synode

Gemäss Art. 49 der Kirchenverfassung ist „die Synode in Vertretung der evangelisch-reformierten Aktivbürgerschaft das oberste Organ der Kantonalkirche." Sie besteht aus 180 Synodalen. Jeder Gemeinde stehen zwei Sitze zu. Die verbleibenden Sitze werden auf die Gemeinden im Verhältnis zur Zahl ihrer Gemeindeglieder verteilt, soweit diese Zahl 1500 übersteigt (Art. 50). Die Synode nimmt die typischen Funktionen eines legislativen Organs

---

[171] *Verfassung der evangelisch-reformierten Kirche des Kantons St. Gallen, von der Synode erlassen am 25. Juni 1973, in der Urnenabstimmung von den Stimmberechtigten des evangelischen Konfessionsteiles angenommen am 13. Januar 1974, vom Grossen Rat genehmigt am 13. Februar 1974; in Vollzug seit 13. Februar 1974.*

(Wahlen, Aufsichtspflichten und Erlass kirchlicher Gesetze) wahr. Über diese legislativen Funktionen hinaus ist sie verantwortlich für den Abschluss von Vereinbarungen mit andern Kirchen sowie die Festsetzung der Mindestgehälter der Pfarrer und kantonalkirchlichen Behörden. Im wesentlichen entsprechen die Aufgaben und Kompetenzen dem legislativen Organ „Kirchgemeindeversammlung" auf kommunaler Ebene.

5.1.4 Schweizerischer Evangelischer Kirchenbund (SEK)

Der SEK hat die Rechtsform eines Vereins nach Art. 60 ff ZGB, ist also im Gegensatz zur Mehrzahl seiner Mitgliedkirchen keine öffentlich-rechtliche Körperschaft. Der Kirchenbund umfasst auf föderalistischer Grundlage die schweizerischen evangelisch-reformierten Kantonalkirchen, protestantische Diasporaverbände, die kantonalen Freikirchen, sowie andere auf dem Boden der Reformation stehenden, kirchlich engagierten Glaubensgemeinschaften (Art. 1 der Verfassung des SEK vom 12. Juni 1950). Er ist im wesentlichen ein Interessenverband mit der Aufgabe, die gemeinsamen Interessen seiner Mitglieder und des schweizerischen Protestantismus wahrzunehmen. Die Autonomie der Mitgliedkirchen bleibt dabei vollständig gewahrt. Zwar heisst es in Art. 6 der SEK-Verfassung, dass sich die Mitglieder verpflichten, die in Anwendung der vorliegenden Verfassung ordnungsgemäss gefassten Beschlüsse des Kirchenbundes zu beachten und durchzuführen, aber demgegenüber hält Art. 5 fest, dass der SEK die Selbständigkeit und Eigenart der einzelnen Mitglieder nicht beeinträchtigen darf. Die wichtigsten Organe des SEK sind die Abgeordnetenversammlung und der Vorstand. Daneben gibt es eine Vielzahl von Organisationen, Institutionen und Kommissionen, die entweder Bestandteil der Organisation des SEK sind oder nur durch personelle Verflechtungen bzw. informelle Kontakte mit ihm verbunden sind. Der organisatorische Aufbau inkl. die mit dem SEK verbundenen Organisationen und Institutionen sind in Abb. 5-2 dargestellt. Sie wird nachfolgend kurz erläutert.

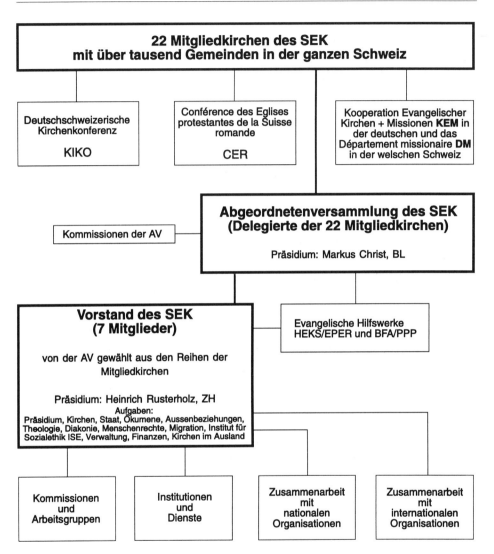

Abb. 5-2: Organigramm des Schweizerischen Evangelischen Kirchenbundes. (Quelle: Reformiertes Forum, Nr.7 /1996)

Mitgliedkirchen und Abgeordnetenversammlung:
Die 22 Mitgliedkirchen stellen je zwei Abgeordnete für die Abgeordneten-
versammlung (AV). Für je 100'000 Einwohner oder einen Bruchteil dieser
Zahl, welche die ersten 100'000 übersteigen, kann ein weiterer Abgeordne-
ter gewählt werden (Art. 9 der Verfassung des SEK). Die AV ist das oberste
Organ des SEK und nimmt legislative Funktionen wahr.

Vorstand:
Der von den Abgeordneten gewählte Vorstand ist das exekutive, geschäfts-
führende Organ des SEK und besteht aus sechs Mitgliedern und dem Präsi-
denten, die nicht der Abgeordnetenversammlung angehören dürfen. Im Vorstand besteht eine Ressortteilung, d.h. eine Gliederung in eine Präsidialabtei-
lung und vier Abteilungen im Sinne von Departementen:[172]

*Deutschschweizerische Kirchenkonferenz (KiKo) und die Conférence des
Eglises protestantes de la Suisse romande (CER):*
In den beiden Gremien für die deutschsprachigen (KiKo) und für die west-
schweizerischen französischsprachigen Kirchen (CER) werden je Koordina-
tions- und Finanzierungsaufgaben für gesamtkirchliche Dienste und Einrichtungen der zusammengeschlossenen Kirchen wahrgenommen. KiKo und
CER wurden ursprünglich als vorberatende Organe der AV gegründet.

Die KiKo ist ein eigener Verband ohne formale Rechtsform (entspricht der
einfachen Gesellschaft). Die Anzahl der Delegierten der Mitgliedskirchen
(alle deutschschweizerischen Kantonalkirchen, die evangelisch-methodisti-
sche Kirche sowie die Tessiner Kirche) in die KiKo werden nach dem gleichen Schlüssel wie bei der AV des SEK bestimmt. Festgelegt ist dabei nur
die Anzahl der Delegierten. Es ist den Mitgliedkirchen freigestellt, wen sie
für die einzelnen KiKo-Versammlungen als Delegierten entsenden. Oft sind
es die gleichen Personen, die auch Delegierte der SEK-Abgeordnetenversammlung ihrer Kirche sind. Je nach Verhandlungsgegenstand bilden sich
wechselnde Koalitionen (d.h. konkret, dass sich beispielsweise beim Be-

---

[172] *Schweizerischer Evangelischer Kirchenbund (SEK) (Jahresbericht 1993)*

schluss über die finanzielle Unterstützung eines Projektes oder einer Einrichtung mit gesamtkirchlichem Charakter[173] nur ein Teil der Mitgliedkirchen der KiKo beteiligen). Die Finanzierung der KiKo erfolgt durch Beiträge der Mitgliedkirchen. Die Teilnahme an KiKo-Beratungen schwankt je nach behandeltem Geschäft erheblich. Die KiKo erhebt gegenüber der Öffentlichkeit keinen Vertretungsanspruch der Deutschschweizer Kirchen.

Die CER hat die Rechtsform eines Vereins. Ihre Beschlüsse haben deshalb auch einen verbindlicheren Charakter als diejenigen der KiKo. An den Sitzungen nehmen jeweils neben weiteren Vertretern der Mitgliedkirchen alle Delegierten der SEK-Abgeordnetenversammlung teil.

Kooperation Evangelischer Kirchen + Missionen:
Sie ist ein Koordinationsorgan in der Rechtsform des Vereins, in dem alle Kirchen der deutschen Schweiz, BFA, HEKS sowie alle kirchlich relevanten Entwicklungswerke und Missionen vertreten sind.

Kommissionen der AV:
Dazu gehört die GPK, welche die Aufgabe der Rechnungsrevision des SEK erfüllt. Daneben gibt es verschiedene Kommissionen mit zeitlich befristetem Mandat zur Prüfung und evaluativen Begleitung von Projekten der AV.

Evangelische Hilfswerke:
Abkürzungserläuterung (nur für die deutsche Abkürzung):
HEKS/EPER: Hilfswerk der evangelischen Kirchen der Schweiz
BFA/PPP: Brot für alle

HEKS und BFA als wichtigere und grössere Organisationen werden kurz skizziert. Das HEKS ist ein Werk des SEK. Es betätigt sich in folgendem Rahmen: Zwischenkirchliche Hilfe, Entwicklungszusammenarbeit, Flücht-

---

[173] *Solche gesamtkirchlichen Einrichtungen sind beispielsweise kirchliche Heimstätten (wie etwa das Zwingliheim, eine kirchliche Heimstätte in Wildhaus, die von einer durch den SEK gegründeten Stiftung getragen wird), die Arbeitsstelle für kirchliche Erwachsenenbildung, die Aus- und Weiterbildung kirchlicher Mitarbeiter oder Einrichtungen wie die Bibelschule Aarau und das Diakoniehaus Greifensee.*

lingshilfe, Nothilfe im Ausland, Katastrophenhilfe im Inland, Hilfe für sozial Benachteiligte in der Schweiz.[174]

BFA ist ebenfalls ein Werk des SEK und arbeitet in dessen Auftrag als koordinierende Stelle für kirchliche Entwicklungszusammenarbeit. BFA stellt die Mittel für projektbezogene Information im Inland bereit, führt jedoch selbst keine Entwicklungsprojekte durch.[175] Beide Werke geben sich einen Informationsauftrag mit politischer Akzentsetzung. Das Reglement des HEKS sieht ausdrücklich vor, dass „Aktionen im Inland mit politischem Charakter wie Stellungnahmen zu Volksabstimmungen, Aufrufe zur Unterzeichnung von Petitionen, Initiativen, Referenden" (Art. 2) möglich sind. Dieses politische Engagement ist immer wieder Gegenstand von innerkirchlichen Kontroversen.[176]

Kommissionen und Arbeitsgruppen:
Es gibt eine Vielzahl von Kommissionen und Arbeitsgruppen[177], die in grosser thematischer Aufgabenbreite tätig sind. Ins Leben gerufen und überwacht werden sie von einer der Vorstandsabteilungen.

Verwaltung:
Der SEK ist mit rund 8 Mio. Fr. Finanzvolumen (Rechnung 1993) und 24,2 Stellen (Stand 1994) eine grössere Organisation, die eine entsprechende Administration braucht.

---

[174] *Reglement des HEKS vom 29.Okt. 1991, Art. 2*

[175] *Reglement "Brot für alle" vom 29.Okt. 1991, Art. 1 und 3*

[176] *Kritisiert wird insbesondere eine als linkslastig und ideologisierend empfundene Verpolitisierung des SEK im allgemeinen und der Hilfswerke im besonderen und die Einmischung in den politischen Meinungsbildungsprozess. Tatsächlich gehen auch viele kantonale Funktions- und Aufgabenträger auf Distanz zum politischen Engagement der Hilfswerke und/oder des SEK.*

[177] *Allein in den "Jahresberichten der Kommissionen, Arbeitsgruppen, Institutionen, Dienste" des SEK, Ausgabe 1993, sind 45 aufgezählt.*

Institute und Dienste:
Es handelt sich dabei um Verbände und Einrichtungen[178], die grundsätzlich selbständig gesamtkirchliche Dienste wahrnehmen, häufig von den Kantonalkirchen mitfinanziert werden (z.B. über die KiKo), aber sonst nicht dem SEK unterstellt sind. Es bestehen jedoch personelle Querverbindungen zwischen SEK und einzelnen Instituten und Diensten.

Zusammenarbeit mit Internationalen Organisationen:
Auf eine Vorstellung dieser Organisationen wird verzichtet. Die wichtigsten sind:

ÖRK: Ökumenischer Rat der Kirchen
RWB: Reformierter Weltbund
LK: Leuenberger Konkordie
KEK: Konferenz Europäischer Kirchen
CEPPLE: Conférence des Eglises protestantes des Pays latins d`Europe
EECCS: Europäische ökumenische Kommission für Kirche und
         Gesellschaft
AKFA: Ausschuss der Kirchen für Ausländerfragen in Europa

Insgesamt zeigt sich in den überkantonalen Kirchenstrukturen eine grosse Zersplitterung der Aktivitäten, Zuständigkeiten und organisatorischen Strukturen. Eine Kompetenzstärkung von gesamtkirchlichen Gremien dürfte angesichts der Atomisierung des schweizerischen Protestantismus in einzelne autonome kantonale und andere Kirchen unrealistisch sein.

---

[178] *Beispiele für Institute und Dienste: "Reformiertes Forum", Zeitschrift für kirchliche Mitarbeiter, Schweizerischer Evangelischer Missionsrat (SEMR), Pfarrer-Solidaritätsfonds (SF).*

Die Erfahrung zeigt, dass der einfache Kirchbürger seine Gemeinde nicht als Teil von gesamtschweizerischen Kirchenstrukturen empfindet. Die Tätigkeit des SEK ist an der Basis wenig bekannt und Verlautbarungen des SEK und/oder ihrer Einrichtungen werden in den Gemeinden i.d.R. wenig beachtet bzw. kritisiert.[179]

5.2 Demokratische Strukturen und formelle Regelungen

Kennzeichnend für die evanglisch-reformierte Kirche ist es, Entscheidungen nach dem Prinzip der Kollegialität der Leitung und dem Demokratieprinzip zu treffen. D. Hessler und W. Strauss sprechen vom presbyterial-synodalen Prinzip.[180] Daneben orientiert sich die kirchliche Struktur an der Gliederung und Organisation der öffentlichen Körperschaften: Im Kanton St. Gallen besteht auf Gemeindeebene die Kirchenvorsteherschaft als exekutives und die Kirchgemeindeversammlung als legislatives Organ, auf kantonaler Ebene der Kirchenrat als exekutives, die Synode als legislatives Organ.

Die gesetzliche Grundlage der evangelisch-reformierten Kirche des Kantons St. Gallen ist ihre Verfassung. Sie stützt sich auf Art. 24 der Kantonsverfassung vom November 1990 und enthält im wesentlichen Bestimmungen über die Zusammensetzung der Organe der Kirchgemeinde (Kirchgemeindeversammlung, Kirchenvorsteherschaft und Geschäftsprüfungskommission)

---

[179] *Erinnert sei etwa an die breite Kritik an den jährlich an alle Haushalte verteilten Agenden "Fastenopfer", "Brot für alle", die erfahrungsgemäss bei vielen Kirchgemeindegliedern umstritten sind.*

[180] *Hessler D./Strauss W. (Finanzwirtschaft) 12.*
Das griechische "presbyteros" bedeutet "Ältester", der im Sinne der Alten Kirche als der Wahrer der apostolischen Tradition gilt. "Synode" bedeutet griechisch "auf dem gemeinsamen Weg befindlich"="Zusammenkunft"; demnach ist die Synode das gemeinsame Organ mehrerer Kirchgemeinden. Der Begriff des Presbyteriums ist in schweizerischen Landeskirchen nicht in Gebrauch, die Bezeichnung der Synode als Organ mehrerer Kirchgemeinden wird neben dem Kanton St. Gallen auch in vielen anderen Kantonen verwendet.

sowie der Organe der Kantonalkirche (Evangelisch-reformierte Aktivbürger-schaft, Synode und Kirchenrat), deren Aufgaben und Kompetenzen, eine Definition der Dienste und Ämter sowie die Aufteilung des Kantons in drei Kirchenbezirke. Im Sinne von Ausführungsbestimmungen hat die Synode, gestützt auf die Verfassung, eine Kirchenordnung[181] erlassen. Sie spezifi-ziert die Aufgaben der genannten kirchlichen Organe und enthält ausführli-che Bestimmungen über die Gestaltung des Gemeindelebens. Grundsätzlich sind in dieser Kirchenordnung die Kompetenzausscheidungen und Aufga-benzuteilungen für die Gemeinden ausreichend geregelt. Die Gemeinden können für ihren Bereich Kirchgemeindeordnungen erlassen, welche ge-meindespezifische Zusatzregelungen wie z.B. eine Aufteilung in Kirchkreise oder den Einsatz von Kommissionen (Verwaltungs-, Geschäftsprüfungs-, Jugendkommission usw.) enthalten. Mindestens die grösseren Gemeinden haben von diesem Recht Gebrauch gemacht.

Dennoch bestehen in den Bereichen gegenseitige Information und Abspra-che, Delegation von Aufgaben an einzelne Personen oder Kommissionen, Ressortteilung im Vorstand, sowie in den Richtlinien bezüglich Führungs-verhalten in der Gemeindeleitung meist Regelungsdefizite. Solche Defizite sind bei der Erledigung von Routinegeschäften durch eine eingespielte Ge-meindeleitung bedeutungslos, sie können jedoch bei grösseren personellen Wechseln, Zusammenarbeitskonflikten und bei der Bewältigung von grösse-ren Aufgaben und Projekten zu Kompetenzstreitigkeiten, Friktionen bei der Gestaltung von Entscheidungsprozessen und einer allgemeinen Beeinträchti-gung der Entscheidungsfähigkeit führen.

Die kirchenrechtlichen Bestimmungen, welche die Gemeinde betreffen, re-geln vorwiegend die Organisations- und Führungsstruktur. Im Rahmen die-ser vorgegebenen Strukturen gibt es nur minimale Eingriffsmöglichkeiten in die Gemeindeautonomie durch die Kantonalkirche. Sie betreffen vorwiegend

---

[181] *Kirchenordnung der evangelisch-reformierten Kirche des Kantons St. Gallen vom 30. Juni 1980.*

Wahlgenehmigungen (bei Pfarrwahlen) und grössere Entscheide in der Liegenschaftenverwaltung.[182]

In zwei Bereichen sind die Kompetenzen der Vorsteherschaft in einem Mass eingeschränkt, das m.E. eine Behinderung für eine adäquate Wahrnehmung der Führungsverantwortung dieses Leitungsgremiums bedeutet:

1. Die besondere Stellung der Pfarrer

Sie sind die einzigen Angestellten der Gemeinde, deren Wahl nicht durch das Exekutiv-Leitungsorgan - der Kirchenvorsteherschaft -, sondern durch die Kirchgemeindeversammlung erfolgt und deren Wahl durch den Kirchenrat genehmigt werden muss. Zudem besitzt die Kirchenvorsteherschaft keine Disziplinarkompetenz gegenüber Pfarrern. Die Abklärungen über Disziplinarfehler von Pfarrern erfolgt durch den Kirchenrat, ebenso werden Disziplinarmassnahmen durch den Kirchenrat verhängt. Weder die Kirchgemeindeversammlung noch die Kirchenvorsteherschaft kann einen einmal gewählten Pfarrer wieder entlassen. Über die Entlassung eines Pfarrers entscheidet endgültig die Synode (gilt nur bei schweren Disziplinarfällen).

Aus anderen Gründen (z.B. mangelhafte Leistung, Reduktion des Pfarrstellenplanes aus ökonomischen Gründen) kann ein Pfarrer nicht seines Amtes enthoben werden, weder durch die Kirchenvorsteherschaft noch durch die Kirchgemeindeversammlung oder ein kantonalkirchliches Gremium. Nur nach Durchführung eines komplizierten Abberufungsverfahrens ist eine Amtsenthebung möglich. Dabei sind die Schranken jedoch so hoch angesetzt (vgl. Kirchenordnung der evangelisch-reformierten Kirche des Kantons St. Gallen Art. 149 und 150), dass dieses Verfahren in der Praxis kaum zur

---

[182] *Gemäss Art. 16 der Kirchenverfassung sind genehmigungspflichtig: Die Wahl und allfällige Abberufung der Pfarrer, der Erlass einer Kirchgemeindeordnung, die Beschlussfassung über Kauf, Verkauf, Tausch oder Verpfändung von Liegenschaften, Begründung von Baurechten, Neubauten oder grösseren Umbauten, Äufnung oder Verwendung von Fonds und Aufnahme von Krediten, die Beschlussfassung über Beitritt zu Zweckverbänden.*

Anwendung kommt. (Erforderlich ist eine schwere Zerrüttung des Verhältnisses zwischen Pfarrer und Gemeinde bei gleichzeitiger Weigerung dieses Pfarrers, seine Stelle freiwillig zu wechseln.) Diese Beschränkung der Einflussnahme auf den Pfarrstellenplan durch den Kirchenrat und/oder die einzelne Gemeinde bedeutet eine erhebliche Einschränkung der Handlungsfreiheit im Bereich des kirchlichen Personalmanagements.

Obwohl die Kirchenvorsteherschaft das exekutive Führungsorgan der Gemeinde ist, liegt die Aufsichtsfunktion über den (die) Pfarrer der Gemeinde in den Händen des Kirchenrates (die „Oberaufsicht" liegt bei der Synode). Damit besitzt die Kirchenvorsteherschaft keine reglementarisch festgeschriebene Vorgesetztenfunktion gegenüber ihren wichtigsten Mitarbeitern, den Pfarrern. Nicht einmal die Kirchgemeindeversammlung kann gegenüber Pfarrern eine Aufsichtsfunktion wahrnehmen. Zudem sitzen Pfarrer stimmberechtigt in den Kirchenvorsteherschaften. *Damit besteht faktisch eine (mindestens latente) Parallelhierarchie in der Gemeinde*, die noch dadurch akzentuiert wird, dass der Pfarrer ein ausgebildeter „Profi" ist, der i.d.R. über eine wirkungsvolle Beziehungsvernetzung in der Gemeinde verfügt, während die Kirchenvorsteherschaft aus Milizern besteht. Dies führt nicht selten, v.a. im Falle von Zusammenarbeitsproblemen zwischen Pfarrer und Kirchenvorsteherschaft, zu Führungs- und Kompetenzkonflikten. Manche Pfarrer erheben z.B. gegenüber anderen kirchlichen Mitarbeitern (diakonische Berufsgruppen, Mesmer, Verwaltungspersonal) einen Führungsanspruch, der nirgends formell geregelt, aber häufig selbstverständlich akzeptiert ist (zur grundsätzlichen Problematik der Zusammenarbeit von Milizern und den für eine kirchliche Aufgabe ausgebildeten in einem Anstellungsverhältnis stehenden Berufsgruppen in der Gemeinde vgl. Kapitel 6). Insgesamt räumt die Regelung der Unterstellungs-, Überwachungs- und Anstellungsbedingungen den Pfarrern eine unverhältnismässig starke Position und weitgehende Arbeitsplatzsicherheit ein. Dagegen wäre prinzipiell nichts einzuwenden, wenn damit irgendwelche erkennbaren Vorteile für die Gemeinde verbunden wären. Zumindest dem Anliegen eines aktiven Personalmanagements im Interesse der Gemeinde kann damit nicht Rechnung getragen werden. Zudem sind Beeinträchtigungen der Rücksichtnahme von Pfarrern auf die Bedürfnisse ihrer Gemeinde und Mängel in der Leistungsmotivation möglich. Einen ausgeprägten Arbeitsplatzschutz für Pfarrer kennen auch andere Kantone.

2. *Die Entscheidungsbefugnis über den Stellenplan liegt bei der Kirchgemeindeversammlung*

Die Befugnis zur Wahl, Entlassung und Entlöhnung der kirchlichen Angestellten mit Ausnahme der Pfarrer (Kirchenordnung Art. 104 h) liegt zwar bei der Kirchenvorsteherschaft, Änderungen des Stellenplanes für kirchliche Angestellte müssen jedoch der Kirchgemeindeversammlung vorgelegt werden. Damit liegt eine wesentliche operative Führungsfunktion in den Händen der Kirchgemeindeversammlung.

Die genannten Regelungen sind m.E. unbefriedigend. Sie bedeuten heute, wo von Kirchgemeindeleitungen vermehrt aktive Führung anstelle des traditionellen passiven Verwaltens gefordert ist, eine unnötige Einschränkung der Handlungsfreiheit.

5.3   Finanzierungssystem

Eine detaillierte Darstellung des Finanzierungssystems von evangelisch-reformierten Kirchgemeinden findet sich *im Anhang* und beschränkt sich auf die Verhältnisse im Kanton St. Gallen, weil es den Rahmen dieser Arbeit sprengen würde, die unterschiedlichen Systeme aller Kantone darzustellen. Das Schwergewicht liegt dabei auf technisch-funktionalen Aspekten.

Grundsätzliche Aspekte:

In wirtschaftlich ausgerichteten Unternehmen bleibt Geld - auch wenn sie sich daran orientieren, für ihre gesellschaftliche Umwelt einen Zweck zu erfüllen - eine wichtige Zielgrösse. Für Kirchgemeinden ist Geld allenfalls ein limitierender Faktor, eine Begrenzungsgrösse. Die meisten wirtschaftlich orientierten Unternehmen, ob gewinnorientiert oder NPO, erbringen eine Leistung, um Geld zu verdienen. Die Kirchgemeinde braucht Geld, um durch ihre Angestellten verschiedener Professionen, für die Mitglieder und mit den Mitgliedern Leistungen zu erbringen und dem kirchlichen Leben Räume bereitstellen zu können. Diese spezifischen Funktionen der Finanzen sind prägend für den kirchlichen Umgang mit Geld. Sie werden von kirchlichen Mitarbeitern meist anders wahrgenommen als von verwaltungsorientierten Akteuren (z.B. von kirchlichen Finanzverwaltern oder Mitgliedern von Leitungsgremien, die Führung von Kirchgemeinden primär als verwaltungstechnische Aufgabe sehen). Die Befürchtung von kirchlich engagierten Mitarbeitern, dass Finanzierungsfragen zu sehr mit einer eigengesetzlichen Verwaltungslogik, abgehoben und getrennt vom Auftrag der Kirche behandelt werden, besteht häufig zu Recht. Es ist daher nicht nur für die Akzeptanz und Glaubwürdigkeit der kirchlichen Finanzverwaltung, sondern auch im Hinblick auf deren eigentlichen Zweck, im Dienste des kirchlichen Lebens zu stehen, bedeutsam, die aus den Zielen und Zwecken der Gemeinde abgeleitete Dienstfunktion dieses Verwaltungsbereichs durch die entsprechende Einbindung in die übrige Leitungstätigkeit konkret werden zu lassen.[183] Dieser Ansatz dispensiert jedoch die Leitungsverantwortlichen nicht von ausreichenden Kenntnissen über die Finanzierungssysteme, in welche ihre Gemeinde eingebunden ist.

Haupteinnahmequelle bei allen Gemeinden bilden Steuergelder. Mit dem öffentlich-rechtlichen Status ist das Steuereinzugsprivileg verbunden. Da viele Gemeinden über erhebliche Vermögenswerte verfügen, bilden Vermögenserträge die zweitgrösste Ertragsquelle (vgl. die entsprechenden Diagramme im Anhang).

Diese Finanzierungsart ist immer wieder Gegenstand von Diskussionen und Kontroversen. Besondere Aufmerksamkeit erlangte der Themenbereich im Rahmen der Volksinitiative betreffend der vollständigen Trennung von Staat und Kirche vom 17. September 1976. Bei Annahme dieses Vorstosses hätten die Kantone die Kirchenhoheit und damit auch ihre Kompetenz zum Einzug von Kirchensteuern verloren. Die Volksabstimmung vom 2. März 1980 bestätigte die schon im Vernehmlassungsverfahren eindeutig festgestellte

---

[183] *vgl. dazu Rückert M. (Diakonie und Ökonomie) 17-22*

Tendenz: Mit 281'475 Ja gegen 1'052'575 Nein und der Verwerfung durch alle Stände entschied sich der Souverän deutlich für die Beibehaltung des status quo.[184]

Die Auseinandersetzung mit Kontroversen um Finanzierungsfragen gehört erfahrungsgemäss zu den aufwendigsten Aufgaben der Gemeindeleitung. Die geltenden Finanzierungsformen lassen den Gemeindeleitungen wenig Möglichkeiten der direkten Beeinflussung. Eine Einflussnahme ist allenfalls indirekt über die Mobilisierung von Mitgliedschaft möglich. Dennoch sollte die Gemeindeleitung mit dem steuerrechtlichen Regelungssystem der Kirchenbesteuerung vertraut sein. Die Ausführungen im Anhang geben einen Überblick über das kirchliche Finanzierungssystem, die Einnahmen- und Ausgabenstruktur der Kirchgemeinde sowie die Ermittlung und Interpretation von führungsrelevanten Finanzkennzahlen.

5.4 Ethische Konsequenzen des öffentlich-rechtlichen Status

Die in den vorangegangenen Abschnitten dieses Kapitels beschriebenen Strukturen und Rahmenbedingungen der Kirchgemeinde sind geprägt vom öffentlich-rechtlichen Status der evangelisch-reformierten Landeskirche. Eine privatrechtlich organisierte Kirche würde in allen dargestellten Belangen wesentlich andere Rahmenbedingungen aufweisen. Auf Dauer könnte in rein privatrechtlichen Strukturen keine Volkskirche bestehen. Das zeigt sich z.B. in den Kantonen Genf und Neuenburg. Dort sind die Kirchen zum Teil privatrechtlich organisiert. Dadurch ergeben sich Spannungen, weil sie ihre Dienste immer noch für alle erbringen wollen, sich aber der Kerngemeinde zuwenden sollten, welche die Kirche finanziell und durch ihr Mitwirken im Gemeindeleben tragen. Zu den Besonderheiten der öffentlich-rechtlichen Konstitution gehören das Territorialprinzip der Kirchgemeinden - man wählt sich nicht wie bei den Freikirchen aus, wo man dazugehört -, die demokratischen Strukturen und eine niedere Eintrittsschwelle. Die öffentlich-rechtliche

---

[184] *Interkantonale Kommission für Steueraufklärung (Kirchensteuern) 1*

Struktur gewährt einerseits Privilegien wie Steuereinzug durch die politischen Gemeinden oder den Kanton, Ausbildung von Theologen an staatlichen Universitäten, Schutz kirchlicher Feiertage usw., andererseits trägt sie mit diesem Status gegenüber der Öffentlichkeit auch eine Verantwortung, die mit bestimmten ethischen Ansprüchen verbunden ist.

Eine Volkskirche muss sich der schwierigen Aufgabe stellen, offen, tolerant und dialogbereit zu sein, ohne profillos zu werden. Absolutheitsansprüche, Weltabgehobenheit, Auserwähltheits- und missionarisches Sendungsbewusstsein sowie Abgrenzung von Gesinnungsgemeinschaften innerhalb der Gemeinde vertragen sich nicht mit dem Charakter der Volkskirche. Die Spannung zwischen Verbindlichkeit und Toleranz, zwischen Einheit und Vielfalt, ist typisch für die grossen Landeskirchen und stellt höhere Ansprüche an die Aufgabenträger auf allen Stufen als in privaten „Gesinnungsgemeinden". Mit einem Mitgliederanteil von rund 80% der Bevölkerung haben die öffentlich-rechtlichen Landeskirchen mehr als kleine private Gemeinden die Aufgabe, gesellschaftliche Probleme zu erfassen und aufgrund ihres biblischen Auftrages auch eine Verpflichtung, Lösungen zu suchen und mitzutragen. Ihr Beitrag kann jedoch nur konstruktiv sein, wenn sie sich der komplexen Realität solcher Probleme stellen. Gerade auf dem wert- und traditionsgeladenen Feld der Religiosität wäre es einfach, die Sehnsucht breiter Bevölkerungskreise nach einfachen Antworten auszunützen. Damit würden allerdings die verhängnisvollen, stark emotionsgeladenen Polarisierungen unserer Zeit verschärft. Auch wenn es heute integrative Kräfte schwieriger haben als jene, die einfache Lösungen propagieren, ist die Suche nach dem Verbindenden eine zentrale Aufgabe einer offenen Volkskirche. Das Fördern und Unterstützen integrativer Kräfte innerhalb der Kirche kommt dabei auch Staat und Gesellschaft zugute (vgl. dazu auch die Ausführungen in Abschnitt 3.4.1.2 a).

Für die Bediensteten der Kirche hat deren öffentlich-rechtlicher Status zur Folge, dass ethikbewusstes Verhalten in diesem Kontext sich nicht ausschliesslich biblisch-theologisch legitimieren kann. Angestellte einer Kirchgemeinde sind öffentlich Bedienstete und nehmen öffentliches Vertrauen in Anspruch. Ein grosser Teil der Normen eines ethikbewussten Verhaltens aus

150

christlicher Sicht dürfte sich zwar decken mit den ethischen Standards, welche sich aus der öffentlichen Bedienstung ableiten lassen. Dennoch muss festgehalten werden, dass die damit verbundene Verpflichtung gegenüber der kirchlichen Öffentlichkeit individuellen Vorstellungen der eigenen Aufgaben und Tätigkeiten auch Grenzen setzt. Insbesondere Pfarrer, die in besonderer Weise ad personam im Blickfeld der Gemeinde stehen, werden als Vertreter der Kirche wahrgenommen. Das bedeutet, dass bei ihrer Lebensführung und ihren Meinungsäusserungen kaum unterschieden wird zwischen Privatperson und der Funktion als Bediensteter der Kirche. Dies setzt allzu individualistischen Interpretationen der eigenen Amtsführung - auch wenn sie mit christlich-biblischen Argumenten legitimiert werden - Grenzen. Eine ethische Orientierung, die grundsätzlich für öffentliche Mandatsträger erwünscht ist, sollte daher auch von kirchlich Bediensteten berücksichtigt werden. Im Sinne eines Vorschlags könnten folgende ethikgestützte Verhaltensrichtlinien für kirchliche Bedienstete angestrebt werden: [185]

– Förderung des Vertrauens der Gemeindeglieder in die Verwaltung und die Organisation der Gemeinde.

– Allen Kirchgemeindebürgern wird unvoreingenommen mit derselben Freude, Freundlichkeit und Wertschätzung begegnet.

– Abstand nehmen von Beeinflussung und Begünstigung, unbestechliches Handeln.

– Sparsamer Umgang mit öffentlichen Geldern, Gütern und Arbeitszeit.

– Geldzuwendungen und Spenden - auch wenn sie persönlich und ohne Zweckbindung abgegeben werden - nur für kirchliche und / oder gemeinnützige Zwecke verwenden.

– Befolgen der bestehenden formellen Regelungen (Gesetze, Verordnungen, Vorschriften und Weisungen), sie aber mit grossem menschlichem Verständnis anwenden.

---

[185] *Solinski H.M. (Verwaltungen) 11f*

– Vertraulich erworbene Informationen weder zum eigenen Vorteil noch zum Nachteil irgendwelcher Dritter benützen, auch wenn diese Informationen nicht unter das Seelsorgegeheimnis fallen.

– Persönliche Interessenkonflikte im Zusammenhang mit der Amtsführung als kirchlicher Bediensteter den zuständigen vorgesetzten Stellen bekannt machen und sie mit ihnen diskutieren.

TEIL II

Teil II

Leitung von Kirchgemeinden: Möglichkeiten des Managements

Teil II basiert auf der Verarbeitung folgender Informationsquellen: Eine bei 22 Gemeinden des Kantons St. Gallen im Jahre 1994 durchgeführte Umfrage (zur Identifikation von Managementproblemen, Kapitel 6), Erfahrungswissen aus der Beratung von Kirchgemeinden sowie eine entsprechende Sichtung der Literatur, die fast ausschliesslich aus Deutschland stammt; Einschränkungen, die sich durch den Bezug auf die kirchlichen Verhältnisse in Deutschland ergeben, werden berücksichtigt.

6 Managementprobleme der Kirchgemeinde

In diesem Kapitel wird eine Bestandesaufnahme der aktuellen Managementprobleme von evangelisch-reformierten Kirchgemeinden vorgenommen. Kapitel 7 und 8 wie auch Teil III versuchen, mit verschiedenen Modellen, Konzepten und Lösungsvorschlägen diesen Problemen zu begegnen.

6.1 Managementprobleme aus der Sicht von Leitungsverantwortlichen aus Kirchgemeinden (Umfrageergebnisse)

6.1.1 Organisations- und Leitungsstrukturen auf der Ebene Kantonalkirche

Die nachfolgend zusammengefassten Beurteilungen von 22 Kirchgemeinden beziehen sich auf die Verhältnisse im Kanton St. Gallen und sind daher statistisch gesehen beschränkt repräsentativ. Aufgrund von Erfahrungen bei Beratungen von Gemeinden ausserhalb des Kantons St. Gallen sowie der Tatsache, dass die Grundstrukturen der evangelisch-reformierten Kirchen in vielen Kantonen ähnlich sind, wird davon ausgegangen, dass viele der genannten Schwierigkeiten auch auf einen weiteren Kreis von Gemeinden zutreffen dürften.

Bezüglich der kantonalkirchlichen Strukturen konnten die befragten Vertreter der Kirchenvorsteherschaften die in Abb. 6-1 dargestellten Aussagen bewerten.

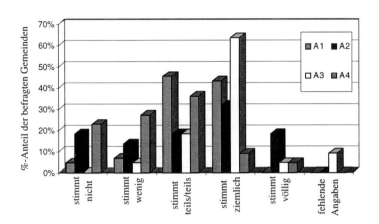

Abb. 6-1: Beurteilung kantonalkirchlicher Strukturen und Einrichtungen

Legende:

A1 Meine Wünsche und Erwartungen betreffend Zusammenarbeit mit kantonalkirchlichen Organen sind erfüllt.

A2 Die Zusammensetzung und Grösse der Synode ist heute gut geregelt.

A3 Die Aufgaben- und Kompetenzaufteilung zwischen Synode und Kirchenrat ist gut geregelt.

A4 Die kantonalkirchlichen Dienste und Pfarrstellen sollten ausgebaut oder ergänzt werden.

Die Ergebnisse zeigen, dass zwar gegenüber den bestehenden Strukturen und Einrichtungen kein übermässiges Unzufriedenheitspotential feststellbar ist, dass aber der Anteil derer, die Probleme sehen, recht gross ist:

Immerhin rund 10% sehen ihre Wünsche betreffend Zusammenarbeit mit kantonalkirchlichen Organen als nicht, bzw. wenig erfüllt und fast die Hälfte als nur teilweise erfüllt. Bei denjenigen, die ihre (kritische) Beurteilung verbal ergänzten, dominierten mehrheitlich typische Managementprobleme wie

Mängel beim Informationsfluss, bei der Kommunikationspflege, bei der Personalpolitik und der Innovationsfreudigkeit.

Ebenfalls gut die Hälfte der Befragten halten die Grösse und Zusammensetzung der Synode als nicht oder nur teilweise gut geregelt. Bei den verbalen Ergänzungen stehen zwei Kritikpunkte im Vordergrund: Einerseits die Grösse und Schwerfälligkeit des Gremiums und andererseits die Dominanz kirchlicher Berufsgruppen, v.a. der Pfarrer.

Wiederum rund die Hälfte der Befragten sind der Meinung, dass die kantonalkirchlichen Dienste zumindest teilweise ausgebaut bzw. ergänzt werden sollten.

Einzig die Regelung der Kompetenzaufteilung zwischen Synode und Kirchenrat wird von einer klaren Mehrheit als gut geregelt beurteilt.

6.1.2 Organisation und Führung in der Gemeinde

Grundsätzlich ist zu erwarten, dass bei der Beurteilung des „eigenen" Leitungsgremiums - der Kirchenvorsteherschaft - die Kritik zurückhaltender ausfällt. Aber die im einzelnen genannten Kritikpunkte verdeutlichen, dass diejenigen Probleme, die sich in der Beratungstätigkeit von Kirchgemeinden zeigen, in einem breiteren Kreis von Gemeinden bestehen dürften.

Obwohl viele Leitungsorgane der Gemeinden (Kirchenvorsteherschaften) im Vergleich zu Geschäftsleitungen viele Mitglieder haben (je nach Grösse der Gemeinde zwischen 7 und 15), wird kaum Kritik an der Grösse der Kirchenvorsteherschaften geübt. Aber immerhin zwei Gemeinden verweisen auf zwei häufige Ursachen von Störungen der Funktionstüchtigkeit von Kirchenvorsteherschaften: auf ihre durch die Grösse bedingte Schwerfälligkeit und auf die (stimmberechtigte) Mitgliedschaft der Pfarrer.

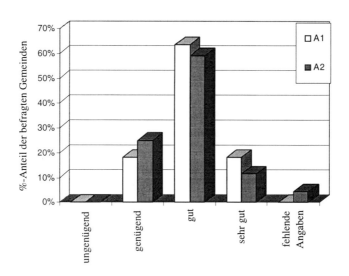

Abb. 6-2: Beurteilung des Leitungsgremiums (Kirchenvorsteherschaft)

Legende:

A1 Die personelle Zusammensetzung unserer Kirchenvorsteherschaft im Hinblick auf die zu erfüllenden Aufgaben.

A2 Die Kompetenz und Leistungsfähgkeit unserer Kirchenvorsteherschaft.

Die ergänzend zur skalierten Beurteilung eingegangenen Äusserungen zeigen typische Probleme:

– Abgrenzungsprobleme bei der Zusammenarbeit der kirchlichen Mitarbeiter;

– Pfarrer gehören nicht in die Kirchenvorsteherschaft;

– Wunsch nach klarer Ressortteilung;

– es ist schwierig, Leute zu finden, die sich in diesem Amt (Kirchenvorsteherschaft) einsetzen wollen;

– teilweise fehlendes Fachwissen (theologisch, Finanzen, Baubelange);

- Zeitknappheit der Mitglieder (da Milizgremium).

Der Anteil der Gemeinden, die Instrumente zur formellen Regelung des Stelleneinsatzes gebrauchen, ist überraschend hoch: 45% der Gemeinden haben Stellenbeschreibungen mindestens für einzelne Mitarbeitergruppen der Gemeinde, 72% haben Pflichtenhefte formuliert.

Eine Jahresplanung in anderen Bereichen als dem Rechnungsbudget kennen jedoch nur rund 30% der befragten Gemeinden.

Als wichtigste Führungsprobleme werden genannt (in Klammer die Häufigkeit der Nennungen, Wiedergabe der Äusserungen sinngemäss):

- (6) *Personalführung, Zusammenarbeit zwischen Milizern (Leitungsgremium Kirchenvorsteherschaft) und kirchlichen Mitarbeitern im Anstellungsverhältnis:*

  - Mühe von kirchlichen Mitarbeitern mit Richtlinien und formellen Regelungen (2).
  - Wenig Kontrollmöglichkeiten über Pfarrer und diakonische Stellen, bzw. über einzelne ihrer Tätigkeitsfelder (2).
  - Kirchliche Mitarbeiter erwarten ein hohes Mass an Schonhaltung und Sozialpflichtigkeit seitens ihrer vorgesetzten Behörde[186] (Kirchenvorsteherschaft) (1).
  - Personalführung allgemein (1).

---

[186] *Bei aller Zurückhaltung gegenüber ungerechtfertigten Generalisierungen dürfte es zutreffend sein, dass im Namen falsch verstandener Sozialpflichtigkeit die Toleranz gegenüber der genannten Schonhaltung in kirchlichen Einrichtungen häufig sehr weit gehen kann. Ohne entsprechende Sanktionen befürchten zu müssen, kann der kirchliche Dienst zu einer Art Versorgungs-Biotop im öffentlichen Dienst gemacht werden, geschützt vom rauhen Wind, der in der Wirtschaft bläst, abseits auch von kundenorientierten Realitäten. Und dies alles unter dem Schutzmantel der sozialen und ethischen Sonderstellung, weil es ja um die human-seelisch-religiöse Befindlichkeit des Menschen geht.*

– (5) *Strukturprobleme:*

- Stellung der Pfarrer: Gleichzeitig Angestellte der Kirchgemeinde und (stimmberechtigte) Behördenmitglieder (2).
- Fehlende Hierarchien (1).
- Öffentlich-rechtlicher Status ist schwerfällig, private Rechtsform wäre besser (1).
- Strukturen machen Entscheidungsfindung schwerfällig (1).

– (5) *Kommunikation, Koordination, Information:*

- Information innerhalb der Kirchenvorsteherschaft und mit kirchlichen Mitarbeitern (2).
- Kommunikation mit und Motivation der „Basis" (Gemeindemitglieder) (2).
- Allgemein Koordination und Absprache (1).

– (3) *Komplexität, fehlender Überblick:*

bezüglich Gemeindestrukturen (z.B. Verschachtelung von politischen und Kirchgemeindegrenzen) sowie bezüglich „Betriebsgeschehen" in der Gemeinde.

– *Weitere Einzeläusserungen:*

- Wirtschaftlichkeitsdenken stösst auf Widerstand
- Finanzplanung nicht ausreichend
- Kompetenzabgrenzungsprobleme

6.2 Ursachen für Managementprobleme

Bei den Umfrageergebnissen in Abschnitt 6.1 ergab sich aufgrund der Fragestellung eine Vermischung von Ursachen und Erscheinungsformen von Managementproblemen. In den folgenden Ausführungen werden mögliche Gründe für die bestehenden Probleme aus einer grundsätzlichen Optik untersucht. Für eine detailliertere Ursachenanalyse, welche auch die spezifischen

Verhältnisse der einzelnen Gemeinde einbezieht, empfiehlt sich die Anwendung der in Kapitel 7 vorgeschlagenen Analyseinstrumente und/oder eine Prüfung der in Kapitel 8 diskutierten Verbesserungsmöglichkeiten. Die folgenden Darstellungen orientieren sich in einzelnen Aspekten an den entsprechenden Ausführungen von H.-U. Perels[187], in der Frage möglicher Kultur-Defizite an Überlegungen von A. Jäger zum Thema diakonische Unternehmenskultur[188] sowie an Erfahrungen des Verfassers mit Beratungsprojekten für Kirchgemeinden. Mit der Gliederung in einzelne Ursachenfelder soll nicht der Eindruck erweckt werden, diese seien völlig unabhängig voneinander. Tatsächlich sind sie in ihrer Wirkungsweise in komplexer Weise miteinander verbunden.

6.2.1 Managementprozesse und Machtverteilung

In einer Kirchgemeinde werden die meisten Managementaufgaben vom Vorsitzenden der örtlichen Behörde (im Kanton St. Gallen Kirchenvorsteherschaft), d.h. dem Kirchgemeindepräsidenten in Zusammenarbeit mit den übrigen Behördenmitgliedern, von den Pfarrern und bei Grossgemeinden vom Verwalter wahrgenommen. Gemeinsam ist Behördenmitgliedern und Pfarrern, dass sie durch eine demokratische Wahl legitimiert sind. Bezüglich Qualifikation und Kompetenz hingegen gibt es gewichtige Unterschiede. Der gewählte Vorsitzende der Behörde ist ein Milizfunktionär, d.h. er arbeitet für die Kirchgemeinde i.d.R. nebenamtlich und mit einer finanziellen Entschädigung, die seinem Arbeitsaufwand nur teilweise entspricht. Zudem bringt er Kompetenzen aus seinem beruflichen Umfeld mit. Das können je nach Amtsinhaber Führungs- und Fachkompetenzen aus seiner beruflichen Tätigkeit sein, in vielen Fällen auch Behördenerfahrung in anderen öffentlichen Ämtern. Häufig wird dabei aufgrund von Führungserfahrung in ausserkirchlichen Bereichen Führungsstil und -verhalten aus diesen Erfahrungsfeldern auf die Kirchgemeinde zu übertragen versucht. Dabei kann es zu Konflikten zwischen dem für die Lösung von kirchlichen Problemen geforderten Know-

---

[187] vgl. Perels H.-U. (Kirchgemeinde) 33-52

[188] vgl. Jäger A. (Unternehmenspolitik) 60-63

how und beruflichen Erfahrungen bzw. -ausbildungen (z.b. eines Landwirts oder eines Juristen) kommen. V.a. neugewählten Milizern fehlt auch häufig die Erfahrung im Umgang mit kirchgemeindespezifischen Führungsstrukturen und -kulturen.

Auf der anderen Seite liegt die Quelle von Kompetenz bei den Pfarrern in einer theologischen Fachausbildung und mehr noch in der oft jahrelangen Erfahrung durch die berufliche Tätigkeit in einer Kirchgemeinde. Pfarrer verfügen i.d.R. auch über ein dichtes Beziehungsnetz in der Gemeinde, haben „Parteigänger" oder Anhänger, haben häufig ein theologisch geprägtes klar definiertes Gemeindeverständnis und sind stärker eingebunden in informelle Informationskanäle innerhalb der Gemeinde.

Damit wird deutlich, dass die beiden Hauptexponenten kirchlicher Führungstätigkeit von unterschiedlichen Legitimations- und Kompetenzgrundlagen ausgehen und zwei ganz unterschiedliche „Machtzentren" repräsentieren.[189]

Daneben gibt es noch weitere Personengruppen in der Gemeinde, die je nach situativen Gegebenheiten in unterschiedlichem Ausmass Einfluss ausüben:

– Die Kirchgemeindeversammlung als oberste Entscheidungsinstanz, daneben gibt es auch die Organisationsform des Kirchgemeindeverbandes, bei dem Beschlüsse auch über Urnenabstimmungen gefasst werden.

– Viele Gemeinden kennen Mitarbeiterkonvente, in denen die diakonischen Berufsgruppen, evtl. auch Katecheten, Mesmer, Organisten und Verwaltungspersonal vertreten sein können.

– Gremien aus Behördenmitgliedern: Grossgemeinden kennen neben dem Leitungsgremium   (Kirchenpflege/Kirchgemeinderat/Kirchenvorstand) noch weitere Behördengremien wie ressortorientierte Kommissionen (z.B. Verwaltungs- oder Jugendkommission) und Leitungsgremien von Subein-

---

[189] *vgl. Perels H.-U. (Kirchgemeinde) 33-37*

162

heiten (Kirch- und/oder Pfarrkreise), allerdings mit geringfügigen Entscheidungskompetenzen[190].

– Weiter können verschiedenste in der Gemeinde aktive Gruppierungen wie Gebetsgruppen, Müttertreffs usw. auf informellem Weg Einfluss ausüben.

Zu diesen innergemeindlichen Einflussträgern kommen die in Abschnitt 5.1 dargestellten übergemeindlichen kirchlichen Gremien wie Kirchenrat, Synode usw. Damit ist eine Vielzahl von Akteuren mit unterschiedlichsten Sichtweisen und Interessen an Entscheidungs- und Willensbildungsprozessen in der Gemeinde beteiligt. Hinzu kommen weitere Rahmenbedingungen, die aus der Sicht von Managementeffizienz erschwerend wirken: Weitgehend direktdemokratische Entscheidungsregeln, die Erwartung oder selbstverständlich ausgeübte Praxis der Mitarbeiter, in Entscheidungen einbezogen zu werden, bzw. diese mitzubestimmen sowie örtlich gewachsene Traditionen, die meist ein starkes Beharrungsvermögen haben. Das Zusammenwirken dieser Faktoren führt zu Managementprozessen, die sich angesichts der Grösse der Organisation Kirchgemeinde verhältnismässig kompliziert, konfliktanfällig und langsam gestalten. Selbstredend stellt die Personalführung in diesen strukturellen Rahmenbedingungen besonders hohe Ansprüche (vgl. dazu Abschnitt 8.3).

6.2.2 Innovation

Innovative Kräfte werden auch für Kirchgemeinden zunehmend wichtiger. Zunächst sei daran erinnert, dass mit Innovation verwandte Begriffe wie Erneuerung, Neubeginn, Altes ablegen und hinter sich lassen für die Existenz

---

[190] *Möglich ist auch die Organisationsform des Kirchgemeindeverbandes, als Beispiel sei der Verband evangelisch-reformierter Kirchgemeinden der Stadt Schaffhausen mit folgenden Organen erwähnt: Die stimmberechtigten Kirchgenossen, die Delegiertenversammlung (jede Mitgliedgemeinde stellt 5 Abgeordnete), die Geschäftsprüfungskommission, der Verbandsvorstand und die Zentralverwaltung.*

des Einzelnen[191], für eine Gruppe oder ein Volk[192] sowie für die ganze Welt[193] Schlüsselbegriffe zentraler biblischer Anliegen sind. Auch im Verständnis der Sakramente sind Ideen der Innovation integriert. Ein grundlegender Bedeutungsgehalt der Taufe beispielsweise könnte als Akt der Erneuerung und Innovation bezeichnet werden. Perels weist zu Recht darauf hin, dass die Erwartung von Innovation durch Gott als wesentlicher theologischer Grund für eine gewisse Erneuerungshemmung verstanden werden kann.[194]

„Es mag nun sein, dass die eschatologische Innovation durch Gott ein oder sogar der Grund dafür ist, dass allein die Vokabel 'Innovation' in Kirche und Kirchgemeinden ungebräuchlich ist. Hier wird eben keine Innovation betrieben; es werden Reformen durchgeführt: Ecclesia semper reformanda. Wenn aber in der Kirche Reformen durchgeführt werden, so bleiben sie immer in einem überschaubaren Rahmen, vielleicht wirklich in der Meinung, dass die wahre Innovation Gott selber vorbehalten bleiben müsse. Seit der Reformation im 16. Jahrhundert hat es praktisch kaum eine Veränderung in den reformatorischen Kirchen gegeben, die als wirkliche Innovation bezeichnet werden könnte. Dabei müsste es eigentlich darum gehen, mit dem inhaltlichen Angebot von Kirche und Kirchgemeinden wirklich Erneuerndes, Innovatives zu planen und durchzuführen. Es geht um nichts weniger, als immer wieder von neuem zeitgemässe Formen für den gleichbleibenden Inhalt des Evangeliums zu finden."[195]

---

[191] *Paulus beispielsweise spricht an vielen Stellen von der Erneuerung des Menschen durch den Glauben an Christus (Röm. 12,2; 2.Kor. 5,17; Eph. 4,24; Tit. 3,5 usw.)*

[192] *vgl. z.B. Jer. 31,31; Ez. 11,14;*

[193] *beispielsweise Offb. 21,5: " Der auf dem Thron sass, sprach: Siehe ich mache alles neu" (Offb. 21,5). Hier wird gewissermassen - allerdings für eine ungewisse Zukunft - eine umfassende "Innovation durch Gott" angesagt. Oder Jes. 65,17 (Verheissung eines neuen Himmels und einer neuen Erde).*

[194] *Perels H.-U. (Kirchgemeinde) 39f*

[195] *ebenda 40*

Neben dieser „eschatologischen Scheu" gibt es weitere innovationshemmende Faktoren in einer Kirchgemeinde:[196]

- Geringe oder fehlende Anreize für innovative Leistungen
- Bewahrende (konservative) Grundhaltung gegenüber traditionellen kirchlichen Handlungsformen
- Milizprinzip bei Vorstandsmitgliedern
- Vorgegebenes Angebots- und Leistungsprogramm

Geringe oder fehlende Anreize:

Im Gegensatz zu erwerbswirtschaftlichen Unternehmen ist eine Kirchgemeinde nicht gezwungen, sich auf einem Markt zu behaupten, um überleben zu können. Es besteht somit kein äusserer Druck zu ständiger Anpassung, Weiterentwicklung und wirklicher Innovation der eigenen „Produkte". Es scheint, dass i.d.R. wenige, bzw. unklare Erneuerungsforderungen und -erwartungen von der Basis her bestehen. Eine differenzierte Analyse der Erwartungen der Kirchenmitglieder an die Erneuerung der Kirche (allerdings auf der Basis von empirischen Untersuchungen in Deutschland) durch Schloz bestätigt diese Vermutung[197]. In der Erwerbswirtschaft werden zur

---

[196] *vgl. ebenda 40-43*

[197] *Schloz R. (Reform oder Restauration) 27-55. Kernelemente der Analyse von Schloz sind: Alternativen zum bestehenden System Volkskirche sind für die Mehrheit der Mitglieder der Kirche, anders als für die Kirchenreformer, nicht in Sicht; "weder eine Alternative zur Mitgliedschaft in der Kirche noch eine Alternative zu deren volkskirchlichem Handlungskonzept ... Was den Bestand dieser Kirche gewährleistet, ist das Bedürfnis nach Begleitung, Vertiefung, Entlastung an den Zäsuren der Lebensgeschichte, die Verschränkung von kirchlichem Handeln, natürlicher Religion und bürgerlichen Lebensgewohnheiten."(S.29). Die Amtshandlungen - Taufe, Konfirmation, Trauung, Beerdigung - sind die Pfeiler, welche die Kirchenmitgliedschaft tragen. Allerdings konstatiert Schloz neben der tragenden Funktion des status quo auch, dass eine Vielzahl von Erwartungen die Beziehung der Mitglieder zu ihrer Kirche mehr kennzeichnen als Zufriedenheit. Damit scheinen die Motive ihrer prinzipiellen Zustimmung den Mitgliedern selbst ziemlich unklar zu sein. Am einleuchtendsten scheint auf diesem Hintergrund das Reformpostulat, dass die Kirche das, was sie de facto tut, besser tun soll.*

Innovation oft umfangreiche Ressourcen (personelle, finanzielle und technische) eingesetzt, was mit beträchtlichen Kosten und Risiken verbunden ist. Es ist offensichtlich, dass Erneuerungen des kirchlichen Angebotes nicht zwingend zu bedeutenden Mehraufwendungen führen müssen. In bezug auf die Reaktionen von Gemeindegliedern können Innovationen allerdings mit beträchtlichen Risiken verbunden sein, das impliziert die Analyse von Schloz und dürfte auch der Erfahrung vieler Gemeinden mit Reformversuchen entsprechen. Zudem besteht die Möglichkeit des Eingreifens übergemeindlicher kirchlicher Organe, wenn Erneuerungen nicht gesamtkirchlich sanktioniert sind.

Bewahrende (konservative) Grundhaltung gegenüber traditionellen kirchlichen Handlungsformen:[198]

Doch selbst wenn die Bereitschaft zum Einsatz personeller und finanzieller Aufwände und zum Tragen von mit Erneuerungen verbundenen Risiken vorhanden ist, sind weitere innovationshemmende Rahmenbedingungen in der Wertschätzung oder mindestens selbstverständlichen Akzeptanz des traditionellen kirchlichen Handelns durch einen grossen Teil der Gemeindegliedern zu sehen. Zudem sind kirchliche Interessen, Kirchenbindung und konservative Grundhaltungen häufig miteinander verbunden. Daneben gibt es in vielen Gemeinden starke evangelikale Kräfte, die zwar meist für Innovationen bei den Formen der Vermittlung von Evangelium durchaus offen sind, im Bereiche der Verkündigungsinhalte jedoch ausgeprägt restriktivbewahrende Positionen vertreten. Von dieser Seite können sich liberal agierende Gemeindeleitungen, die sich inhaltlich und formal offen zeigen für Neues, den Vorwurf einhandeln, sich zu wenig an die biblische Botschaft oder die Kirchenordnung der jeweiligen Landeskirche zu halten.

---

[198] *Aufschlussreiche Analysen für das Verständnis von Erneuerungsneigungen, von (eher konservativen) Motiven für die Verbundenheit mit der Volkskirche, der Bedeutung volkskirchlicher Amtshandlungen sowie der Schlüsselrolle des Pfarrers bieten neben dem bereits erwähnten Schloz R. (Reform oder Restauration) Matthes J./Krusche P./Dahm K.-W. (Erneuerung der Kirche). Interessant für den vorliegenden Zusammenhang sind auch die von Linnewedel J. und Scharffenorth G. identifizierten Chancen und Spielräume für Reformen im gleichen Werk.*

Milizprinzip bei Vorstandsmitgliedern:

Die Ehren- und Nebenamtlichkeit von Vorstandsmitgliedern verringert den Verpflichtungscharakter der entsprechenden Position, erlaubt kaum Forderungen nach professioneller Erfüllung der anstehenden Aufgaben, setzt den Möglichkeiten persönlichen Engagements Grenzen und wird tendenziell zu eher grösserer Fluktuation führen als bei einer Geschäftsleitung von angestellten Mitarbeitern. Diese Faktoren erschweren die Planung und Umsetzung von längerfristigen Prozessen, wie sie zur Realisierung grösserer konkreter Reformprojekte nötig wären. Das mit der demokratischen Struktur von Leitungsgremien gegebene Erfordernis zum Konsensmanagement und zum Aushandeln von Kompromissen kann ebenfalls innovative Kräfte hemmen.

Vorgegebenes Angebots- und Leistungsprogramm:

Eine grosse Zahl von Aufgaben in einer Kirchgemeinde sind vorgegeben und (zur Zeit wenigstens) unverzichtbar. Sie engen den Spielraum für Innovationen beträchtlich ein. In einer Kirchgemeinde, in der jährlich bis 200 Beerdigungen zu bewältigen sind, scheint vordergründig wenig Raum für Innovationen zu sein. Empirische Befunde und Gemeindeerfahrung decken sich im Befund der Widersprüchlichkeit zwischen einerseits Kirchenverbundenheit und traditionellem kirchlichem Handlungskonzept und andererseits vielfältigen, eher diffusen (Erneuerungs)erwartungen. Auf diesem Hintergrund dürfte ein Erneuerungsansatz zweckmässig sein, der im „Pflichtprogramm" neue Akzente bei Inhalt und Gestaltung integriert.

Insgesamt kann festgestellt werden, dass das Management einer Kirchgemeinde zwar erheblichen Erneuerungswiderständen ausgesetzt ist, dass es aber dennoch möglich ist, solche Barrieren und Hemmnisse zu überwinden. Denn trotz aller Eigenheiten ist die Kirche keine geschlossene soziale Sonderwelt, sondern zugleich ein Werk von Menschen für Menschen, ein „sozialer Kommunikations- und Handlungszusammenhang"[199], dem von

---

[199] *Kaufmann F.-X. (Christentum) 15*

seinem Wesen her ein mindestens latentes Potential an Dynamik und Kreativität innewohnt.

6.2.3 Das Image der Kirchgemeinde

Die Kirche im allgemeinen und Kirchgemeinden im besonderen haben bereits ein stark in der Bevölkerung verankertes Image, das mehrheitlich mit
Attributen wie verstaubt, ernst, erstarrt, förmlich und ähnlichem in Verbindung gebracht werden dürfte. Eine etwas vertieftere Analyse des kirchlichen
Images zeigt, dass hinter dessen Entstehung bzw. Veränderung hochkom-
plexe gesellschaftliche Vorgänge stehen, deren differenzierte Darstellung
den Rahmen dieser Arbeit sprengen würde. Die folgenden Ausführungen
beschränken sich darauf, zu begründen, warum Imagepflege in einer Kirchgemeinde zu den schwierigsten Managementproblemen gehört. Imagegestal-
tung und -kontrolle stossen auf erhebliche Schwierigkeiten, weil

1. ein Verschwinden konfessioneller Identität (bei gleichzeitiger Verstärkung
   individueller religiöser Identität) sowie eine pluralistischer und diffuser
   gewordene Beziehung zur Kirche dazu führen, dass öffentlich wahrgenommene und immer häufiger auch medienvermittelte Vorgänge in der
   Kirche unabhängig von der Konfession das Image der Kirche schlechthin
   prägen;

2. die Mitglieder dazu neigen, persönliche kirchliche Erfahrungen - gute wie
   schlechte -, die sie lediglich mit einzelnen Personen oder Gruppen einer
   Kirchgemeinde gemacht haben, zu generalisieren und auf die Kirche als
   Ganzes zu übertragen;

3. es auf dem Hintergrund struktureller Individualisierung auch im religiösen
   Leben für eine Volkskirche, die für alle da sein will, immer schwieriger
   wird, möglichst vielen Erwartungen und Bedürfnissen Rechnung zu tragen
   und sich gleichzeitig in der Öffentlichkeit ein einprägsames klares Profil
   zu geben.

Im folgenden werden die drei Punkte erläuternd vertieft:

1.

Die Identifikation mit der einen oder anderen christlichen Konfession wirkt auch bei Betrachtung verschiedener Aspekte kaum mehr trennend bezüglich Einstellungen und Verhaltensweisen. Bevölkerungsgruppen mit vergleichbaren sozialen Merkmalen teilen unabhängig von ihrer Konfession die gleichen Weltanschauungen. Beim eigentlich religiösen Verhalten „lassen sich nur schwer Unterscheidungen herausarbeiten. Die im Rahmen ihrer Kirche sozialisierten Protestanten und Katholiken erweisen sich nicht als Erben zweier unterschiedlicher religiöser Überlieferungen." Es zeichnet sich „eine konfessionelle Subkultur mit stärkerer religiöser Individualisierung ab." Diese Entwicklungen sprechen dafür, „dass sich die beiden konfessionellen Subkulturen schliesslich auflösen werden."[200]

Die jüngste Vergangenheit hat gezeigt, dass einzelne Aspekte kirchlichen Lebens, die von den Medien thematisiert wurden, die öffentliche Diskussion stark bestimmt haben: Erinnert sei an die Auseinandersetzungen zwischen konservativen und erneuerungsorientierten Kräften nach der Amtseinsetzung von Bischof Wolfgang Haas für die Diözese Chur am 22. Mai 1990, den Rücktritt von Bischof Hansjürg Vogel am 2. Juni 1995 - welcher die Diskussion um den Zölibat in den Vordergrund gerückt hat - oder auf evangelischer Seite die im Sommer 1996 geführte Auseinandersetzung im Kanton Bern um die Einsegnung von gleichgeschlechtlichen Paaren. Dabei kann angenommen werden, dass die diskutierten Probleme insbesondere von kirchenfernen Menschen zunehmend nicht als Schwierigkeiten der jeweiligen Konfession, sondern der Kirche schlechthin wahrgenommen wurden.[201]

Das lässt vermuten, dass in der Öffentlichkeit stark wahrgenommene Vorgänge, Aktivitäten und Zustände im Raum einer Konfession auch das Image der jeweils anderen Konfession beeinflussen dürfte.

---

[200] *Dubach A./Campiche R.J. (Hrsg.) (Religion) 258f*

[201] *Die Annahme beruht nicht auf empirischen Untersuchungen, sondern auf verschiedenen Gesprächen mit Seelsorgern beider Konfessionen.*

2.

Die einzelne Kirchgemeinde profitiert von guten Erfahrungen ihrer Mitglieder in anderen Kirchgemeinden ebenso, wie sie von schlechten belastet wird. Was einem Kirchenmitglied an Ungeschicklichkeiten und Ungereimtheiten beispielsweise mit irgend einem Pfarrer in irgend einer Kirchgemeinde widerfahren ist, wirkt i.d.R. für den Betroffenen stark prägend für dessen Vorstellungen des kirchlichen Images überhaupt und wird daher häufig auf andere kirchliche Amtsträger und Kirchgemeinden übertragen. Der Vergleich mit grossen Dienstleistungsunternehmen liegt auf der Hand: Eine Negativ-Erfahrung mit der Postfiliale X färbt für die Betroffenen das Image der gesamten Organisation PTT. Der Unterschied zur Kirche besteht jedoch darin, dass die gesamtkirchlichen Organisationen auf kantonaler und noch viel mehr auf gesamtschweizerischer Ebene nur minimal Einfluss nehmen können auf eine positive Image-Gestaltung in den einzelnen Gemeinden.

3.

In Literatur und Praxis ist es seit einiger Zeit gebräuchlich, auch für soziale, bzw. Nonprofit-Organisationen Strategien und Konzepte für diejenigen Managementbereiche zu entwickeln, die in der Erwerbswirtschaft mit Marktorientierung, Marketing, Öffentlichkeitsarbeit, Public Relations (PR) und Imagepflege bezeichnet werden. Auch das Interesse kirchlicher Organisationen an Marketing- und PR-Aktivitäten ist in den letzten Jahren gestiegen bis hin zu eigentlichen grossangelegten Werbekampagnen.[202]

In vielen Publikationen zum Thema Marketing in NPO spielt die Analyse und Auswahl der Zielgruppen der eigenen Botschaft oder Dienstleistung eine wichtige Rolle.[203] Die Anwendung entsprechender Methoden und Kon-

---

[202] *Grosse Beachtung hat etwa die bislang einzigartige Werbekampagne des Evangelischen Stadtkirchenverbandes Köln gefunden. Die (selbst)kritische Bilanz des Verbandes: Echo enorm, Ziel verfehlt, vgl. dazu DER SPIEGEL (Nr. 23/1994) 63.*

[203] *vgl. dazu Kottler P. (Marketing) 18ff ; Decker F. (Management) 372-375; Schwarz P./Purtschert R./Giroud Ch. (Management) 76f*

zepte birgt jedoch die Gefahr in sich, den ohnehin sich verstärkenden Ato-
misierungstendenzen in einer Volkskirche, die für alle offen sein will und
sein muss, Vorschub zu leisten. Den Strukturen und Erfordernissen einer
(Volks)kirchgemeinde eher gerecht werden Konzepte, die mit Imagepflege,
Öffentlichkeitsarbeit und Positionierung bezeichnet werden. „Eine wesentliche Voraussetzung für ein erfolgreiches Marketing ist die Gesamtpositionie-
rung der Organisation. Denn Austauschpartner nehmen eine Organisation
selten isoliert wahr. Die Wahrnehmung steht meistens im Bezug zu vorhandenen Strukturen, einer vorhandenen Vor- oder Einstellung zu einer Konkur-
renz-Organisation, zu einer persönlich gemachten Erfahrung usw." Ein wesentliches Element in diesem Wahrnehmungsprozess ist die Positionierung.
Dabei wird festgelegt, aus welchen Identitätselementen die NPO bestehen
soll.[204]

Es dürfte unbestritten sein, dass eine verstärkte Wahrnehmung von Kirch-
gemeinden in der sie umgebenden Öffentlichkeit - eben ihre Positionierung -
erstrebenswert ist. Allerdings müssen Positionierungsbemühungen dem
Umstand Rechnung tragen, dass eine pluralistische, offene, volkskirchliche
Gemeinde ein Gefäss für Vielgestaltigkeit darstellt, was die Aufgabe der
Positionierung und Profilierung erschwert.

---

[204] *Schwarz P./Purtschert R./Giroud Ch. (Management) 75*

6.2.4 Kultur-Defizite

6.2.4.1 Begriff und Entdeckungszusammenhänge der „Unternehmenskultur"

Der Begriff „Unternehmenskultur" ist in den 80er Jahren entstanden. Das Phänomen der Kultur in einer Organisation ist allerdings nichts Neues. Dass der Begriff und die damit verbundenen Vorstellungen und Konzepte in der jüngsten Vergangenheit die Managementlehre dominiert haben, zeigt vielmehr, dass ein Phänomen, das es schon vorher gab, bewusst geworden ist.[205]

Eine auslösende Rolle spielte dabei der „Japan-Schock" für die westliche Wirtschaft, d.h. die in den 70er Jahren deutlich gewordene Überlegenheit japanischer Firmen auf verschiedenen Weltmärkten. Man erblickte „das Geheimnis der japanischen Wirtschaftserfolge in der stärkeren Ausprägung von Momenten der normativen Innenlenkung und Sozialintegration durch Sinngemeinschaft (Konsens) in der japanischen Arbeitswelt."[206] Unternehmenskultur wurde in der Folge als „strategisches Führungsinstrument" und als „root methaphor" interpretiert.[207] Die erste Interpretation begreift den kulturellen Faktor als etwas, das im instrumentalen Sinn durch das Management gestaltbar ist. Peters/Waterman verkündeten acht Patentrezepte „exzellenter" Unternehmensführung, in deren Zentrum ein „sichtbar gelebtes Wertsystem" steht.[208] Die zweite Interpretation versteht Unternehmenskultur nicht nur als zusätzliche Instrumentalvariable des Managements, sondern die Unternehmung und die Geschehnisse darin als Ganzes werden als kulturelle

---

[205] *Krulis-Randa J.S. (Unternehmenskultur) 1*

[206] *Ulrich P. (Unternehmenskultur) 4352*

[207] *ebenda 4353*

[208] *vgl. Verweis auf Peters T.H. / Waterman R.H. Jr., In Search of Excellence, New York 1982 in ebenda 4353.*

Phänomene interpretiert. Damit bekommt die Unternehmung den Charakter einer eigenen „Miniaturgesellschaft".[209]

Wenn mit Blick auf die letzten Jahre in der Managementlehre von einem eigentlichen Boom des Themas Unternehmenskultur gesprochen werden kann, so ist dies zwar Ausdruck einer wachsenden Sensibilisierung für Wertfragen im Management. Die betriebswirtschaftliche Diskussion um die Unternehmenskultur scheint jedoch in der Motivation und Handlungsorientierung stark funktionalistisch geprägt zu sein. Damit gerät die Betriebswirtschafts- und Managementlehre in ein Dilemma. Denn einerseits kommt eine funktionalistische Perspektive nicht darum herum, Unternehmenskultur als beherrschbaren strategischen Erfolgsfaktor zu verstehen. Andererseits weisen unternehmenskulturelle Gegebenheiten von ihrem Wesen her gerade auf die Grenzen sozialtechnischer Beherrschbarkeit der Kultur im Sinne eines technokratischen „Kulturmanagements" hin.[210] Um dem Wesen kultureller Phänomene gerecht zu werden, schlägt P. Ulrich vor, statt von Kulturmanagement von kulturbewusstem Management zu sprechen. Den Ausführungen in Abschnitt 8.1 „Kulturbewusste Führung" wird dieser Ansatz zugrunde gelegt.

6.2.4.2 Kultur-Defizite in Kirchgemeinden

Die Kirche im allgemeinen und Kirchgemeinden im besonderen hatten in früheren Zeiten seit den Anfängen des Protestantismus ein ausgeprägtes Kulturprofil, das jedoch in den letzten Jahrzehnten zunehmend diffuser wurde bis hin zu eigentlichen Kulturverarmungen.

Sie werden beispielsweise bei der Bewältigung von heutigen Schrumpfungstendenzen und dem damit verbundenen Zwang zu Sparmassnahmen manifest. Die Planung und Durchführung solcher Massnahmen führt unvermeidlich dazu, dass unterschiedliche Ressourcenzuteilungsinteressen aufeinanderprallen. Auch die besten rationalen Begründungen für bestimmte

---

[209] *vgl. ebenda 4354*

[210] *vgl. Ulrich P. (symbolisches Management) 279*

Massnahmen genügen erfahrungsgemäss nicht zur Schaffung einer ausreichenden Legitimations-, bzw. Konsensbasis. Es braucht dazu ein gutes Zusammenarbeitsklima, eine tragfähige Konfliktaustragungs- und Gesprächskultur sowie den längerfristigen Aufbau von kommunikativen Verständigungspotentialen - alles Elemente eines ethisch-kulturellen Fundaments.

In Orientierung an der entsprechenden Gliederung und Bezeichnung von Kulturdefiziten in diakonischen Unternehmen durch A. Jäger soll im folgenden versucht werden, Defizite kirchlicher „Unternehmenskultur" näher und konkreter zu bezeichnen.[211]

Führungsdefizite:

Der Akzeptanzverlust von autoritär-patriarchalischen Leitungsprinzipien, die durchaus auch mit der demokratischen Grundverfassung von Kirchgemeinden kombinierbar sind, erfordern die Entwicklung neuer Leitungsphilosophien. Team-Konzepte, das Bestreben, Entscheidungsprozesse möglichst breit abzustützen, führen in Kombination mit der in Abschnitt 6.2.1 skizzierten Vielfalt von Einflussträgern dazu, dass Entscheidungsprozesse immer häufiger so langsam und zähflüssig ablaufen, dass einerseits die Geduld der Beteiligten über Gebühr strapaziert wird und andererseits die Beschlusskraft der Gemeindeleitung zu stark blockiert wird. Zudem bestehen häufig eine Vielzahl von Kommissionen und Gremien, in denen persönliche Beziehungsklärung und/oder Konfliktbewältigung wichtiger werden können als konzeptionelle und zielstrebige Leitungsarbeit. Was Jäger als Folge solcher Defizite für diakonische Organisationen diagnostiziert, gilt nicht selten auch für kirchliche Leitungsgremien: „Über die ganze Kultur der Leitungsarbeit legt sich eine Unbestimmtheit, in der personale Beziehungen das auffangen sollen, was an Defiziten in den Leitungskonzepten und zumeist auch in den Leitungsstrukturen vorhanden ist. Im Extremfall verschleisst eine derartige

---

[211] vgl. Jäger A. (Unternehmungspolitik) 60-63

Unkultur leitende Mitarbeiter in Kürze und gefährdet damit letztlich das Ganze."[212]

Theologische Defizite:

Leitungsverantwortliche in einer Kirchgemeinde (inkl. PfarrerInnen) sollten sich im besten Fall einen Minimalbestand an gemeinsamen theologischen Positionen schaffen oder mindestens die diesbezüglichen Unterschiede offenlegen sowie eine Sprachkultur schaffen, die den entsprechenden Unterschieden Rechung trägt. Eine christlich geprägte Sprachkultur kann nur dann integrierend wirken, wenn sie durch Handeln und Verhalten gedeckt ist und nicht zum blossen Gerede verkommt. Eine gemeinsame theologische Mitte ist Ausgangspunkt für die Definition des Auftrags der eigenen Gemeinde, wobei dieser Auftrag nicht nur aus theologischer Optik formuliert werden sollte (vgl. Abschnitt 3.4.1.2). Unsicherheiten, Unklarheiten und (v.a. nicht offengelegte) Überzeugungsgegensätze im theologisch-normativen Bereich dürften zu den folgenschwersten Kulturdefiziten für eine Kirchgemeinde gehören.

Sinn-, Identitäts- und Wir-Defizite:

Sinn- und Identitätsdefizite sind wesentlich eine Folge von Unklarheiten, bzw. Gegensätzen im Verständnis des Auftrages der Gemeinde. Sinndefizite entstehen, wenn es nicht gelingt, Sinn transparent und konkret zu machen, d.h. ihn im Alltag erlebbar zu machen. Erlebbar wird Sinn v.a. dann, wenn zwischen dem Handeln von Einzelnen in der und für die Organisation Kirchgemeinde und deren Sinngrundlagen „Brücken" geschlagen werden. Als Mitarbeiterin oder Mitarbeiter oder auch als Milizfunktionär will ich wissen, wer ich im Rahmen der Gesamtgemeinde bin, was ich will und soll, und vor allem, wohin es mit meiner Arbeit gehen soll.[213] Für das Management geht es auf diesem Hintergrund darum, explizit immer wieder Zusammenhänge

---

[212] *ebenda 61*

[213] *ebenda 62*

zwischen normativen Bezugs-/Zielgrössen und der Tätigkeit der einzelnen Mitarbeiter zu thematisieren.

Eine wesentliche Grundlage für die Entstehung von Identitäts- und Wir-Gefühl besteht neben einer Vielzahl weiterer Einflussfaktoren darin, dass die Sinngrundlagen aus einem gemeinsamen normativen Bezugssystem bestehen, das wie eine Linse „die Wahrnehmung filtert, Erwartungen beeinflusst, gemeinsame Interpretationen und Verständnis ermöglicht, Komplexität reduziert, Handlungen lenkt und legitimiert."[214] Dabei darf der Begriff eines gemeinsamen normativen Bezugsrahmens nicht in die Nähe von Ideologisierung oder Gesinnungsgleichmacherei gerückt werden. Die Suche nach gemeinsamen Sinngrundlagen kann sich in einer offenen Volkskirche nicht anders als in der unaufhebbaren Spannung zwischen Verbindlichkeit und Liberalität / Toleranz bewegen. Der Prüfstein für die Liberalität bei der Entstehung gemeinsamer Sinn-, Ziel- und Wertegrundlagen liegt in deren Entwicklungsprozess. Beruht dieser Prozess auf liberal-demokratischen Grundlagen, d.h. im besten Fall auf den Prinzipien eines vernunftgeleiteten Dialogs gleichberechtigter, mündiger Gesprächspartner, die konsensfähig und -willig sind (vgl. Abschnitt 3.4.1.2), kann die Ideologisierungsgefahr oder die Dominanz einzelner charismatischer Autoritäten vermieden werden.

Die vorgetragenen Probleme und Defizite haben zur Folge, dass eine nach innen feste, langfristig ausgerichtete Willensbildung immer wichtiger wird. Das zunehmende Bewusstsein dafür spiegelt sich in der steigenden Nachfrage nach Leitbildentwicklungen in kirchlichen Institutionen.

---

[214] *Kieser H. (Organisationskultur) 4*

7   Ein Managementmodell für die Kirchgemeinde

In diesem Kapitel werden Instrumente für die *Konzeptentwicklung* und die systematische *Analyse* der Gemeinde im Rahmen eines integrierten Managementmodells entwickelt. Es wird Wert darauf gelegt, Einsatzmöglichkeiten, Zweck und Nutzen der beschriebenen Konzepte und Vorgehensweisen so darzustellen, dass deren praktische Relevanz, insbesondere für eine langfristig orientierte Entwicklung der Gemeinde, deutlich wird.

7.1   Grundstruktur eines Rahmenkonzeptes

Das Rahmenkonzept (Abb. 7-1) soll gewährleisten, dass die Einzelentscheidungen im Gesamtzusammenhang getroffen werden können.

Grundsätzlich umfasst das Rahmenkonzept in Abb.7-1:

– Ein Konzept, das sich auf die Beziehungen zwischen der Kirchgemeinde (gemeint ist hier deren aktiver, mit Infrastruktur und Personal ausgestatteter Teil) und ihrer externen und internen Umwelt bezieht *(Analysen der Gemeinde in drei Bereichen)* und

– ein *Führungskonzept*[215] , das sich auf die Ausgestaltung der Leitung der Kirchgemeinde bezieht.

Das gesamte Rahmenkonzept steht im Spannungsfeld zwischen der Ausrichtung an faktischen Existenzbedingungen und der normativen, bzw. theologischen Orientierung.

Im Führungskonzept werden die konzeptionellen Grundlinien der Kirchgemeindeführung festgelegt und bei Bedarf angepasst. Es wird in die zwei

---

[215] *Nicht explizit thematisiert wird dabei die* Führungstätigkeit *als solche. Sie ist Gegenstand der Ausführungen in Kapitel 8.*

Teile „Führungssystem" und „Organisationskonzept" gegliedert (vgl. dazu Abschnitt 7.3).

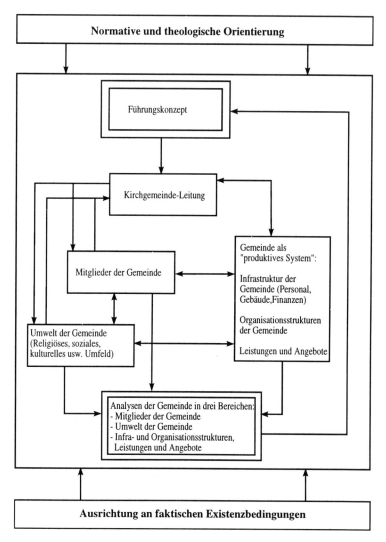

Abb. 7-1: Grundstruktur eines Rahmenkonzepts

Das *Rahmenkonzept* umfasst drei Analysebereiche:

1. Die *Mitglieder der Gemeinde*, d.h. Erwartungen, Bedürfnisse, Aktivierungsmöglichkeiten, soziodemographische Struktur usw. der Mitglieder,

2. die *Infra- und Organisationsstrukturen der Gemeinde, sowie deren Leistungen und Angebote*, d.h. der „produktive" Teil der Kirchgemeinde, der mit Personal, Gebäude und Finanzen ausgestattet ist, die Ressourcen verwaltet sowie Leistungen erbringt,

3. die *Umwelt der Gemeinde*, welche die beiden Bereiche 1. und 2. umgibt,

und ein davon abgeleitetes Führungskonzept.

Die beiden Systemteile „produktiver" Teil der Gemeinde und Mitglieder-Kollektiv überschneiden sich. Die Angebote, Anlässe, Dienste und Aktivitäten werden primär durch die produktiven Mittel der Kirchgemeinde (Personal, Finanzen, bauliche Infrastruktur) bereitgestellt. Ergänzt werden diese fest zur Organisationsinfrastruktur gehörenden Komponenten durch ehrenamtliche Mitarbeit aus dem Kreis der Gemeindemitglieder. Obwohl in dieser Hinsicht der produktive Teil der Kirchgemeinde und die Mitglieder verbunden sind, empfinden die angestellten und ehrenamtlichen Mitarbeiter die „anderen" Gemeindeglieder als „Kunden" oder Nutzniesser ihrer Leistungen, wobei es im Interesse eines lebendigen kirchlichen Lebens natürlich erwünscht ist, dass diese Grenze möglichst durchlässig bleibt. Aber wo immer Mitglieder oder Angestellte einer Kirchgemeinde für andere aktiv werden, steht im Vordergrund, dass sie für die Gemeinde (als Gegenüber) etwas tun. Der Aspekt, dass sie selber auch Teil dieser Gemeinde sind, rückt dagegen in den Hintergrund. Das Selbstverständnis der Nutzniesser von kirchlichen Aktivitäten entspricht dieser Wahrnehmung. Sie reden davon, was „die Kirche" für sie tut und beurteilen deren Angebote in der Rolle von Kunden. Auch wenn dies dem protestantischen Konzept des „Priestertums aller Gläubigen" und den entsprechenden Idealvorstellungen einer Gemeinde zuwiderläuft, handelt es sich hier um eine auch in sogenannt lebendigen Gemeinden dominierende Realität, die in einem Führungskonzept für die Kirchgemeinde zu berücksichtigen ist.

Abb. 7-1 zeigt weiter, dass die externe Umwelt in Wechselbeziehung mit der Gemeinde in ihrem institutionellen Aspekt (Infrastruktur, Organisationsstrukturen) und vor allem dem Mitglieder-Kollektiv steht. Was die Kirche zu einer bestimmten Zeit prägt und wie sie erscheint, ist stets durch das gesellschaftliche Umfeld mitbedingt.

Die Bezüge zwischen Umwelt einerseits und Gemeinde in den beiden genannten Aspekten andererseits sind wechselseitig, wobei die Intensität der Beeinflussung nicht gleichwertig ist. Die Umwelt beeinflusst die Gemeinde zunehmend, während umgekehrt der Einfluss von deren Aktivitäten auf die Umwelt immer kleiner wird.

Das Vorgehen bei der Erarbeitung der Analysen und des Führungskonzeptes in Abb. 7-1 wird im folgenden erläutert.

7.2 Analysen der Gemeinde

Abb. 7-2 zeigt das Vorgehen bei der Erarbeitung der drei Analysebereiche der Gemeinde (vgl. Rahmenkonzept). Die Analysefelder in der oberen Hälfte von Abb. 7-2 können wertvolle Informations- und Entscheidungsgrundlagen zur Entwicklung eines Leitbildes liefern. Die Matrix im unteren Teil ist in ausgearbeiteter Form der Hauptbestandteil des Führungskonzeptes (vgl. Abschnitt 7.3).

Die Abb. 7-3 bis 7-5 zeigen einen möglichen Raster für die Analysen der Umwelt bzw. des produktiven Systems der Gemeinde. Davon sind Stärken- und Schwächen-, bzw. Chancen- und Gefahren-Kataloge ableitbar, welche die Rahmenbedingungen für das zu erarbeitende Zielsystem abgeben. Bei der Durchführung der Analysen und insbesondere bei der Erarbeitung eines Führungskonzeptes sollten möglichst viele mitgestaltende Akteure aus der Gemeinde einbezogen werden. Es kann mit einer oder mehreren Arbeitsgruppen gearbeitet werden. Dabei muss ein Mittelweg zwischen breiter Abstützung (dieses Anliegen würde erfordern, dass der Kreis der Einbezogenen weit gefasst wird) und Effizienz (dieses Anliegen erfordert eine kleine Gruppengrösse) gesucht werden.

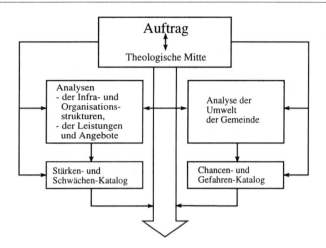

Gemeindekonzept

	Auftrag / theologische Mitte		
	Angebots- und Leistungs- konzept	Finanzwirtschaft- liches Konzept	Soziales und kommunikatives Konzept
Ziele			
Mittel, Potentiale			
Strategien, lang- fristige Planung			

Abb. 7-2: Grobstruktur zur Erarbeitung eines Kirchgemeindekonzeptes (Raster einer strategischen Analyse)

Zur Entwicklung langfristig gültiger Konzepte und Strategien ist es notwendig, sich innerhalb des Vorstandes - im Idealfall unter Einbezug der kirchlichen Berufsgruppen - auf einen minimalen Konsens bezüglich grundlegender gemeinsamer Werthaltungen und theologischer Positionen zu einigen, bevor inhaltliche Aspekte eines Zielrahmens besprochen werden können. Dazu müssen die bestehenden Unterschiede in den Wertvorstellungen erfasst und wenn auch nicht beseitigt, so doch wenigstens gegenseitig transparent und verstehbar gemacht werden. Dazu ist der Prozess der Erarbeitung eines

Leitbildes ein geeignetes Hilfsmittel (ein Leitbild erfüllt daneben natürlich noch andere, wesentlichere Funktionen). Werden Differenzen in den Werthaltungen nicht offengelegt, gelingt es oft nicht, Meinungsverschiedenheiten bei der Erarbeitung von Zielen zu lösen und tragfähige Kompromisse zu finden.

A. Jäger bezeichnet die gemeinsame theologische Mitte als „theologische Achse", wobei er darunter jedoch mehr versteht als gemeinsame theologische Grundpositionen, nämlich ein unternehmenspolitisches Leitbild, das auch Führungsleitsätze enthalten soll.[216] Der Auftrag bzw. die ihm zugrundeliegenden theologischen Grundpositionen bilden die innere, wertprägende und -tragende, stabilisierende und zugleich dynamisierende Mitte, von der die übrigen Ziele unter Einsatz der in Abb. 7-2 dargestellten Methodik abgeleitet werden können. Wenn aus dieser Mitte heraus Zielvorstellungen gebildet werden, geht es um die „unternehmenspolitischen" Grundfragen der Kirchgemeinde: *Wer sind wir? Was wollen und sollen wir? Wohin soll es auf die Länge mit unserer Kirchgemeinde gehen?* Es geht also um diejenigen Fragen, die ein Leitbild beantworten sollte. Wenn eine Kirchgemeinde ein Leitbild und ein Konzept gemäss Abb. 7-2 erarbeiten möchte, empfiehlt es sich daher, mit der Leitbildentwicklung zu beginnen (vgl. dazu Kap. 10). Die erste Zeile „Ziele" im Konzept würden in diesem Fall in einer Zusammenfassung der Leitbildvorgaben bestehen.

Abschnitt 7.2.2 erläutert Gliederung und Inhalte eines Gemeindekonzeptes detaillierter.

---

[216] *Jäger A. (Unternehmenspolitik) 35*

7.2.1   Umweltanalyse

Das Ziel einer Umweltanalyse besteht darin, die gegenseitigen Wechselwirkungen von Kirche, religiösem (Er)leben und gesellschaftlicher Befindlichkeit zu durchdenken, um zu einem besseren Verständnis der Situation der eigenen Kirchgemeinde zu kommen.

Die Formulierung des Auftrags der Kirchgemeinde sollte nur grundsätzliche, langfristig gültige Aussagen enthalten. Der theologische Kern des Auftrags bleibt dabei allgemeingültig und zeitlos. Die Aktualisierung, bzw. Umsetzung des Auftrags müssen auf die jeweilige Umweltsituation abgestimmt werden. Eine periodisch vorzunehmende zeit- und realitätsgerechte Analyse dieser Situation dient also der Anpassung der praktischen Umsetzungsformen des gleichbleibenden Grundauftrages an die Veränderungen in der Umwelt.

Alle Organisationen müssen dafür sorgen, dass sie ohne Unterlass Ressourcen aus der Umwelt erhalten. Im Falle der Kirchgemeinde stammt der Hauptteil der finanziellen Ressourcen aus der internen Umwelt (vgl. Abb. 7-1), d.h. aus dem Mitglieder-Kollektiv. Während die Grosskirchen früher praktisch Monopolcharakter besassen - die einzelne Kirchgemeinde hielt in ihren geografischen Grenzen einen festen Mitgliederbestand (Territorialprinzip), für die Angebote der Kirche gab es kaum Konkurrenz -, steht heute die Mitgliedschaft zur Disposition. Die Frage nach dem persönlichen Nutzen einer Mitgliedschaft - früher kaum bewusst und tabuisiert - steht für viele heute im Vordergrund. Die Kirche muss gegenüber dieser Frage akzeptieren, dass die Bedürfnisse, denen das kirchliche Angebot entspricht, auch anders befriedigt werden können; entweder individuell ohne kirchliche Unterstützung oder mit Hilfe anderer Organisationen. Die Kirche von heute ist dem Wettbewerb mit anderen Organisationen ausgesetzt. Die Mobilisierung von Mitgliedschaft wird damit zur dauernden Herausforderung und zum kritischen Erfolgsfaktor der Führung einer Kirchgemeinde.

Die Beschaffung der zur Erreichung ihrer Ziele oder zur Ausführung der organisatorischen Funktionen erforderlichen Ressourcen gehört zu den grundlegenden Problemen, für die in jeder Organisation dauerhafte Lösungen gefunden werden müssen. Bei der Kirchgemeinde erfordert die Beschaffung der nötigen Mittel (finanzielle Mittel, Personal, räumliche Kapazitäten) kontinuierliche Mobilisierungsanstrengungen. „Das Problem der Mobilisierung beherrscht die Beziehungen zwischen der Organisation und ihrer sozialen Basis. Kirchgemeinden sind sozusagen das Resultat von Mobilisierung. Die kostbarste Ressource der Kirchgemeinde sind ihre Mitglieder. Über die Mitgliedschaft wird gleichzeitig das Problem der Mobilisierung von finanziellen Mitteln gelöst."[217] Dabei ist es selbst aus opportunistischer Sicht wenig sinnvoll, den Zweck der Beschaffung finanzieller Mittel zum dominierenden Motiv der Mitgliedermobilisierung zu machen.

Bei der Analyse der Umwelt der Kirchgemeinde hat die „interne" Umwelt Priorität. Bei der Erfassung der relevanten Umweltfaktoren geht es darum, zukünftige Entwicklungen in einer sich ändernden Umwelt sowie deren Bedeutung für die eigene Kirchgemeinde abzuschätzen. Erschwerend dabei ist, dass man es in diesem Bereich mit vielen ungesicherten und interpretationsbedürftigen Informationen zu tun hat. Es ist daher für die Gemeindeleitung wichtig, sich den Zugang zu relevanten Informationen offen zu halten und die Kompetenz von Führungsverantwortlichen zum Erkennen von Bedürfnis- und Werthaltungsveränderungen zu stärken. Unterstützt werden kann diese Funktion durch Mitgliedschaft in Organisationen, die in der internen Umwelt von Kirchgemeinden von Einfluss und Bedeutung sind, sowie durch die Erstellung von Checklisten für die einzelnen Umweltdimensionen, um die Vielfalt der Faktoren systematisch zu erfassen. Neben solch instrumentaler Unterstützung spielt natürlich auch die Pflege einer Kultur der Offenheit und Sensibilität gegenüber Veränderungen im kirchlichen Umfeld eine wichtige Rolle.

Die Abb. 7-3 zeigt die wesentlichen Dimensionen und Anspruchsträger einer Umweltanalyse für die Kirchgemeinde.

---

[217] *Dubach A./Campiche R. J. (Religion) 143*

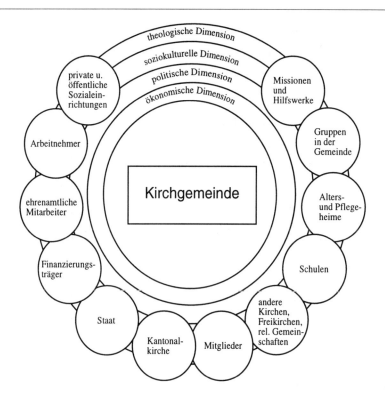

Abb. 7-3: *Grundschema für die Umweltanalyse*

Abb. 7-4 zeigt die „Hierarchie", die gegenseitige Vernetzung und Rückkoppelung der einzelnen Dimensionen im Sinne der Zielsetzung einer Integration von Ökonomie und Theologie.

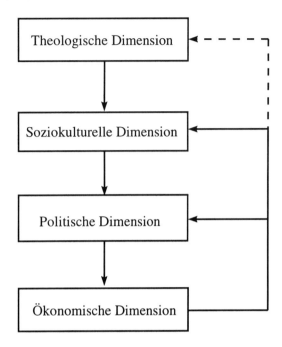

Abb. 7-4: *Vernetzung der vier Umweltdimensionen*

Die theologische Dimension:

Betreffend der theologischen Vorstellungen und Erwartungen gibt es ähnlich wie bei Normen und Werthaltungen einen kodifizierten Bereich (reglementarische Vorgaben bezüglich des christlichen Verkündigungsauftrags, die Bibel als Grundverfassung der evangelisch-reformierten Kirchen) und einen nicht kodifizierten Bereich von subjektiven und intersubjektiven religiösen Vorstellungen, die berücksichtigt werden müssen. „Management-relevant" sind hier das Erfassen von Veränderungen in der religiösen Bedürfnisstruktur, von bestehenden theologischen Bildungspotentialen (die es in der Gemeinde i.d.R. neben den angestellten Pfarrern in beträchtlichem Ausmass geben kann) und die Entwicklung nicht-kirchlicher religiöser Aktivitäten in der Gemeinde. Beispielsweise kann eine in regelmässigen Zeitabständen vorgenommene systematische Prüfung der „Publikumsresonanz" der kirchli-

chen und nicht-kirchlichen Veranstaltungen Hinweise auf die Bedürfnisstrukturen und deren Entwicklung geben.

Die soziokulturelle Dimension:

Die Kirchgemeinde untersteht, weil sie als Hüterin christlicher Werte wahrgenommen wird, mehr als andere Institutionen sozialen Normen sowie kulturellen Wertungen, und zwar sowohl bezüglich ihrer Befindlichkeit als Orga-
nisation/Institution als auch ihres Handelns. Dabei kommen, ähnlich wie bei
der theologischen Dimension, kodifizierte und nicht kodifizierte Normen
zum Tragen. Kodifizierte Normen sind gesetzliche Bestimmungen und Re-
glemente. Auch die Bibel spielt als verpflichtende „Urquelle" kodifizierter
Normen natürlich eine bedeutende Rolle. Aber auch über nicht kodifizierte
Normen mit intersubjektiver oder gar nur subjektiver Geltung kann sich die
Kirchgemeindeleitung nicht einfach hinwegsetzen. Ihre Verletzung kann von
den betroffenen Anspruchsgruppen bzw. Einzelpersonen mit Ressourcenentzug sanktioniert werden (Entzug von ehrenamtlicher Mitarbeit, Kirchen-
austritt). Auch kulturelle Wertungen müssen berücksichtigt werden und zwar
in zweierlei Bedeutung: In der Erhaltung und Pflege von Kulturgütern sehen
viele auch kirchenfremde Mitglieder der Kirchgemeinde eine wesentliche
Funktion der Kirche. Daneben beziehen sich kulturelle Wertungen auch auf
die interne Zusammenarbeits- und Führungskultur der Gemeinde. Die Berücksichtigung der soziokulturellen Dimension wird unterstützt durch eine
regelmässige Bestandesaufnahme der demographischen, politischen und
kulturellen Entwicklungstendenzen sowie Veränderungen der sozialen
Schichtung in der Kirchgemeinde.

Die politische Dimension:

Diese Dimension kann unterteilt werden in einen externen und einen internen (organisationspolitischen) Bereich. Mit dem externen Bereich sind einerseits die vielfältigen institutionalisierten Verflechtungen der Kirchgemeinde als öffentlich-rechtliche Einrichtung mit dem Staat gemeint und andererseits die mit dem öffentlichen und wertebildenden Charakter verbundene politische Relevanz der Kirche.

Bei den Landeskirchen mit öffentlich-rechtlichem Status spielt die Gestaltung des Verhältnisses zwischen Staat und Kirche eine wesentliche Rolle. Es lässt sich feststellen, dass Aktivitäten der Kirche, welche ihre Verbindung zum Staat manifestieren, mehrheitlich positiv wahrgenommen werden (z.B. Einsatz von Militärseelsorgern, Gottesdienste zum Nationalfeiertag am 1. August usw.). Aus der Sicht eher konservativ orientierter Kirchbürgerschaft erfüllt die Kirche auch staatstragende Funktionen. Die Beziehungen zwischen der Kirche (auf der Ebene der Kantonalkirche, aber auch der einzelnen Kirchgemeinde) und Behörden bzw. staatlichen Einrichtungen sollten regelmässig geprüft und bewusst gestaltet werden. Ob dies auch für politische Äusserungen von kirchlichen Amtsträgern möglich und sinnvoll ist, kann in diesem Rahmen nicht erörtert werden.

Mit dem organisationspolitischen Aspekt sind die bereits verschiedentlich erwähnten „unternehmenspolitischen" Grundsätze (Leitbild für die Kirchgemeinde) angesprochen.

Die ökonomische Dimension:

Der Einbezug der ökonomischen Dimension im Rahmen einer Umweltanalyse erfordert, dass die Abhängigkeit der Kirchgemeinde von der allgemeinen wirtschaftlichen Entwicklung, d.h. dem Wirtschaftswachstum, der Konjunkturentwicklung, der Staatsfinanzen usw. analysiert wird, weil diese Parameter das Steueraufkommen und die Bereitschaft der Mitglieder zur Bezahlung der Kirchensteuer beeinflussen.[218] Daneben verlangt die Berücksichtigung der ökonomischen Dimension aber auch einen sparsamen und wirksamen Einsatz der verfügbaren Mittel.

Neben den vier Umweltdimensionen sind in Abb. 7-3 verschiedene Institutionen, Organisationen und Personengruppen aufgeführt, welche gegenüber der Kirchgemeinde Ansprüche geltend machen. Sie können einer oder mehreren der definierten Umweltdimensionen zugeordnet werden. Bei der Darstellung in Abb. 7-3 handelt es sich nicht um eine abschliessende Definition

---

[218] *vgl. Güntert B.J. (Krankenhaus) 79*

der möglichen Anspruchsgruppen. Ihre konkreten Ansprüche zu erfassen, ist Gegenstand der schematisch dargestellten Umfeldanalyse. Typisch für den aktuellen Kreis der Anspruchsträger einer Kirchgemeinde ist die Inhomogenität, ja Widersprüchlichkeit ihrer Erwartungen und ihr Bestreben, die Kirche für verschiedene, teilweise widersprüchliche Zwecke zu „gebrauchen". Nach der Art ihrer Ansprüche lassen sich die Anspruchsträger in Anspruchsgruppen einteilen. Bei der Bedeutung und der Anzahl dieser Anspruchsgruppen gibt es zwischen einzelnen Gemeinden beträchtliche Unterschiede. Die Abb. 7-3 beschränkt sich auf die wichtigsten Anspruchsgruppen, die in allen Gemeinden von Bedeutung sein dürften. Aus der Optik des Anspruchsträgerkonzepts ist die Kirchgemeinde ein Mehrzweckgebilde. Die verschiedenen Anspruchsgruppen verfolgen mit der Kirche je eigene, oft widersprüchliche Ziele. Eine offene Volks-Kirchgemeinde wird daher immer von den Interessenkonflikten zwischen verschiedenen Anspruchsgruppen geprägt sein. Ein aus der Sicht aller Anspruchsträger konsistentes Zielsystem ist nicht realisierbar. Es geht darum, das Wechselspiel zwischen verschiedenen Interessengruppen nicht als exogen vorgegeben aufzufassen, sondern es aktiv mitzugestalten und dafür zu sorgen, dass Partialinteressen die Gemeinde als Ganzes nicht gefährden. Dabei ist zu berücksichtigen, dass bezüglich Einfluss und Bedeutung die einzelnen Anspruchsträger unterschiedliches Gewicht haben. Im Hinblick auf längerfristige Existenzsicherung der Kirchgemeinde kommt der „Anspruchsgruppe" der Gemeindemitglieder, bzw. der Erfassung ihrer Werthaltungsveränderungen, der damit verbundenen Ansprüche an die Gemeinde und somit der Motive, die zur Beibehaltung der Mitgliedschaft bewegen, prioritäre Bedeutung zu. Die möglichst differenzierte Erfassung der bestehenden Ansprüche, Interessen und Motivstrukturen gehört zu den Führungsaufgaben, die in Zukunft noch an Bedeutung gewinnen werden (vgl. dazu auch Kapitel 8).

Die Erkenntnisse aus der Umweltanalyse können zusammengefasst und im Rahmen einer Chancen/Gefahren-Analyse auf ihre Wirkung auf die Kirchgemeinde hin bewertet werden (vgl. Abb. 7-2). Wie erwähnt gehört eine solche Analyse zu den Vorbereitungen für die Erarbeitung eines Leitbildes, kann aber auch sonst in regelmässigen Zeitabständen zum Zweck einer Standortbestimmung durchgeführt werden.

7.2.2 Analyse des „produktiven Systems" der Gemeinde

Aufgabe dieser Analyse ist es, sich einen Überblick über die bisherigen Entwicklungen und den gegenwärtigen Zustand des produktiven, institutionalisierten Teils der Gemeinde zu verschaffen. Diese Informationen bilden die Grundlage für eine Beurteilung der Ausgangslage in einer sogenannten Stärken/Schwächen-Analyse. Das Problem bei einer Analyse im umfassenden Umfang wie er im Grobraster von Abb. 7-5 dargestellt ist, besteht darin, dass zu einigen der Beurteilungsbereiche entweder keine oder nur sehr vage Informationen vorliegen, oder dass die Beurteilung der vorliegenden Informationen kontrovers ist. Allerdings ist gerade für kleinere Gemeinden auch nicht die Abdeckung aller Analysebereiche möglich und sinnvoll. Kleine Kirchgemeinden beispielsweise besitzen sehr einfache Führungsstrukturen, die keinen besonderen Analyseaufwand erfordern dürften.

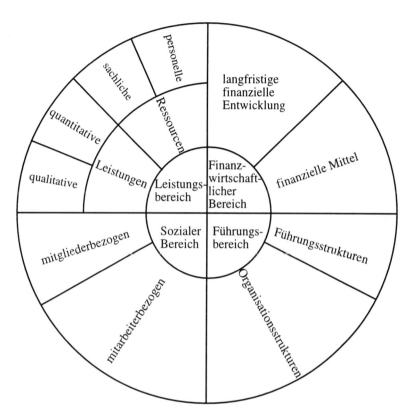

Abb. 7-5: Grundschema für die Analyse des „produktiven Systems" der Kirchgemeinde²¹⁹

Kontrovers dürften im Schema Abb. 7-5 insbesondere die Beurteilungen der Qualität der in der Gemeinde erbrachten Leistungen sowie des eigenen Kader- und Mitarbeiter-Potentials (d.h. Mitglieder der Leitungsgremien, ehrenamtliche und angestellte Mitarbeiter der Gemeinde) sein.

---

²¹⁹ *abgeleitet von ebenda 81*

Die Analysearbeit mit Hilfe des Rasters Abb. 7-5 soll dazu dienen, Lücken bei der Definition und Strukturierung der eigenen Führungsarbeit zu erkennen und zu beseitigen, der Gemeindeleitung die Möglichkeit zu bieten, eine Bestandesaufnahme ihrer Führungstätigkeit vorzunehmen sowie Grundlagen zur Erarbeitung eines Führungskonzeptes zu liefern.

7.2.3 Das Gemeindekonzept

Im **Angebots- und Leistungskonzept** wird unter Berücksichtigung des internen und externen Umfeldes die Zusammensetzung und Qualität der Angebote/Aktivitäten für die Zukunft definiert.[220] Dabei sollten neben der Bestimmung der nötigen personellen und räumlichen Kapazitäten bei einzelnen geplanten Angeboten auch die Aufbauschritte festgelegt werden. So erfordert beispielsweise der Aufbau einer kirchlichen Jugendarbeit eine langfristige, systematische Planung.

Im **finanzwirtschaftlichen Konzept** werden Strategien zur längerfristigen Sicherung der Finanzierung festgelegt. Dazu gehören auch Strategien für den wirtschaftlichen Einsatz der verfügbaren personellen, finanziellen und Raumressourcen, d.h. beispielsweise die Nutzungsoptimierung von Räumlichkeiten oder in Grossgemeinden mit mehreren Pfarrern die Bildung abgrenzbarer Teilaufgaben für die Gesamtgemeinde (Heimseelsorge, Altenbetreuung, Jugendarbeit).

Das **soziale Konzept** beinhaltet einerseits die „soziale Atmosphäre" in der Gemeinde, ist also Teil der Kulturentwicklung der Gemeinde (vgl. Abschnitt 8.1). Der Mindestbestand eines sozialen Konzeptes umfasst die Formulie-

---

[220] *Es empfiehlt sich, dabei eine zweckmässige Gliederung vorzunehmen, z.B. Ehrenamtliche Mitarbeit; Gottesdienst; Seelsorge; Kinder- und Jugendarbeit; Erwachsenen- inkl. Altersarbeit; soziales Engagement. Die vorgeschlagene Gliederung macht deutlich, dass mit dem "Angebots- und Leistungskonzept" im Rahmen eines neuen begrifflichen und methodischen Systems das miteingeschlossen ist, was in der praktischen Theologie und auch in der kirchlichen Praxis mit "Gemeindeaufbau" bezeichnet wird.*

rung von Zielen für die Gestaltung von Interaktion und Verständigung mit Mitarbeitern und Teilnehmern an kirchlichen Aktivitäten.

Andererseits gilt es, der Bedeutung der kirchlichen diakonischen Tätigkeit sowohl für die Menschen, denen sie zugute kommt, als auch für das Image der Kirche gerecht zu werden. Diakonische Arbeit begegnet drängenden und in der Öffentlichkeit stark wahrgenommenen Problemen wie Arbeitslosigkeit, dem Phänomen der neuen Armut, den Folgen des sich verschärfenden Wettbewerbs- und Leistungsdrucks in der Arbeitswelt usw. Mit diakonischen Aktivitäten erfüllt die Kirche nicht nur eine bedeutende gesellschaftliche Funktion, sondern schafft sich auch wertvollen Good-will bei Kirchenmitgliedern, die sich nicht aktiv am kirchlichen Leben beteiligen, denen es aber - häufig wegen ihrer sozialen Funktion - wichtig ist, dass es die Kirche gibt und aus diesem Grund bereit sind, sie finanziell mitzutragen. Aktueller wird die diakonische Aufgabe der Kirche auch deshalb, weil der Umfang der von der öffentlichen Hand abgedeckten sozialen Aufgaben unter dem Druck von Sparzwängen bei gleichzeitiger Verschärfung von sozialen Problemen eher abnehmen dürfte. Eine grosse Chance hat die Kirche auf diesem Feld insbesondere dann, wenn es ihr gelingt, vermehrt ehrenamtliche Mitarbeiter(innen) für diakonische Arbeit zu mobilisieren.

	Auftrag/theologische Mitte		
	Leistungs- und Angebotskonzept	Finanzwirtschaftliches Konzept	Soziales und kommunikatives Konzept
Ziele	Marketing-Ziele: - Mobilisierung von Mitgliedschaft - Bedürfnisorientierung - Positionierung im relevanten gesellschaftlichen Umfeld Leistungsziele: - Art und Qualität der Angebote und Leistungen - Vielfalt der Angebote und Leistungen	- Budgetausgleich - Einsparungsziele - Aufwandprioritäten - Sicherung der Steuereinnahmen	- Allgemeine gesellschaftsbezogene und/ oder „politische" Ziele - Mitgliederbezogene Ziele - Mitarbeiterbezogene Ziele
Mittel Potentiale	- Personelles Potential - Finanzielles Potential - Immobilien und andere materielle Mittel	- Vermögensstruktur - Reservebildung - Abschätzen des mittel- und langfristigen Steueraufkommens	- Potentiale zum Aufbau von Beziehungsnetzen, von Verständigung und normativer Integration - Mittel der Personalentwicklung für angestellte und ehrenamtliche Mitarbeiter
Strategien und langfristige Planung	- Strategien zur Beschaffung der nötigen Mittel - Strategien/Planung zur Entwicklung von bedürfnisgerechten Angeboten und Leistungen	- Mittel- und/oder langfristige Finanzplanung - Strategien zur Sicherung der Wirtschaftlichkeit - Finanzierungspläne für grössere Infrastrukturinvestitionen	- Strategien für die Personalentwicklung - Langfristige Stellenplanung

Tab. 7-1: Struktur eines Kirchgemeindekonzepts

Erläuterungen zu Tab. 7-1:

Die Tabelle zeigt, wie die einzelnen Konzepte aufgefächert werden können.

Die übergeordnete Klammer der drei dargestellten Konzeptbereiche besteht in der theologischen Mitte bzw. dem darauf abgestimmten Auftrag der Gemeinde.

Die einzelnen Elemente in den Bereichen Ziele, Mittel, Strategien für das „Leistungs- und Angebotskonzept" und das „Finanzwirtschaftliche Konzept" dürften ohne weitergehende Erläuterungen auskommen. Einige Elemente des „sozialen und kommunikativen Konzepts" dürften jedoch erklärungsbedürftig sein.

Wenn sich eine Kirchgemeinde in diesem Bereich Ziele setzt, bedingt dies ein bestimmtes Verständnis des eigenen Auftrages: Der wertebildende und -vermittelnde Auftrag der Kirche rückt in den Vordergrund, ein Auftrag, dem angesichts gesellschaftlicher Erwartungshaltungen besondere Bedeutung zukommt[221].

Allgemeine gesellschaftsbezogene und/oder „politische" Ziele:

Die Frage nach den Formen und Wegen kirchlichen Wirkens in und gegenüber dem politischen Beziehungsfeld von Staat und Gesellschaft stellt sich unter den heutigen Grundgegebenheiten der politischen Ordnung in zweifacher Hinsicht: als Frage nach dem Verhältnis von kirchlichem Amt und Politik und als Frage nach den politischen Wirkungsmöglichkeiten der Gläubigen als Kirchenglieder. D.h. kirchliche Wirksamkeit kann sich grundsätzlich in zwei Formen zur Geltung bringen: als Handeln der kirchlichen Ämter (Kirche als Institution) und im Handeln der Gläubigen (Kirche als Volk Gottes), nicht zuletzt mittels ihrer Rechte als Bürger.[222] Kirchliche Leitungsverantwortliche können Grundsätze und Ziele selbstredend nur für den

---

[221] vgl. dazu Dahm K.-W. (Kirche und Religion) 116-125 und die entsprechenden Ausführungen in Abschnitt 3.4.1

[222] Böckenförde E.W. (Staat - Gesellschaft - Kirche) 78

ersten Bereich formulieren. Böckenfröde spricht von einer „unpolitisch-politischen" Wirksamkeit der Kirche und meint damit folgendes[223] : Die Kirche hat eine Aufgabe in der Welt und für die Welt. Hinter dieser Aufgabe steht die Verkündigung des Evangeliums als Berufung, eine Aufgabe, die genuin geistlichen Charakter hat und deshalb unpolitisch ist. Aber diese Botschaft wird auch - weil sie eine Botschaft von Menschen für Menschen ist - auf das Leben der Menschen und die Ordnung ihres Zusammenlebens einwirken. Diesbezüglich wirkt sie auch politisch. „Der leitende Gesichtspunkt für das Verhältnis der Amtskirche zur Politik kann daher weder sein, das Politische und die Politik in jedem Fall, um der 'Reinheit' der Glaubensverkündigung willen meiden zu wollen, noch sie von sich aus zu suchen. Das erstere würde zu einer politisch angepassten, inhaltlich verkürzten Verkündigung führen, das letztere würde den geistlichen Auftrag der Kirche überschreiten und sie selbst politisieren."[224] In diesem Spannungsfeld bewegt sich die Entwicklung von Zielen, Grundsätzen und Kriterien für das gesellschaftsbezogene Engagement einer Kirchgemeinde.

Konkret gibt es verschiedene Möglichkeiten, an dieser Aufgabe zu arbeiten:

– Gemeinsame Definition von gesellschaftlichen / politischen Themen, die für eine bestimmte Planungsphase im kirchlichen Leben thematisiert werden sollen.

– Entwicklung von Richtlinien über Inhalt und Form kirchlicher Äusserungen zu politischen Fragen (wesentlich ist dabei m.E. die parteipolitische Neutralität der Kirche und ihrer Amtsträger).

---

[223] *ebenda 81f*

[224] *ebenda 82*

Mitgliederbezogene Ziele:

Um zu veranschaulichen, wie solche Ziele formuliert werden können, sei im Sinne eines Beispiels ein Auszug aus den Leitsätzen des bereits zitierten Leitbildes (vgl. Abschnitt 3.4.1.2) angeführt:[225]

"Die für die Gestaltung des kirchlichen Lebens Verantwortlichen sollen einfach und verständlich über die Sorgen und Nöte des Alltags sprechen, die Ängste der Menschen offen zur Sprache bringen, ermutigen, Selbstvertrauen geben sowie dem Leben miteinander Sinn und Inhalt verleihen. Die Menschen sollen in der Gemeinde auf offene Ohren, offene Augen und offene Herzen stossen. Die Gemeinde zeigt, dass sie die Realität nicht scheut und ihren Beitrag zur öffentlichen Meinungsbildung leistet."

Mitarbeiterbezogene Ziele:

Mitarbeiterbezogene Ziele umfassen einerseits Grundsätze/Ziele im Bereich der Ethik der Personalführung und andererseits für die Zusammensetzung und die Funktionszuteilung des eingesetzten Personals. Letzteres muss in Abstimmung auf das Angebots- und Leistungskonzept (Leistungsziele) sowie die Personalpolitik erfolgen.

Kirchliche Mitarbeiter müssen es sich gefallen lassen, an hohen ethischen Ansprüchen (oft auch bloss an wertekonservativer Moral) gemessen zu werden. Ihrerseits stellen sie aber auch hohe Ansprüche an die Ethik der Personalpolitik in ihrer Gemeinde.

Mittel der Personalentwicklung:

Weil das Personal die wichtigste Ressource einer Kirchgemeinde darstellt und damit Auswahl, Einsatz und Förderung der Mitarbeiter Schlüssel-Führungsfunktionen sind, werden Fragen der Personalentwicklung eingehend in Abschnitt 8.3 behandelt.

---

[225] *Leitbild der evangelisch-reformierten Kirchgemeinde Straubenzell St. Gallen West 1995*

Potentiale zum Aufbau von Beziehungsnetzen, von Verständigung und normativer Integration (im internen und externen Umfeld):

Kirchgemeinden brauchen in hohem Mass gesellschaftliche Legitimation und Akzeptanz. Direkte persönliche Beziehungen, Beziehungsnetze sind dabei ausschlaggebend. Unter dem Begriff der Interaktions- oder Beziehungsqualität wurde bereits auf deren Funktion hingewiesen. Die Entstehung von Kirchenbindung und die normative Integration der Gemeindeglieder sind darauf angewiesen. Allerdings ist auch unübersehbar, dass der Aufbau und die Stärkung von Beziehungsnetzen auf dem Hintergrund zunehmender sozialer Desintegration bedeutend anspruchsvoller geworden sind. „Potential" zur Wahrnehmung dieser Aufgaben soll umfassend verstanden werden: Dazu können besonders erfolgreiche Anlässe, bestehende Beziehungsnetze, besondere Siedlungskonstellationen usw. gehören.

7.3   Das Führungskonzept

Das nachfolgend dargestellte Führungskonzept besteht aus zwei Hauptteilen:

- einem Führungssystem und

- einem Organisationskonzept.

7.3.1   Das Führungssystem

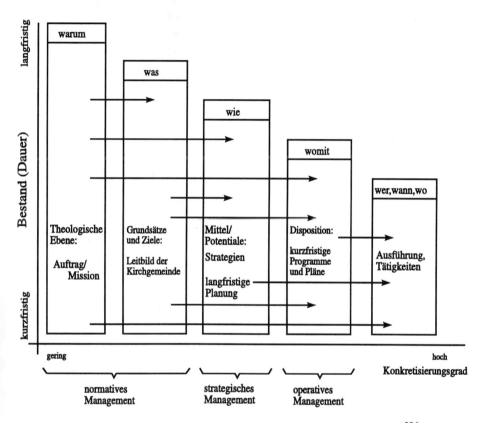

Abb. 7-6: Aufgliederung der Komponenten des Führungssystems[226]

Bei der Führung der Kirchgemeinde sollten die drei Teilbereiche *Konzept der Gesamtführung, Planung* und *Disposition* unterschieden und ihre Zuordnung zu einzelnen Personen und Leitungsgremien klar geregelt werden. In den drei Bereichen werden Entscheide von unterschiedlicher Bedeutung

---

[226]   *vgl. dazu Wunderer R. (Führungslehre) 176*

und Wirkungsdauer getroffen. Die Abb. 7-6 zeigt, dass innerhalb der Planungsfelder im strategischen und operativen Management stets Aspekte des normativen Managements einfliessen. Aus methodischer Sicht beinhaltet Planung immer auch „ein System von Imperativen; nicht-normative Planung ist logisch unmöglich." Der normative Charakter von Planung ergibt sich auch aus der Ableitung von Subzielen aus Oberzielen, aus dem Bezug zu Verhaltens- und Einstellungsnormen sowie aus der niemals wertneutralen Mittelwahl bei gegebenen Zwecken.[227]

Dispositive Aufgaben werden in der Kirchgemeinde auf allen Führungsstufen und in allen Tätigkeitsbereichen erfüllt. Bei der Disposition geht es um den Einsatz der personellen und sachlichen Kapazitäten im täglichen Arbeitsvollzug. Dass die Einzeldispositionen in den verschiedenen Tätigkeitsbereichen (Gemeindehilfe/Sozialhilfe/Jugendarbeit, Pfarrämter, Verwaltung) koordiniert werden sollten, versteht sich von selbst, bereitet aber nicht selten erhebliche Schwierigkeiten. Ergebnis der Disposition sind kurzfristige Arbeitsprogramme für Wochen oder Tage: Gottesdienst- bzw. Predigtpläne, Veranstaltungskalender für einen Monat oder ein Quartal, Pläne für den Religionsunterricht (Unterrichtszeiten, -orte und zuständige Katecheten) usw. Solche kurzfristigen Arbeitsprogramme sind i.d.R. in allen Kirchgemeinden in Gebrauch, oft bestehen jedoch erhebliche Koordinationsprobleme bei der planerischen Abstimmung dieser Einzelaktivitäten.

Die Planung betrifft die Vorbereitung grösserer längerfristiger Aufgaben für einen bestimmten Zeitraum (Periodenpläne) oder für bestimmte Projekte (Projektpläne).

Die einzige in allen Gemeinden durchgeführte Periodenplanung ist die Budgetplanung für ein Jahr. Nachteil der Beschränkung auf diese Planungsform ist, dass Ziele und Massnahmen lediglich in der geldwertmässigen Dimension betrachtet werden. I.d.R. werden die einzelnen Budgetposten nicht eigentlich geplant, sondern aufgrund von Vergangenheitswerten fortgeschrieben. Allerdings muss auch angemerkt werden, dass die Spielräume für eine

---

[227] *Brantl St. (Management und Ethik) 5*

prospektive Budgetplanung eher gering sind, da der grösste Aufwandposten (Personalaufwand) bei gegebenem Personalbestand keinen Gestaltungsspielraum lässt.

Besonders für Grossgemeinden, die aus mehreren Teilgemeinden bestehen, wäre es jedoch im Interesse der Koordination zwischen den verschiedenen Tätigkeitsbereichen und eines effizienten Mitteleinsatzes empfehlenswert, Jahrespläne (und/oder Jahresziele) auch für andere Bereiche zu erstellen, beispielsweise:

- Tätigkeit der Pfarrämter,

- Veranstaltungen für die Gesamtgemeinde,

- Einsatz der Beschäftigten für Sozialhilfe, Gemeindehilfe und Jugendarbeit[228].

Aufgrund der zu erwartenden Verschärfung der Finanzierungsprobleme werden künftig auch vermehrt Mehrjahres-Finanzpläne nötig werden.

Projektpläne beziehen sich jeweils auf bestimmte Vorhaben ohne Rücksicht auf den Zeitrahmen. Beispiele dafür sind bei Kirchgemeinden etwa Bauvorhaben oder Restrukturierungsprojekte, wie sie im Zusammenhang mit Sparzwängen vermehrt nötig sein werden. Projektpläne werden meist durch spezielle Projektorganisationen und interdisziplinäre Teams unterstützt und durchgeführt (vgl. dazu Kap. 9).

Perioden- und Projektpläne sind nicht unabhängig voneinander und müssen koordiniert sein. In grösseren Unternehmen gibt es dafür eigentliche gut ausgebaute Planungssysteme. Solche Planungssysteme sind für Kirchgemeinden nicht nötig. Die Notwendigkeit der Koordination sollte aber erkannt und in irgend einer Form institutionalisiert werden (Zuweisung der Aufgabe an ein Leitungsgremium oder eine einzelne Person).

---

[228] *In vielen Gemeinden wird funktionsmässig lediglich unterschieden zwischen Gemeindehelfern und Jugendarbeitern. Vom Tätigkeitsfeld her ist jedoch eine Unterscheidung in Gemeindehilfe, Sozialhilfe und Jugendarbeit möglich und nötig (vgl. dazu auch Fussnote 98).*

Das *Konzept der Gesamtführung* stellt die oberste Stufe sowie den wichtigsten und umfangreichsten Teil des Führungssystems dar. Es besteht aus dem Gemeindekonzept (vgl. 7.2.3.2) und/oder einem Leitbild und umfasst die langfristig gültigen Grundsatzziele und -entscheide, die mit Unterstützung der in Abschnitt 7.2.3 dargestellten Analyseinstrumente festgelegt werden. Auch wenn dabei die analytische Arbeit im Vordergrund steht, muss darauf verwiesen werden, dass damit auch kreative Leistungen verbunden sind. Das Konzept der Gesamtführung sollte periodisch überprüft und allenfalls den sich verändernden Bedingungen angepasst werden.[229] Der Zweck dieser Überprüfung liegt v.a. darin, Veränderungen im sozialen und religiösen Umfeld frühzeitig zu erkennen, um angemessen und zeitgerecht darauf reagieren zu können.

7.3.2   Das Organisationskonzept

Nur Kirchgemeinden mit mehreren Subeinheiten (Teilgemeinden) sind so gross, dass die Gestaltung der organisatorischen Strukturen zu einem wesentlichen effizienzrelevanten Faktor des Managements wird.

Strukturen in einer Kirchgemeinde gestalten und weiterentwickeln, heisst:[230]

– Organisationseinheiten bilden und entwickeln: Subsysteme (Kirchenkreise) Mitarbeitergruppen, Organe (Leitungsorgane, Ausschüsse, Kommissionen) und Stellen;

– Aufgaben, Kompetenzen und Verantwortlichkeiten auf die Einheiten verteilen;

– Führungs- (Hierarchie-), Arbeits- und Kommunikations-Beziehungen zwischen den Einheiten institutionalisieren, sowie die damit zusammenhängenden Abläufe/Prozesse gestalten und regeln.

---

[229] *Güntert B.J. (Krankenhaus) 93*

[230] *Schwarz P. (Management in NPO) 37ff*

– Einsatz von Instrumenten der organisatorischen Gestaltung: Aufgrund der Grösse der Organisation Kirchgemeinde und der Dominanz des „Betriebsmittels" Personal genügt in diesem Bereich der Einsatz von wenigen Instrumenten wie Stellenplan, Stellenbeschreibungen, evtl. Funktionsdiagrammen.

Schwarz nennt zwei Grundprinzipien organisatorischer Gestaltung in NPO, die grundsätzlich auch für Kirchgemeinden Geltung haben:

1. Das *Ganzheits-Prinzip* bezieht sich dabei auf mehrstufige Systeme, bzw. solche mit zentralen und dezentralen Einheiten. Die Grossgemeinde, die aus mehreren Teilgemeinden zusammengesetzt ist, ist als zweistufiges System nach diesem Konstruktionsprinzip aufgebaut. Die Erfahrung zeigt, dass bei solchen Systemen die Tendenz besteht, dass Subeinheiten ihre Autonomie verstärken möchten. Es stellt sich das klassische Problem von Verbandsstrukturen, die Integration von Gesamt- und Partikularinteressen. Das Ganzheits-Prinzip verlangt, dass ein gesamtgemeindliches Handeln und Verhalten anzustreben ist.

2. Das *Gleichgewichts-Prinzip* ist eigentlich nur die logische Konsequenz der Anwendung des Ganzheits-Prinzips. Es besagt, dass die am Managementprozess (Entscheidungsfindung, Willensbildung, Problemlösung) beteiligten Einheiten gleichgewichtig zusammenwirken sollen. D.h., es muss dafür gesorgt werden, dass keine Einheit gegenüber der anderen unkontrollierte Macht ausüben kann. Das Gleichgewicht ist sowohl durch die Aufgaben- und Kompetenzverteilung wie durch die Gestaltung der Prozesse und die Handhabung tauglicher Managementinstrumente sicherzustellen.

In Bezug auf die kirchlichen Organisationsstrukturen und deren Gestaltung verweist A. Dubach auf das „organisationsstrategische Dilemma der Grosskirchen"[231]: Oberstes Ziel der Kirchen sei es, auf das Verhalten und die Einstellung der Mitglieder im Sinne ihres institutionalisierten Wert- und

---

[231] *Dubach A./Campiche R.J. (Hrsg.) (Religion) 167/168*

Normengefüges einzuwirken. In Anlehnung an Japp[232] spricht Dubach dabei von „Dienstleistungsarbeit an Werten/Normen mit Menschen." Diese Arbeit ist angewiesen auf Kommunikation und personale Interaktion. In den entsprechenden Kommunikationsformen dominieren zwischenmenschliche, dialogische Sozialformen. Diese elementaren sozialen Voraussetzungen „sperren sich gegen strukturelle Standardisierung und Organisierung." Interaktive Strukturen sind durch Spontaneität geprägt und nicht regelbar. Organisationsstrukturen sind als Träger von Prozessen normativer Integration ungeeignet. „Dass die Kirchenmitglieder sich mit den Zielen und Werten der Kirche zu identifizieren vermögen, setzt Strukturen voraus, die dem Sozialtyp der formalen Organisation zuwiderlaufen. Je stärker es zum Einsatz organisatorischer Mittel kommt und je deutlicher der Organisationscharakter der Kirchen ins Bewusstsein rückt, desto geringer werden deren Fähigkeiten, christliche Sinngehalte motivrelevant zu vermitteln."

Der Identifikation dieses „organisationsstrategischen Dilemmas" ist grundsätzlich zuzustimmen, d.h. das Phänomen besteht zweifellos. Dessen Bedeutung und Auswirkung werden jedoch m.E. überbewertet. Es trifft sicher zu, dass Ziele wie normative Integration der Mitglieder, die Entwicklung lebendiger Interaktionssysteme, die Vermittlung christlicher Sinngehalte usw. mit organisatorischen Mitteln allein nicht zu erreichen sind. Ein Verzicht auf deren Einsatz dürfte jedoch den genannten Zielen keineswegs dienlich sein. Klare und zweckmässige Organisationsstrukturen können durchaus wesentlich im Sinne unterstützender Rahmenbedingungen dazu beitragen, dass eine emotionale Einbindung der Kirchenmitglieder gelingt. Entscheidend dürfte dabei sein, wie die Kirchgemeinde als Institution bzw. Organisation gegenüber ihren Mitgliedern in Erscheinung tritt. Wenn dabei der institutionalisierte Aspekt der Gemeinde in der Erfahrung des kirchlichen Handelns für die Mitglieder nicht dominant ist, muss das organisationsstrategische Dilemma nicht zum Problem werden.

Fazit aus Kapitel 7:

---

[232] *Japp K.P. (Psychosoziale Dienste) 38*

Das vorgestellte Management-Rahmenmodell soll gewährleisten, dass Einzelentscheide im Gesamtzusammenhang gesehen und getroffen werden können. Die entwickelten Konzepte und Instrumente haben zudem die Funktion, In- und Umwelt der Kirchgemeinde systematisch analysieren zu können. Um auf die Ebene der Problemlösungen in konkreten Einzelfragen der Führung zu gelangen, geht es im folgenden Kapitel darum, orientiert an der Probleminventarisierung in Kapitel 6, das Rahmenkonzept in entsprechenden Teilen konkret auszufüllen. Im Vordergrund steht dabei die Absicht, den gestaltenden Akteuren in der Gemeinde Hilfen und Hinweise bei der Auseinandersetzung mit Verbesserungsmöglichkeiten bei der Wahrnehmung ihrer (Führungs)aufgaben zu geben.

8 Kritische Erfolgsfaktoren und Verbesserungsmöglichkeiten in der Führung von Kirchgemeinden

Die folgenden Ausführungen konzentrieren sich auf diejenigen Gestaltungsfelder bei der Leitung von Kirchgemeinden, die für eine wirkungsvolle und professionelle Führung und Verwaltung erfolgsentscheidend sein dürften. Gleichzeitig soll dabei versucht werden, Lösungsansätze vorzuschlagen, die den in Kapitel 6 definierten Problemen gerecht werden. Im einzelnen werden folgende Themenbereiche vertieft (kursiv: Verweis auf die entsprechenden in Kapitel 6 definierten Problemfelder):

– Kulturbewusste Führung;
   6.2.4 (Kultur-Defizite), 6.1.2 (Zusammenarbeit, Kommunikation, Informationsfluss)

– Öffentlichkeitsarbeit und Imagepflege;
   6.2.3 (Image der Kirchgemeinde)

– Personalentwicklung und Mitarbeiterführung;
   6.1.2 (Zusammenarbeit, Kommunikation und Personalführung)

– Entwicklung von Organisationsstrukturen und Führungsinstrumenten
   6.1.2 (Strukturprobleme), 6.2.1 (Managementprozesse und Machtverteilung)

Die Berücksichtigung des Aspekts der Innovation (Abschnitt 6.2.2) ist bei der Entwicklung von Lösungsansätzen in den einzelnen Themenfeldern implizit berücksichtigt.

8.1 Kulturbewusste Führung

8.1.1 Allgemeine Aspekte

P. Ulrichs Ansatz einer phänomenologischen Deutung der Unternehmenskultur als Lebenswelt der Unternehmung hat m.E. für das Anwendungsfeld Kirchgemeinde einen hohen Erklärungswert. Unternehmenskultur aus dieser Perspektive lässt sich definieren „als die Gesamtheit der (für ihre Mitglieder) vertrauten Selbstverständlichkeiten der betrieblichen Alltagspraxis: ihre tradierten Wissensvorräte und Hintergrundüberzeugungen, Denkmuster und Überzeugungen, Wertvorstellungen und Verhaltensnormen, die im Denken, Sprechen und Handeln der Unternehmensangehörigen regelmässig zum Ausdruck kommen und bewusst oder unbewusst 'kultiviert' werden".[233] Den konzeptionellen Vorteil der phänomenologischen Perspektive sieht Ulrich in der Offenheit für die regulativen Ideen einer modernen Gesellschaft und Wirtschaft, d.h. für Prozesse der funktionalen und solche der kommunikativen Rationalisierung. Für das Management von Kirchgemeinden liessen sich die praktischen Konsequenzen dieses Ansatzes unter drei Aspekten zusammenfassen: [234]

- Die Organisation Kirchgemeinde kann sowohl als soziotechnisches System wie auch als soziokulturelle Institution begriffen werden. Ersteres bedeutet, dass die totale Abschaffung der versachlichten Funktionsprinzipien (Sachzwänge) unter modernen Bedingungen auch für eine kirchliche Institution nicht denkbar ist, letzteres, dass sie auf eine tragende normative „Systemkultur" angewiesen ist.[235]

- Management enthält daher sowohl Elemente der Systemsteuerung als auch solche der Kulturentwicklung. Eine kulturbewusste Gemeindeleitung

---

[233] *Ulrich P. (symbolisches Management) 295*

[234] *vgl. dazu ebenda 297ff*

[235] *ebenda 296*

wird daher dem Eigen-Sinn der kulturellen Lebenswelt der Gemeinde Geltung verschaffen, ohne diese zu verabsolutieren.

- Management setzt sich ein für den „langfristigen Aufbau von Verständigungspotentialen" in der inneren und äusseren Lebenswelt der Gemeinde als „ethisch-kulturelles Fundament der Kooperation zwischen mündigen Menschen" (kommunikative Rationalität des Managements).

Kulturbewusstsein gehört zum festen Traditionsbestand der Kirche, tritt aber hier in einem anderen begrifflichen Raster und eingebunden in theologische Bezüge in Erscheinung. Im kirchlichen Kontext ist in diesem Zusammenhang die Rede von Zusammengehörigkeitsgefühl im Rahmen der Glaubensgemeinschaft der Gläubigen einer Gemeinde, von Brüderlichkeit bzw. Schwesterlichkeit, von der einigenden Kraft des Heiligen Geistes usw.

Für das Kulturverständnis der Kirche im allgemeinen und einer Kirchgemeinde im besonderen wären m.E. folgende Kulturmerkmale zu beachten:

1. *Traditionsbezug* bedeutet, dass die Kirche über Jahrtausende gewachsenes Traditionsgut - im Zentrum steht dabei die biblische Botschaft - einerseits zu bewahren und andererseits für jede Zeit neu zu interpretieren, bzw. zeitgemäss zu kommunizieren hat. Traditionsbezug bedeutet aber auch, dass der Ursprung des heutigen Erscheinungsbildes der Kirche in der Vergangenheit liegt und die traditionellen Wurzeln dieses Erscheinungsbildes für die einzelnen Akteure in der Gemeinde in unterschiedlichem Ausmass - zu erinnern ist in diesem Zusammenhang an die für Kirchen typischen Auseinandersetzung zwischen Traditionalisten und reformfreudigen Kräften - als Orientierungsmuster für das gegenwärtige Verhalten, bzw. zur Bildung von Werthaltungen dient. Darin liegt auch eine Quelle von Beständigkeit bei der Entwicklung von leitenden grundsätzlichen Zielen der Gemeinde, was auf dem Hintergrund eines zunehmenden Glaubens- und Wertepluralismus auch als Chance interpretiert werden kann.

2. Andererseits benötigt die Kirche auch *Wandlungsfähigkeit* im Sinne einer adäquaten Anpassung an die Veränderungen in ihrem Umfeld. Wandlungsfähigkeit bedeutet, dass die den Kirchen aufgetragene Traditionspflege nicht in eine statische kirchliche Kultur münden sollte. Wichtig ist dabei, ob und wie es der Kirche gelingt, Wandel und Bewahrung zu verknüpfen, ob die Fähigkeit zur zeitgemässen Kommunikation ihres Traditionsgutes ohne Preisgabe oder Aushöhlung der für die Kirche konstitutiven Substanz des von ihr zu verwaltenden und gleichzeitig neu zu gestaltenden Überlieferungsgutes entwickelt wird, die Fähigkeit, die Grenzen zwischen Anpassung an Umweltveränderungen und (notwendiger) Bewahrung klar definieren zu können und doch flexibel zu halten. In der Bewältigung dieser Herausforderungen dürfte ein Schlüsselfaktor erfolgreicher kirchlicher Zukunftsgestaltung liegen.

3. Die von einer Gemeinde gepflegte Kultur sollte erfahrbar sein. *Erfahrbarkeit* bedeutet, dass die Kultur das kirchliche Leben prägt: In der Art wie die Gemeinde feiert (Gestaltung von Gottesdiensten, Taufen, Trauungen, Abdankungen), wie sie lernt und lehrt (Unterrichtsgestaltung, weiterbildende Anlässe) sowie in der Gestaltung von Diakonie und Seelsorge. Symbole, Rituale, spezifische längerfristig gepflegte Formen, Abläufe und inhaltliche Schwerpunkte von kirchlichen Anlässen spielen dabei eine zentrale Rolle.

Mit diesem Versuch, grundlegende Merkmale der Kultur in einer Kirchgemeinde abzustecken, soll auch darauf hingewiesen werden, dass es bei „kulturbewusster Führung" nicht einfach um eine Anbiederung an eine Thematik gehen kann, die gegenwärtig in der Managementlehre Hochkonjunktur hat, nicht um den billigen Einkauf eines „Modebegriffs". Ebenso soll der Eindruck vermieden werden, es liessen sich für das komplexe Feld kulturbewusster Führung einfache Regeln und Rezepte erarbeiten. Die Auseinandersetzung einer Gemeinde mit der Thematik kann aber mindestens bzw. immerhin die Funktion einer „Problemanzeige mit Signalwirkung"[236] haben.

---

[236] *Jäger A. (Unternehmenspolitik) 58*

Unausweichlich wirft eine solche Auseinandersetzung die konkrete Frage auf, wie es mit der Kultur der Zusammenarbeit, der Betreuung von Mitmenschen in der Gemeinde, der Kultur der Kommunikation und mit dem Stil der Leitung in der Gemeinde steht und stehen soll.

8.1.2 Handlungsmöglichkeiten im Rahmen einer kulturbewussten Führung

Was A. Jäger zur Pflege der Unternehmenskultur von diakonischen Unternehmen feststellt, wendet sich ganz im Sinne des Ansatzes eines kulturbewussten Managements gegen die Vorstellung eines machbaren, rezepthaften Kulturmanagements und steht kirchlichem Sprachgebrauch näher: „Das Thema erinnert die Leitung an erster Stelle daran, dass sie nicht einsam führen kann. Die Pflege der Unternehmenskultur gehört in jeder Beziehung und entscheidend zur erfolgversprechenden Leitungsverantwortung, in kritischen Situationen um so mehr. Das lateinische Wort 'colere' (semantischer Ursprung von 'Kultur', Anm. d. Verf.) schliesst dabei jeden technokratischen Machbarkeitsglauben aus. 'Colere' bedeutet wörtlich pflegen und hegen. Unternehmenskultur ist nicht machbar, sondern eine Sache der Liebe zum Gedeihen des Gewachsenen und Vorhandenen. Wie bei einem Obstbaum sind darin manchmal auch harte Schnitte nötig. Das Wachstum eines Kulturbaumes aber kommt nie vom Gärtner, es steckt im Baum selbst. Falsche Eingriffe können das Wachstum stören und im schlimmsten Fall zerstören, kluge Hege aber fördert das Gedeihen."[237]

Eine Gemeinde-Kultur hat primär geistige und spirituell-geistliche Qualität, ist nicht direkt sichtbar, sie wird nur teilweise bewusst sein und sollte gewissermassen selbstverständlich wirken. Die dahinterstehenden Muster aus Wertungen, Normen, Deutungen, Gefühlen usw. „hängen auf kaum zu trennende Weise zusammen, sie stützen sich und bedingen sich gegenseitig."[238]

---

[237] *ebenda*

[238] *Klimecki R.G./Probst G.J.B. (Unternehmungskultur) 42*

Kulturprägungen entstehen wie jedes Ordnungsmuster von sozialen Systemen nur zu einem geringen Teil aus bewusstem Gestalten heraus. Sie sind das Resultat des interaktiven Zusammenspiels von einzelnen Personen und Gruppen. Die Frage ist, wie solche Muster entstehen und wie sie allenfalls beeinflusst werden können. Wenn Klimecki / Probst dabei zwischen einer „materiellen Ebene" (Markt, Konkurrenz, Strategien, formelle Strukturen usw.) und einer „symbolischen Ebene" (Wertsysteme, Ereignisse, Erlebnisse, Erinnerungen, Empfindungen, Gefühle usw.) unterscheiden[239], so ist offensichtlich, dass für eine Kirchgemeinde v.a. die zweite Ebene von Bedeutung ist.

Auch wenn sowohl Machbarkeit wie Zweckgerichtetheit von Kultur für eine Gemeinde weder realistisch noch sinnvoll erscheint, so muss doch an der Möglichkeit von kulturprägendem Verhalten festgehalten werden. In diesem Sinn wirken alle am Gemeindeleben Beteiligten kulturgestaltend.

Der Begriff der kultur*bewussten* Führung impliziert, dass bestehende Phänomene und Äusserungsformen von Kultur bekannt sein sollten. Es empfiehlt sich daher, eine Bestandesaufnahme der Kultur, bzw. von deren bewussten und wahrnehmbaren Anteilen vorzunehmen. Eine solche Bestandesaufnahme vermag natürlich niemals das Gesamte der Gemeindekultur zu erfassen. Erfassbar sind lediglich Kultursymptome, die in Symptomgruppen gegliedert werden können. Solche Symptome sind beispielsweise:

Arbeitskultur und Kommunikation:

- Gesprächskultur zwischen verschiedenen Aufgaben- bzw. Funktionsträgern und der Gemeinde (Wie spricht man miteinander? Zwischen welchen Personen bestehen verstärkte persönliche/informelle Beziehungen? usw.),

- Effizienz von Koordination und Absprache (gibt es Doppelspurigkeiten?, Mängel in der Praxis gegenseitiger Information usw.),

---

[239] *ebenda 43*

- kulturprägender Einfluss profilierter Einzelpersönlichkeiten (häufig Pfarrer; wie wirkt sich dieser Einfluss aus?),
- Sitzungsverhalten der Mitglieder von Leitungsgremien,
- ...

Kultur des Gemeindelebens:

- Vielfalt und Offenheit der theologischen Positionen sowie der Äusserungsformen des Glaubenslebens,
- Tragfähigkeit, Grösse und Interaktionsdichte der bestehenden Beziehungsnetze in der Gemeinde,
- ...

Äusseres Erscheinungsbild, Symbole und Rituale:

- Aufmachung und Gestaltung von schriftlichen Unterlagen wie Einladungen, Plakataushänge, Rundbriefe, Pläne für die Arbeitsorganisation usw.,
- Gestaltung und Pflege von Arbeits- und Versammlungsräumen,
- etablierte Rituale und Konventionen (Kleidungsnormen, Sitzungsordnungen, „ritualisierte" Veranstaltungsabläufe usw.),
- ...

Anhand dieser beispielhaften Aufzählung wird deutlich, dass es sich bei der Kultur in der Gemeinde nicht nur um ein äusserst vielgestaltiges, sondern auch wandlungsfähiges und gemeindespezifisches Phänomen handelt. Kultursymptome äussern sich im Denken und Verhalten der Mitarbeiter, in formellen und organisatorischen Strukturen, in zwischenmenschlichen Beziehungen, in der Arbeitsmoral, der Art der Entscheidungsfindung usw. Aus diesem Grund ist es nicht möglich, eine „Checkliste" aller relevanten Kultursymptome, die für jede Gemeinde ein aussagekräftiges Bild vermitteln könnte, zu erstellen.

Kultursymptome können in Gesprächen unter Mitarbeitern und Gemeinde-verantwortlichen gesammelt bzw. gedeutet werden. In Grossgemeinden mit einer grösseren Zahl von Mitarbeitern können daraus für ausgewählte Kulturbereiche auch Fragenkataloge für Mitarbeiter abgeleitet werden. Der Versuch mag ungewöhnlich scheinen, wenn jedoch sichergestellt ist, dass die Fragenkataloge anonym ausgefüllt werden können und deren Auswertung durch eine neutrale, aussenstehende Person erfolgt, können daraus durchaus substantielle Aussagen über Klima, Atmosphäre, Stil und Geist in der Gemeinde abgeleitet werden.

Aus Fragebogenerhebungen können Bewertungsprofile gemäss dem Beispiel in Tabelle 8-1 abgeleitet werden.

Profile Faktoren	1	2	3	4	5
Arbeitskultur - Meine Mitarbeit macht mir Freude	nie	selten	dann und wann	häufig	fast immer
- Die Zusammenarbeit mit anderen Personen/Professionen ist	schlecht	nicht gut	recht	gut	sehr gut
- Wir arbeiten effizient	überhaupt nicht	nicht	unter-schied-lich	ziem-lich	sehr
- Für unsere Gemeindemitglieder müssen wir mehr tun	sicher nicht	nicht	manch-mal	oft	sehr oft
- Wir haben einen guten Umgangston	sehr schlecht	schlecht	teils/teils	gut	sehr gut

Tab. 8-1: Beispiel für ein Kulturbewertungsprofil in einem Teilbereich[240]

---

[240] *vgl. dazu Jäger A. (Unternehmenspolitik) 68f*

Bei der Beeinflussung der kulturellen Landschaft einer Kirchgemeinde dürften die folgenden drei Ebenen prioritär sein:

a) der Bereich des bei kirchlichen Mitarbeitern ausgeprägten Wertebewusstseins,

b) die Kultur der Gestaltung des kirchlichen Lebens,

c) die Gestaltung von Führungsrichtlinien und formellen Regelungen.

Ergänzende Erläuterungen zu den drei Ebenen:

a)
Dass das Wertebewusstsein bei kirchlichen Mitarbeitern im Vergleich zu anderen Arbeitskräften stärker ausgeprägt sein dürfte, bedeutet für kulturbewusstes Handeln gleichzeitig Chance und Herausforderung. Dabei kann, gestützt auf berufliche Praxiserfahrung, davon ausgegangen werden, dass folgende Charakteristiken, die aufgrund von allgemeinen Bedürfnisveränderungen heute auch in anderen Berufsumfeldern stärker berücksichtigt werden, bei kirchlichen Mitarbeitern besonders ausgeprägt sind:

– Eher hohes Bildungsniveau,

– Orientierung an individualistischer Gestaltung des eigenen Arbeitsumfeldes,

– Bedürfnis nach Selbstverwirklichung in der Arbeit,

– zwischenmenschliche Sensibilität,

– kritisches Bewusstsein für soziale Probleme,

– hohe Ansprüche an die Sinnhaftigkeit der eigenen Arbeit und

– (als Besonderheit im kirchlichen Umfeld) Interesse am religiös orientierten Verkündigungsauftrag der Kirche.

b)
Auf die Bedeutung von Zielfindungsprozessen sowie eines möglichst breit mitgetragenen Konsenses über grundlegende Ziele und Schwerpunkte bei

der Gestaltung des kirchlichen Lebens (Leitbildentwicklung) wurde wiederholt hingewiesen. Der Entwicklung und Umsetzung von Leitbildern kann eine Kulturbewusstsein fördernde und allenfalls sogar kulturprägende Wirkung zuerkannt werden, sofern es gelingt, dass ein *gemeinsam* entwickelter Zielrahmen zur prägenden Orientierungsgrösse bei der täglichen Arbeit von Mitarbeitern in der Gemeinde wird.

c)

Häufig entstehen in Kichgemeinden Störungen der Gesprächs- und Zusammenarbeitskultur aufgrund von Führungsdefiziten und Mängeln bei den bestehenden formellen Regelungen. In diesem Bereich kann die Ausarbeitung eines Führungskonzeptes sowie die Schaffung von klaren Aufgaben- und Kompetenzstrukturen (vgl. dazu Abschnitt 8.4) einen entscheidenden Beitrag dazu leisten, dass die Herausbildung einer gemeindespezifischen Kultur nicht durch divergente Vorstellungen darüber, was Leitung/Management in der Kirche heisst, wer wofür mit welchen Kompetenzen zuständig ist usw. gestört wird. So werden beispielsweise weder ein einsamer theologischer Patriarch, der sich innerhalb der Gemeinde ein eigenes Königreich aufbaut, noch zahlenmässig allzu grosse Leitungsgremien mit fehlender oder unklarer Aufgabenzuteilung den Anforderungen entsprechen, die an die Entwicklung einer zeitgemässen Gemeindekultur gestellt werden müssen. A. Jäger weist zu Recht darauf hin, dass „klare, transparente und sinnvolle Handlungsstrukturen manchen leidvollen Machtkampf ersparen" und dass „eine gepflegte Unternehmenskultur nur auf dem Boden tauglicher und transparenter Strukturen erwachsen kann."[241]

---

[241] *ebenda 66*

216

8.2   Öffentlichkeitsarbeit und Imagepflege

Worum geht es in diesem Bereich der Leitungsaufgaben? Hinter der Öffentlichkeitsarbeit einer Kirchgemeinde sollten m.E. drei primäre Ziele stehen:

– Aufbau und Förderung von gegenseitigem Verständnis und Vertrauen in der Öffentlichkeit im allgemeinen, besonders aber bei den Mitgliedern der Gemeinde, bzw. einzelnen Gruppierungen in der Gemeinde,

– Verbesserung des Bekanntheitsgrades der Angebote der Gemeinde in dem für sie relevanten Umfeld,

– Formen eines klaren, eigenständigen Profils der Gemeinde.

Dabei handelt es sich selbstredend um Ziele, die einerseits vom grundsätzlichen Auftrag der Kirche und andererseits vom mehr funktionalen Ziel der Mitgliedererhaltung und -mobilisierung abgeleitet sind. V.a. aus funktionaler Sicht umfasst Öffentlichkeitsarbeit alle Massnahmen, die dazu dienen,

– Vertrauen und Akzeptanz insbesondere bei den Mitgliedern der Gemeinde, aber auch im weiteren sozialen Umfeld der Gemeinde,

– für deren Mitarbeiter und Führungskräfte (haupt- und ehrenamtliche) sowie

– für die Veranstaltungen, Grundsätze, Ideen und Dienstleistungen der Gemeinde zu erwerben, zu festigen und auszubauen.

Wichtige Ziele sind dabei die Steigerung von Bekanntheitsgrad und Image der Kirchgemeinde.[242]

Wenn Öffentlichkeitsarbeit wirkungsvoll und professionell betrieben werden soll, müssen jedoch zunächst die i.d.R. beträchtlichen Kompetenz- und

---

[242] *vgl. dazu Decker F. (Management) 383*

Know-how-Mängel in diesem Bereich angegangen werden. Wenn Gemeinden ihre kommunikative, ethische und fachliche Kompetenz für Öffentlichkeitsarbeit auf das gleiche Niveau heben würden wie beispielsweise im Bereich Gottesdienstgestaltung, hätte dies beträchtliche Konsequenzen auf die öffentliche Wahrnehmung der Kirche.

Die Thematik Öffentlichkeitsarbeit/Imagepflege wird im folgenden in drei Bereiche gegliedert:

– Umfeldanalyse

– Gestaltungsbereiche der Öffentlichkeitsarbeit

– Werbung

8.2.1   Umfeldanalyse

Öffentlichkeitsarbeit ist im Prinzip Kommunikation mit inner- und aussergemeindlichen Dialogpartnern. Um diese Kommunikation bewusst und zielgerichtet gestalten zu können, ist es nötig, das interne und externe Umfeld der Gemeinde zu analysieren, die Bedeutung der einzelnen Dialogpartner zu erkennen und Vorstellungen darüber zu entwickeln, welche Botschaften gegenüber den einzelnen Anspruchs- und Interessenträgern kommuniziert werden sollen.

Ansätze zur Umfeldanalyse wurden bereits in Abschnitt 6.3 entwickelt. Tabelle 8-2 zeigt im Sinne eines Vorschlags eine Gliederung in interne und externe Anspruchsträger bzw. Dialogpartner. Dabei hat natürlich das gemeindeinterne Umfeld, im besonderen die Mitglieder der Gemeinde, Priorität.

Ansprech- bzw. Kommunikationspartner der Öffentlichkeitsarbeit	gemeinde-intern	gemeinde-extern
- evangelisch-reformierte Kirche des Kantons St. Gallen		X
- andere evang.-ref. Kirchgemeinden im näheren Umfeld, evtl. die katholische Kirche, die Freikirchen sowie andere christliche Gemeinschaften		X
- die politische Gemeinde und andere öffentlich-rechtliche Körperschaften		X
- Medien (v.a. lokale)		X
- Schulen mit Religionsunterricht	X	X
- Jugendgruppen, bzw. Jugendarbeit	X	X
- Kirchliche oder kirchennahe Bildungsinstitutionen	X	X
- Chöre und Musikvereine	X	X
- Spitex-Organisationen [1]	X	X
- Alters- und Pflegeheime [2]	X	X
- Private Hilfs- und Selbsthilfeorganisationen		X
- Missionen, Hilfswerke und Umweltorganisationen		X
- Interne Gruppen und Gremien: Kommissionen, Arbeitsgruppen, Mitarbeiterkonvente usw.	X	

(1) Manche Kirchgemeinden betreiben Spitex-Organisationen; diese besitzen zwar i.d.R. eine andere Rechtsform (Verein), die Geschäftsführung und ein Teil der Finanzierung bleibt aber bei der Kirchgemeinde.

(2) Kirchgemeinden sind häufig in der Trägerschaft von Alters- und Pflegeheimen vertreten und/oder leisten finanzielle Beihilfen.

Tab. 8-2: Mögliche Ansprech- und Kommunikationspartner der Öffentlichkeitsarbeit

8.2.2 Gestaltungsbereiche der Öffentlichkeitsarbeit

Grundsätzlich betreibt jeder Mitarbeiter und Amtsträger der Gemeinde im persönlichen Umfeld bewusst oder unbewusst Öffentlichkeitsarbeit und Imageprägung. Je mehr dies Personen, Behörden oder der ganzen Organisation bewusst ist und als Teil der eigenen Verantwortung empfunden, d.h. im konkreten Verhalten berücksichtigt wird, desto umfangreicher und wirkungsvoller wird Öffentlichkeitsarbeit. Dies schliesst nicht aus, in der Öffentlichkeitsarbeit eine gemeinsame Aufgabe zu sehen, die gezielt angegangen wird, indem beispielsweise entsprechende Konzepte entwickelt oder ein Beauftragter für Belange der Öffentlichkeitsarbeit designiert werden.

Öffentlichkeitsarbeit ist eine permanente Aufgabe, wird also nicht erst in Krisensituationen oder bei besonderen Veranstaltungen relevant. Wenn es eine Gemeinde versteht, kontinuierlich und auch während „ruhigeren" Zeiten Verständnis und Vertrauen aufzubauen, wird sie in schwierigen Zeiten und Situationen über ein wertvolles Kommunikations- und Vertrauenskapital verfügen. Damit kommt die Bedeutung dessen, was mit Image bezeichnet wird, in Blick.

8.2.2.1 Imagepflege

Jede Organisation - auch eine Kirchgemeinde - hat ein Image, gleich ob gewollt oder ungewollt, geplant oder natürlich gewachsen. Jede Organisation hat ihre spezifischen Imageprobleme (in Abschnitt 6.2.3 wurde versucht, diejenigen der Kirche zu skizzieren). Das Image könnte als Summe von modellhaften - oft auch klischeehaften - Vorstellungen bezeichnet werden, die stellvertretend für die Organisation in der Öffentlichkeit wirken. Ein gutes Image ist gleichbedeutend mit Vertrauenskapital. Investitionen in dieses Kapital wirken zwar nicht direkt (schlagartige Image-Korrekturen sind deshalb unrealistisch), sind jedoch längerfristig lohnend. Imagekorrekturen sind nur durch Verhaltenskorrekturen realisierbar. Die Möglichkeiten der Machbarkeit durch Management und den Einsatz von Geld sind beschränkt; die Arbeit an einem guten Image muss von der Mehrzahl der Mitarbeiter auf der Basis von Freiwilligkeit und innerer Überzeugung mitgetragen werden. Die Motivation dazu hängt mit der Bereitschaft zusammen, hinter der eigenen

Gemeinde zu stehen, also mit Sinn-, Identitäts- und Wir-Gefühl. Fragen des Führungsstils, der internen Kommunikation, der Arbeitsatmosphäre kommen dabei ins Spiel. Damit wird deutlich, dass das, was in Abschnitt 8.1 als Gemeindekultur beschrieben wurde und das Image der Gemeinde in der Öffentlichkeit untrennbar verbunden sind.

Ein hoher Bekanntheitsgrad einer Gemeinde oder einzelner ihrer Tätigkeitsfelder ist Voraussetzung dafür, dass ein profiliertes Image entstehen kann. Die Verknüpfung des Images mit einzelnen Personen ist in Kirchgemeinden besonders häufig anzutreffen; eine dominierende Pfarrerfigur beispielsweise kann es nachhaltig und langfristig prägen. Deshalb entwickeln in Grossgemeinden gelegentlich Subeinheiten (Teilgemeinden/Pfarrkreise), in denen sich einzelne Persönlichkeiten stark profilieren, ein eigenständiges Image. Damit sind selbstredend Gefahren für die Integration der Subeinheiten in die Gesamtgemeinde, für den Interessenausgleich zwischen den Subeinheiten und für die Entwicklung eines klaren Profils der Gesamtgemeinde verbunden.

8.2.2.2 Die Bedeutung eines einheitlichen, einladenden Erscheinungsbildes

Bei der Bildung einer eigenen Gemeindeidentität, eines eigenständigen Profils oder Images der Gemeinde vermag ein einprägsames, einheitliches Erscheinungsbild einen wesentlichen Beitrag zu leisten. Dabei geht es zwar „nur" um Äusserlichkeiten, um Design und Verpackung, aber diesem äusseren Erscheinungsbild darf eine ausgeprägte mehr unbewusste Wirkung auf die Öffentlichkeit zugeschrieben werden. Zur Gestaltung eines einheitlichen Erscheinungsbildes können gehören:

– Regelmässig und über längere Zeiträume verwendete Signete und Schriftzüge auf Drucksachen, Briefpapier, Broschüren, Einladungen, Reglementen usw.;

– neben der Verwendung von Signeten eine Vereinheitlichung im grafischen Erscheinungsbild von Einladungen, Broschüren zu Veranstaltungsreihen usw.;

221

– sorgfältige Ausarbeitung (in Schriftwahl, Gestaltung und Inhalt) aller schriftlichen Unterlagen, die einer breiteren Öffentlichkeit bekannt werden;

– sauberes und gepflegtes äusseres Erscheinungsbild von kirchlichen Gebäuden sowie von Büro-, Sitzungs- und Versammlungsräumen.

8.2.2.3 Pressearbeit und Umgang mit Medien

Im Verhältnis zu ihrer gesellschaftlichen Bedeutung und Grösse verschaffen sich Kirchgemeinden i.d.R. wenig Aufmerksamkeit und Beachtung in den Medien. Zur Erhöhung des Beachtungs- und Bekanntheitsgrades einer Gemeinde sollten die Kommunikationsmöglichkeiten von Presse, Radio und Fernsehen vermehrt genutzt werden.

Die Kirchen waren theologisch schlecht gerüstet, in einen positiven Kontakt mit den neuen Medien zu kommen. Blockierend wirkte ihr Selbstbild. „Im theologischen Verständnis galt die Kirche nicht als Organisation, wo Information, Medien und Meinung den Verkehr regulieren, sondern als Gemeinschaft, in der natürliche Sitte, Harmonie und geistliche Autorität aus sich selbst wirken. Von der Presse bis zum Fernsehen wurde jedes neue Medium mit theologischem Argwohn, wenn nicht mit Ablehnung empfangen. Der Zeitgeist der Presse galt im vorigen Jahrhundert als chaotischer Zeitgeist und unvereinbar mit dem Geist Christi... Das Bewusstsein, als Kirche Teilsystem in übergreifenden Kommunikationssystemen zu sein, die ihren Nachrichtenaustausch technisch organisierten, ist nicht vorhanden... Die vertrauten, hauseigenen Mittel erscheinen unverändert in den Massenmedien: Gottesdienste in Funk und Fernsehen, dazu Andacht, Gebet, Kirchenlied und der gefilmte Hochaltar.“[243]

In Orientierung an Decker[244] könnten bei der Förderung der Medienarbeit folgende Empfehlungen geprüft werden:

---

[243] *Bastian H.-D. (Kommunikation) 138/140*

[244] *Decker F. (Management) 384f*

a) Massnahmen der Pressearbeit:

– Möglichst regelmässige Plazierung von informativen, aktuellen Pressemitteilungen (Prüfung der dafür geeignetsten Presseorgane);

– Hintergrundgespräche mit Journalisten;

– wichtige Ereignisse, Anlässe und Projekte verbinden mit Presseorientierungen, evtl. Pressekonferenzen;

– redaktionelle Mitarbeit bei Reportagen mit kirchlichen Bezügen.

Erfolgswirksam ist dabei:

– Dass der Kontakt zu den zuständigen Redakteuren in eigener Initiative gesucht wird, denn Nachrichten sind Bring- und keine Holschulden.

– Dass gute Nachrichten wie auch solche, die in der Öffentlichkeit auf kontroverse Reaktionen stossen (wie beispielsweise die Ankündigung von Sparmassnahmen) gut „verkauft" werden, ohne dabei Abstriche an Sachlichkeit, Wahrheit, Klarheit und Offenheit zu machen. Dabei ist der persönliche Kontakt, das zweckgebundene, fachlich fundierte Gespräch mit Medienvertretern unabdingbar.

– Dass günstige Zeitpunkte zur Plazierung von Nachrichten beachtet werden. So empfiehlt es sich beispielsweise, die von eher schwacher Nachrichtenlage gekennzeichneten Sommermonate zu nutzen. „In dieser Zeit ist nicht nur der Nachrichtenbedarf in den Redaktionen gegenüber 'Aussenseitern' höher, die Redakteure können sich jetzt auch häufig die Zeit nehmen, neue Gesprächspartner kennenzulernen."[245]

---

[245] *ebenda 385*

8.2.3 Werbung

Zweifellos hat Werbung heute nicht nur im kommerziellen Bereich, sondern im gesellschaftlichen Leben überhaupt grosse Bedeutung erlangt. Die Wirkungen der Medien haben sich aus technologischen und psychologischen Gründen verstärkt. Zur Steigerung der technologischen Kommunikationsmöglichkeiten kommt die ständig wachsende psychologische Erkenntnis über die Ansatzpunkte zur Menschenbeeinflussung hinzu.[246] Mit Werbung im kommerziellen Bereich sind viele Negativ-Assoziationen verbunden wie manipulativ, verführend, gezielte Ausbeutung von sozialen und psychischen Defiziten, Schaffung von künstlichen, unnötigen Konsumbedürfnissen usw. Die Kritiker der Werbung sehen in ihr die Förderung einseitig materialistischer und hedonistischer Denkhaltungen, sowie die Verdrängung echter menschlicher Werte durch Konsumorientierung. Den Kritikern wird der Nutzen der Werbung entgegengehalten: ihre Informationsfunktion, ihr auf Kreativität und Originalität beruhender Unterhaltungswert, ihr Beitrag zur Markttransparenz als wesentliches Element für das Funktionieren der Marktwirtschaft.

Auf dem Hintergrund des vorherrschenden Images von Werbung ist es für eine Kirchgemeinde im Interesse ihrer Glaubwürdigkeit und Seriosität angezeigt, Werbemittel mit grösster Vorsicht einzusetzen. In der Frage der Anwendung von Marketingmethoden gehen die Meinungen einerseits bei der Beurteilung des Stellenwertes und der Legitimierbarkeit von gezielter Öffentlichkeitsarbeit, und mehr noch beim Einsatz von weitergehenden Marketinginstrumenten weit auseinander. Häufige Argumente von Skeptikern und Kritikern sind:

---

[246] vgl. Weinhold H. (Marketing) 291f

- Man kann Anliegen des Glaubens nicht vermarkten wie Konsumgüter und Dienstleistungen.

- Die Kirche soll ihr Privileg, die Botschaft und die Anliegen des christlichen Glaubens in unserer PR- und marketingwütigen Welt in einem von Werbemitteleinsatz unbehelligten Raum entfalten zu können, als Chance sehen.

- Die Bedürfnisorientierung von Marketing ist nicht mit dem Auftrag der Kirche kompatibel, die Kirche hat nicht primär den Bedürfnissen der Menschen entgegenzukommen, sondern sie mit einem höher angeordneten Bedürfnis zu konfrontieren.

- Der Einsatz von Marketinginstrumenten untergräbt die Glaubwürdigkeit der Kirche.

Auf der anderen Seite gibt es kirchliche Kreise, welche die Marketing-Defizite und den PR-Dilettantismus der Kirche beklagen, die unbefangen mit Marketing-Vokabular umgehen und vermehrten Werbemitteleinsatz für unentbehrlich halten. Insbesondere im freikirchlich-evangelikalen Umfeld wird nicht selten teilweise aufwendiges und professionelles Marketing eingesetzt.[247] Aber auch in den Landeskirchen wächst die Bereitschaft und Fähigkeit, moderne Marketinghilfsmittel einzusetzen. Die während des Abstimmungskampfes um die Trennung von Kirche und Staat im Kanton Zürich[248] zur Anwendung gelangten Konzeptionen, Aktionen und Mittel beispielsweise zeugten von beträchtlicher Marketing- und PR-Professionalität.

---

[247] *Als besonders auffälliges Beispiel sei an die grossangelegte Plakataktion der Agentur C erinnert, als v.a. zwischen Ostern und Bettag 1991 ca. 10'000 Plakte flächendeckend ausgehängt wurden, auf denen in riesigen schwarzen Lettern Bibelverse zitiert wurden. (Die Agentur C ist eine private, von Geldgebern aus evangelikalen Kreisen unterstützte Organisation).*

[248] *Abstimmung vom 24. September 1995 über die Initiative zur Trennung von Kirche und Staat*

Vereinzelt versuchen insbesondere Pfarrer, in diesem Bereich neue Wege zu gehen.[249]

M.E. ist es richtig und nötig, dass die Kirche im allgemeinen, aber auch die einzelnen Gemeinden im besonderen vermehrt Werbemittel einsetzen, weil viele Menschen an diesen Weg der Vermittlung von Botschaften und Informationen gewohnt sind. Trotzdem kann Werbemitteleinsatz im Rahmen einer Kirchgemeinde nur ein vergleichsweise kleiner Bestandteil innerhalb einer Vielzahl von Massnahmen sein, um Kommunikation mit einer möglichst grossen Zahl von Gemeindegliedern herzustellen. Dabei sollte unterschieden werden zwischen Werbung für die Kirche als Institution sowie deren Angebote, und der Kommunikation von Inhalten bzw. der Propagierung von Ideen, Werten und Glaubensinhalten. Für den ersten Bereich (eigentlich Produktwerbung) besteht ein weites Feld bisher noch wenig genutzter Möglich-

---

[249] *In diesem Zusammenhang sei als Beispiel ein Auszug aus der Marketing-Zeitschrift "absatzwirtschaft" zum Thema "Kirche auf neuen Wegen, kann Marketing helfen?" zitiert: "Das Unternehmen, für das Pfarrer Mödinger arbeitet, kränkelt. Der feste Glaube an die Beständigkeit des Markenartikels hat nicht ausgereicht. Die Quittung dafür: In erschreckendem Ausmass ziehen sich die Kunden zurück, wollen vom Produkt nichts mehr wissen oder suchen nach Ersatz. Auch die Konkurrenzbeobachtung haben die obersten Manager offensichtlich aus den Augen verloren. Einige Mitarbeiter wenden sich bereits an die Öffentlichkeit, plaudern Interna aus. Zunehmend sitzen ihnen jetzt auch die Medien im Genick. Hiobsbotschaften über Hiobsbotschaften. Wilfried Mödinger hat die Crux erkannt. Auf langsame Reaktionen von 'oben' will er nicht warten. Der Filialleiter handelt ... Ein ganz normaler Marketing-Fall? Nein. Denn Wilfried Mödinger ist Pfarrer, sein Bezirk ist Bönnigheim-Hohenstein, sein Dienstherr der Dekan und sein Produkt die evangelische Heilslehre. Der Protestant hat vor vier Jahren schon seinen Arbeitgeber und vor allem die Medien mit offensiver Werbung in Erstaunen versetzt. Sein selbstentwickeltes Direktmarketing-Konzept befand der Deutsche Direktmarketing-Verband für so professionell, dass dieser ihm 1988 dafür einen Sonderpreis verlieh ... Nach Ansicht des progressiven Schwaben müsste die Institution Kirche erst einmal von einem externen Beratungsunternehmen durchleuchtet werden. Und abspecken. Wie BP oder Esso das auch gemacht haben und dann die einzelnen Bezirksstellen stärken. Und da ist die Chance des Sozio-Marketings, kompetente Hilfsmittel zu geben."(absatzwirtschaft 12/92, 32f)*

keiten (vermehrter, kreativerer Einsatz der verfügbaren Medien, durch die Computertechnik einfach realisierbare Direktmarketing-Aktionen usw.).

Anliegen des Glaubens, Werteüberzeugungen dagegen sind nicht vermarktbar, sollen sie nicht zu oberflächlicher Propaganda-Ideologie verkommen. Werbeaktivismus auf diesem Feld würde mindestens bei kritisch und differenziert denkenden Christen zu ernsthaften Glaubwürdigkeitsproblemen führen (Assoziationen mit der Praxis von totalitären Regimes bei der propagandistischen Vermittlung von Ideen und Werten sind naheliegend). Solidarität, Gemeinschaftsdenken, Liebe oder persönliche Zuwendung sind von ihrem Wesen her nicht vermarktbar. Oder aus der Optik des Glaubens ausgedrückt: Marktschreierisches, Plakatives passt nicht zum Wesen Jesu bzw. seiner Botschaft.

8.3   Personalentwicklung und Mitarbeiterführung

8.3.1   Grundsätzliche Aspekte

8.3.1.1   Konfliktanfällige Mitarbeiterführung in Kirchgemeinden?

Sieht man sich in kirchlichen Einrichtungen, kantonalkirchlicher Leitungsarbeit und Kirchgemeinden um, so scheint an Konflikten kein Mangel zu sein. Da beklagen sich ehrenamtliche Mitarbeiter[250] über die Ungeschicklichkeit ihres Pfarrers, da rivalisieren Mitarbeiter in Kirchgemeinden untereinander, da wird an mancher Stelle viel Zeit damit zugebracht, dass Ausschüsse und Kommissionen sich mit Detailfragen befassen und mehr behindernd als unterstützend wirken, da gibt es Machtkämpfe unter Pfarrern und zwischen ihnen und der Gemeindeleitung. Häufig sind auch die Klagen über mangelnde Arbeitsmotivation. „Die innere Beziehung von kirchlichen Mitarbeitern

---

[250] *Wie bereits an anderer Stelle erwähnt, wird für Berufs- und Funktionsbezeichnungen - ausser in Zitaten - der Einfachheit halber nur die männliche Form verwendet. Mitarbeiterinnen bzw. Funktionsträgerinnen sind eingeschlossen.*

zu ihrer Kirche erscheint keineswegs überall geklärt, was zu Störungen in gemeinsamer Ausrichtung führt. Persönliche Probleme von ehrenamtlichen und besoldeten Beschäftigten scheinen die Arbeit innerhalb der Kirche genauso zu belasten wie in vergleichbaren ausserkirchlichen Arbeitsfeldern - vielleicht sogar mehr." Man hat sich mit „Arbeitsmüdigkeit, 'burn-out'-Syndromen und psychosomatischen Störungen in der Pfarrer- und Mitarbeiterschaft" zu beschäftigen.[251] Die Aufzählung von Problemen ist beispielhaft. Es gibt dafür vielfältigste Ursachen. In der Beratungstätigkeit für Kirchgemeinden stösst man häufig auf eine Kombination von strukturell bedingten, das Management erschwerenden Rahmenbedingungen (vgl. dazu 6.2.1 „Managementprozesse und Machtverteilung") mit dem Problem unzureichender Personalorganisation und Mitarbeiterführung. Zwei Grundorientierungen, die für Kirchgemeinden typisch sind und die bei einseitiger, unreflektierter Betonung als Irrtümer bezeichnet werden müssen, spielen dabei eine wesentliche Rolle. Zum einen wird häufig auf die „Kraft der Liebe" gebaut. Damit ist die Vorstellung verbunden, wenn die Mitarbeiter in der Kirche „in Liebe" miteinander umgehen, muss es gutgehen. Bei dieser meist von Theologen und diakonischen Berufsgruppen vertretenen Orientierung wird gern vergessen, dass sie sich dafür eignet - und auch häufig in diesem Sinn missbraucht wird - Machtstreben zu verdecken sowie auf allzu billige Weise zur Entschuldigung von Missgeschicken und Fehlern herangezogen wird. Die andere Orientierung, die eher von juristisch denkenden oder Verwaltungsfachleuten in der Gemeinde vertreten wird, besteht darin, dass alles für die Beziehungsgestaltung unter Mitarbeitern und zwischen ihnen und Vorgesetzten sowie für die Konfliktregelung Wesentliche durch das Recht, d.h. durch entsprechend präzise reglementarische Bestimmungen festgelegt werden kann. Zweckmässige formelle Regelungen sind zwar durchaus wichtig als verbindliches, möglichst transparentes formelles Korsett für die Belange der Mitarbeiterführung, aber es wird und muss dabei auch viel Handlungsspielraum offen bleiben; die Komplexität des menschlichen Miteinanders im Personalbereich kann durch das Recht nicht vollständig beschrieben werden. Dieser Handlungsspielraum wird beides einschliessen

---

[251] *Schall U.T. (Mitarbeiterführung) 7*

müssen, die Orientierung an christlicher Liebe und die Verbindlichkeit von Ordnungen und formellen Regelungen. Innerhalb dieses Spannungsfeldes sollten jedoch vermehrt Kompetenzen des Personalmanagements zum Tragen kommen. Kirchgemeinden sind in diesem Bereich noch geprägt von Zeiten, als für weniger Mitarbeiter mit tieferem Ausbildungsniveau viel weniger Personalmanagement nötig war als heute. Vieles war selbstverständlich und konnte informell erledigt werden. Häufig besorgten patriarchalische Leitungsfiguren die Führung, selbstverständliche Gehorsamshaltungen ermöglichten diese Form der Führung. Die Situation hat sich seither grundlegend geändert. Dies betrifft Professionalität, Selbstverständnis und Ansprüche der Beschäftigten. Die Anforderungen an die Mitarbeiterführung sind gestiegen. Andererseits hat seither die Personalmanagementlehre eine Fülle von Erkenntnissen bereitgestellt. Für deren sinnvollen Einsatz bestehen im Raum der Kirche noch viele ungenutzte Chancen.

8.3.1.2 Ziele und Inhalte der Personalentwicklung

Unter dem Begriff Personalentwicklung werden im allgemeinen alle Massnahmen verstanden, welche geeignet sind, die im Rahmen einer aufgaben- und bedarfsorientierten Personalplanung erforderlich werdenden Kompetenzen der Mitarbeiterinnen und Mitarbeiter sicherzustellen. Dabei geht es um eine Integration der persönlichen Entwicklungsziele eines jeden Mitarbeiters in die Aufgaben- und Organisationsziele[252]. I.d.R. werden drei inhaltliche Dimensionen der Personalentwicklung unterschieden:

– Eine Sachorientierung (Anforderungen der Gemeinde an ihre Fachspezialisten),

– eine Teamorientierung (Anforderungen an interdisziplinär zusammengesetzte Teams von Fachspezialisten) und

– eine Mitarbeiterorientierung (persönliche Entfaltung).

---

[252] *Schedler K. (Anreizsysteme) 191 ff*

Angesichts der spezifischen Leistungsbereiche der kirchlichen Mitarbeiterinnen und Mitarbeiter müssen diese drei Dimensionen der Personalentwicklung weiter differenziert werden. Im Rahmen der folgenden thematischen Gliederung werden jeweils alle drei Dimensionen vertieft. Die Entwicklung von Mitarbeitern kann allerdings nicht isoliert betrachtet werden; sie kann alleine nur wenig bewirken, wenn nicht parallel dazu adäquate Organisations- und Leitungsstrukturen geschaffen bzw. angepasst werden. Personalentwicklung ist also Teil einer umfassend zu verstehenden Managemententwicklung, bei der es neben einer engen Koordination zwischen Personal- und Organisationsentwicklung auch um die Bereitschaft der Gemeinde, bzw. ihrer Leitungskräfte für organisationales Lernen geht. Obwohl die Notwendigkeit der Personalentwicklung auch für Organisationen in der Grösse von Kirchgemeinden unbestritten sein dürfte und auch Vorgehen und Instrumente bekannt sind, wird diese Aufgabe von den Leitungsverantwortlichen noch kaum systematisch und gezielt angegangen. Vorgehen und Massnahmen in diesem Bereich wirken häufig improvisiert und abhängig von situativ gegebenen Rahmenbedingungen und personellen Konstellationen in den verantwortlichen Leitungsgremien. Neben grundsätzlichen Aspekten der Personalentwicklung nehmen in den folgenden Ausführungen kirchgemeindespezifische Besonderheiten des kirchlichen Personals sowie deren Entwicklung und Einsatz breiten Raum ein.

8.3.1.3 *Managemententwicklung gleich Personalentwicklung und Organisationsentwicklung*

Die Erfüllung kirchlicher Aufgaben erfolgt immer in einem organisatorischen Kontext. Organisatorische Strukturen und Prozesse können die Arbeit in der Gemeinde, insbesondere die Teamarbeit sowie die interdisziplinäre Zusammenarbeit unterstützen, oder auch erschweren. Die spezifischen Charakteristiken der Tätigkeitsfelder von kirchlichen Mitarbeitern (vgl. die folgenden Abschnitte 8.4.1.4 und 8.4.1.5) verlangen nach flexiblen Strukturen, welche eine aufgabengerechte Zusammenarbeit der verschiedenen Berufe und Dienste erlauben. Trotz der meist geringen formellen Regelungsdichte in Gemeinden bestehen vielerorts noch Merkmale bürokratischer Strukturen, die sich hindernd auswirken. Bei den wichtigsten Berufsgruppen, welche die

Gemeindearbeit tragen - den diakonischen Stellen und Pfarrern - bestehen grosse Unterschiede im beruflichen Selbstverständnis, in der Ausbildung, in der Wahrnehmung durch die Gemeindemitglieder sowie in der Spezialisierung (diakonische Stelleninhaber und Katecheten sind meist fachlich ausgeprägter spezialisiert als Pfarrer). Das herkömmliche Primat der funktionsbezogenen Abgrenzung der Zuständigkeiten müsste abgelöst werden durch das Primat gemeinsam unterstützter und getragener Entwicklungsprozesse in der Gemeinde. Um dies zu erreichen, gilt es, einerseits die fachlichen, kommunikativen und teambezogenen Kompetenzen der Mitarbeiter zu fördern und andererseits dazu beizutragen, dass die organisatorischen Strukturen als Ganzes flexibel und lernfähig werden. Neben die Personalentwicklung muss somit auch eine Organisationsentwicklung treten. Personalführungsrelevante Aspekte der organisatorischen Gestaltung werden in Abschnitt 8.4 angesprochen.

8.3.1.4 Allgemeine Entwicklungen in der Mitarbeiterführung

In einem ersten Teil werden im folgenden allgemeine Aspekte der neueren Entwicklung bezüglich Ausbildung, Motivation, Erwartungshaltung und Arbeitssituation bei heutigen Mitarbeitern beleuchtet, in einem zweiten Teil auf die spezifischen Charakteristiken der wichtigsten Berufsgruppen in Kirchgemeinden (diakonische Berufe und Pfarrer) eingegangen.

Die sozialen Veränderungen in der Arbeitswelt bewirken auch Veränderungen bei den Mitarbeitern im kirchlichen Umfeld. Geändert haben sich die Bedürfnisstruktur, das Bewusstsein sowie das Selbstwertgefühl, mithin die gesamte Persönlichkeitsstruktur. Damit sind Veränderungen in der Arbeitseinstellung sowie in den Erwartungen an die Mitarbeiterführung verbunden. Individuelle Bedürfnisse nach Achtung und Selbstverwirklichung, wachsende Emanzipationsbestrebungen, der Wunsch nach mehr Autonomie und eigener Initiative sind in den Vordergrund gerückt. Immer mehr Menschen sind auf der Suche nach sich selbst. Die Widerstände gegen starre Funktionszuweisungen und fixierte Positionen in einer Hierarchie und damit das Bedürfnis nach Teilhabe und Teilnahme, nach flexiblen Regelungen, nehmen zu. Immer mehr Mitarbeiter betreiben Selbstbesinnung und verlangen mehr

Selbstbestimmung, mehr Handlungs- und Entscheidungsspielraum[253]. Die „neuen" Mitarbeiter sind weniger „pflegeleicht", ihr Anspruch an das Arbeitsklima, die Arbeitsbedingungen und die Vorgesetzten sind hoch, sie kalkulieren bewusster, wo sie sich engagieren wollen und haben stärkere Erwartungen in Bezug auf die Erfüllung persönlicher Werte und Zielvorstellungen. Die Leistungsbereitschaft ist stärker an die Wahrnehmung persönlicher Sinnerfüllung gebunden. Decker fasst den Wandel in der Arbeitsauffassung folgendermassen zusammen:[254]

Trend		
von	———————————▶	**zu**
Berufsengagement		Freizeitengagement
Pflicht, Ausharren		Arbeits- und Lebensfreude
Puritanischer Arbeitstechnik		Ausbalanciertem Leben
Arbeitsquantität, Entfremdung		Arbeitsqualität
Mitarbeit		Mitentscheidung
Kalkulatorischen Sachbeziehungen		Kommunikation
Einzeltätigkeit		Gruppentätigkeit
Arbeitsteilung		"System-Arbeit"
Äusseren Umweltanreizen		Inneren Bedürfnisanreizen
Ein-Weg-Kommunikation		Zwei-Weg-Kommunikation

Tab. 8-3: Wandel in der Arbeitsauffassung

Auch die Bedürfnisse und Erwartungen von Menschen, die in der Kirche ehrenamtliche Mitarbeit leisten, sind von spezifischen Veränderungen betroffen. Was an freiwilliger Mitarbeit gut ist für die Kirche, wird weniger aus Pflichtbewusstsein oder Opferbereitschaft für die Kirche getan, sondern muss auch persönlich gut sein für die Ehrenamtlichen selbst. Ein entsprechender „neuer Idealismus" ist möglich, aber nur, wenn es gelingt, den entsprechenden Erwartungen gerecht zu werden. Unter welchen Bedingungen

---

[253] *Decker F. (Management) 241 ff*

[254] *ebenda 248; vgl. dazu auch Wunderer R. (Führungslehre) 113-128*

sind Menschen heute bereit, sich freiwillig, ehrenamtlich zu beteiligen? Decker nennt folgende Erwartungen und Bedingungen des heutigen Menschen für sein Engagement als ehrenamtlicher Mitarbeiter:[255]

– Persönliche Ansprache und Betroffenheit als Anreiz für freiwilliges Tätigwerden,

– „massgeschneiderte" Aufgaben und Arbeitsbedingungen,

– selbständiges Handeln als Bedingung,

– kooperative Zusammenarbeit und Integration in die Gruppe,

– Wandel in der Rolle der Hauptamtlichen (Unterstützung, Begleitung),

– persönliche Entfaltung und Verwirklichung als Zentralmotiv,

– Einbezug der Familie und Freizeit,

– Gemeinschaft als wichtige Bedingung für die Mitarbeit (Qualität der Erlebnisdimension),

– eigene Qualifikationen und Erfahrungen miteinbringen und ausbauen können.

8.3.1.5 *Besonderheiten von kirchlichen Mitarbeitern*

Vieles deutet darauf hin, dass kirchliche Mitarbeiter von den genannten allgemeinen Werthaltungsveränderungen in der Arbeitswelt besonders stark betroffen sind. Konkreter und eingehender soll dies für die Berufsfelder der diakonischen Stellen und Pfarrer dargestellt werden.

---

[255] *ebenda 259*

a) Besonderheiten von Berufsgruppen, die im Bereich der Diakonie arbeiten

In kleinen Gemeinden wird vom Pfarrer erwartet, dass er sich neben der Verkündigung auch um soziale Belange kümmert. In grösseren Gemeinden jedoch gibt es „diakonische Stellen". Mitarbeiter in diesem Bereich können entweder funktional und/oder aufgrund ihrer Ausbildung gegliedert werden. Kohler schlägt folgende Gliederung vor[256]:

– *Sozialarbeiterinnen und Sozialarbeiter.* Sie werden in einer Schule für Soziale Arbeit (z.B. Zürich, St. Gallen, Bern, Luzern) ausgebildet. Sie sind Spezialisten der Einzel-, Gruppen- und Gemeinwesenarbeit, und ihr Diplom gilt in unserem Lande für alle Stellen des Sozialwesens.

– *Gemeindehelferinnen und Gemeindehelfer.* Verschiedene Ausbildungsstätten bereiten sie gezielt auf die Arbeit in der Kirche vor. Sozialdiakonische und biblisch-theologische Fächer stehen auf dem Lehrplan. Es werden im guten Sinne des Wortes Generalisten mit Schwerpunkt auf animatorischen Funktionen ausgebildet. Die landeskirchliche Diplomausbildung „akim" (Ausbildungsstelle für Aus- und Weiterbildung kirchlicher Mitarbeiter im diakonischen Bereich Zürich) gehört zu dieser Kategorie.

– *Diakoninnen und Diakone.* Sie stammen aus dem Diakonenhaus Greifensee, das Männer ausbildet, und aus der Schule für Diakonie und Gemein-

---

[256] *Kohler M.E. (Leitfaden) 11. Die Schrift gibt auf dem Hintergrund der Situation von evangelisch-reformierten Kirchgemeinden in der Schweiz einen guten Überblick über die wesentlichsten Belange der Mitarbeiterführung im Bereich diakonischer Stellen. Auf knapp 42 Seiten werden in kurzer Zusammenfassung folgende Fragen behandelt: Warum gibt es diakonische Stellen? Wer arbeitet in den diakonischen Stellen? Welche Arbeit wird durch die diakonischen Stellen geleistet? Wann braucht es eine diakonische Stelle? Wie schafft man eine diakonische Stelle? Wie schreibt man eine diakonische Stelle aus? Wie stellt man diakonische Mitarbeiterinnen und Mitarbeiter an? Wie strukturiert man diakonische Stellen? Wie begleitet man diakonische Mitarbeiterinnen und Mitarbeiter? Wie bildet man diakonische Mitarbeiterinnen und Mitarbeiter fort? Wo findet man in all diesen Fragen Unterstützung? Ausführlicher wird die Thematik behandelt in: Kohler M.E. (Kirche).*

dearbeit in Zürich, deren Schülerschaft aus Frauen besteht. Diakonische
Einsätze während der Ausbildung geben diesem Typus das besondere
Gepräge.

– *Jugendarbeiterinnen und Jugendarbeiter.* Auch da gibt es bewährte
Ausbildungsgänge in sogenannter „sozio-kultureller Animation" (Jugend-
arbeiter-Ausbildung Luzern, Grundkurs Animator IAP Zürich).

In der Praxis wird häufig von dieser Zuordnung von Funktion und entsprechender Ausbildung abgewichen und auch Leute mit anderweitigen Ausbildungen eingesetzt.

Besonders wichtig für diakonische Stellen ist ihre Vernetzung mit dem Gemeindeleben, weil sie durch das Subsidiaritätsprinzip die Wirkung ihres Einsatzes vervielfachen, indem sie sich primär dort einsetzen, wo ihr Fachwissen gefordert ist, im übrigen aber animatorisch die diakonischen Selbsthilfe-
kräfte in der Gemeinde stärken sollten. Denn Diakonie ist in all ihren Facet-
ten auch eine Aufgabe für alle Gemeindeglieder. „Diakonie heisst Dienst am
andern. In diesem Sinne ist die ganze Gemeinde, wenn sie sich richtig versteht, diakonisch, und so ist auch neben dem Ausdruck 'allgemeines Prie-
stertum'das Wort vom 'allgemeinen Diakonentum' aufgekommen. Viel Hilfe
am Mitmenschen geschieht in unseren Gemeinden spontan, natürlich, ohne
grosses Aufheben, einfach aus der Situation heraus. Und doch: ... die Not,
der die Gemeinde begegnet, überfordert ihre Kräfte und ihr Können. Deshalb gibt es (schon in der Bibel) diakonische Fachleute. Sie nehmen der
Gemeinde nichts ab. Im Gegenteil: Sie leiten sie zum diakonischen Tun an,
wirken animatorisch, weisen auf Nöte hin, machen Mut und 'helfen helfen'.
Dort, wo komplizierte Fälle auftauchen, deren Lösung gelerntes Wissen und
erworbenes Können verlangt, dort - aber nur dort - handeln sie selber. Aber
auch da tun sie es im Namen der Gemeinde und in Verbindung mit ihr."[257]

---

[257] *ebenda 10*

Erleichternd für Beschäftigte mit diakonischen Aufgaben im Vergleich zu den Pfarrern ist ein klarer definiertes Aufgabenfeld, die berufspraktische Ausrichtung der Ausbildung, geringere und homogenere Erwartungshaltungen seitens der Gemeinde (damit ein eindeutigeres, weniger überladendes Rollenset) sowie die üblicherweise grössere Spezialisierung ihrer Aufgaben.

Bedeutsam für das Führungsverhalten gegenüber diakonischen Mitarbeitern ist deren Motivationsstruktur. Bei aller individuellen und funktionsabhängigen Vielfalt der Motive dürften die folgenden generalisierbar sein. Diakonische Mitarbeiter suchen eine Arbeit mit Menschen, nicht mit Sachen. Der Mensch „in seiner Verflochtenheit mit allen Aspekten von Natur und Gesellschaft, von Erde und Kosmos"[258] steht im Zentrum des Interesses. Diakonische Mitarbeiter möchten dazu beitragen, dass es vielen besser geht, indem Situationen, Verhältnisse und Verhaltensweisen verändert werden. Das Bedürfnis, soziale Strukturen zu verändern, ist häufig mit latenten Machtansprüchen verbunden. „Helfen hat tatsächlich mit Macht zu tun: Ich bin gesund, der andere krank, ich weiss um Wege, der andere sucht sie."[259] Nötig ist auf diesem Hintergrund die Fähigkeit, mit dem Gefälle zwischen Hilfebietenden und Hilfesuchenden partnerschaftlich umzugehen, die Grenze zwischen hindernder und fördernder Macht zu erkennen. Manche diakonischen Mitarbeiter zieht es in die kirchliche Arbeit, weil sie - zu Recht - davon ausgehen, dass sie ihre Arbeit hier flexibler und weniger festgelegt gestalten können als in anderen Organisationen. Sie erwarten entsprechend Freiräume, um eigene Ideen schöpferisch umsetzen zu können. Manche leiden daran, dass sich - ähnlich wie beim Pfarrberuf - kaum sichtbare Erfolge einstellen. Erfolgsorientierung ist in diesen Berufsfeldern ausgeprägt enttäuschungsgefährdet.[260]

---

[258] *Lotmar P./Tondeur E. (Führen) 20*

[259] *Kohler M.E. (Kirche) 175*

[260] *Kohler vermerkt dazu: "Wer im Helfen Erfolg sucht, ist auf der falschen Fährte. Helfen ist unansehnlich und oft auch unbequem, selten der Weg, um Dank zu ernten. Das Leiden anderer lässt sich trotz aller Solidarität nur beschränkt teilen und*

b) Besonderheiten der Pfarrer

Dass der Pfarrer innerhalb der kirchlichen Mitarbeiter eine Schlüsselrolle spielt, liegt auf der Hand. „Der Pfarrer erscheint als zentrale Bezugsperson für das, was Kirche in der gegenwärtigen Gesellschaft repräsentiert, unter einer Vielfalt kaum einzugrenzender kommunikativer Aspekte: Als Darsteller einer religiösen Institution, Vermittler von Werten, Garant für sinnvolle Tradition, Funktionär einer Organisation - aber auch als weithin akzeptierte Kontaktfigur, Mann allgemeinen Vertrauens, potentieller Gesprächspartner, Begleiter, Berater, Zeremonienmeister usw. Dieser Befund wirft Probleme auf, nicht zuletzt im Blick auf die sozialgeschichtlich erhärtete These, dass die überlieferte gesellschaftliche 'Mehrfunktionalität' des Pfarramtes im Zuge sozio-kulturellen Wandels extrem reduziert und eingeschränkt worden sei. Sofern sich diese These im Berufs- und Amtsverständnis heutiger Pfarrer oder kirchenleitender Gremien spiegelt, eignet ihr eine gewisse Plausibilitätsstruktur: sie bewirkt in der Regel eine defensive, nostalgische Einstellung gegenüber den Möglichkeiten lokaler Präsenz von Kirche in der Gestalt des Pfarrers. Entsprechende Konsequenzen für die Entwicklung kirchlicher Handlungsstrategien können nicht ausbleiben."[261] Es wäre jedoch voreilig, diese These unkritisch zu übernehmen und daraus Konsequenzen für Führung und Entwicklung der unbestreitbar wichtigsten Profession in der kirchlichen Arbeit zu ziehen. Deshalb soll im folgenden eine kritische Analyse der Rolle, des Amtsverständnisses, der Arbeitssituation und der Bedeutung der Theologen in der Gemeinde vorgenommen werden. Im Rahmen der vorliegenden Thematik muss sich eine solche Analyse allerdings auf einige wenige Aspekte beschränken, die im Hinblick auf Fragen der Mitarbeiterführung bedeutsam sein dürften. Sie bezieht sich einerseits auf die Interpretation entsprechender empirischer Erhebungen durch Krusche[262] und andererseits

---

nicht immer heilen. Helfer kommen hier an ihre Grenze - und leiden daran."
(Kohler M.E. (Kirche) 175)

[261] *Krusche P. (Pfarrer) 161*

[262] *ebenda 161-188*

auf die Erfahrungen des Verfassers sowohl im Pfarrberuf als auch im Rahmen von Beratungsprojekten für Kirchgemeinden.

Im Kreise von Menschen, die mit kirchlichen Verhältnissen vertraut sind, herrscht die Auffassung vor, dass der Pfarrberuf anforderungsreich, schwierig und belastend sei. Es ist offensichtlich, dass diese Sichtweise von der Mehrheit der Betroffenen selbst geteilt wird. Beispielhaft für diese Selbstwahrnehmung des eigenen Berufes ist das folgende Zitat aus der Abschiedspredigt eines in Pension gehenden Pfarrers: „Der Pfarrerberuf zermürbt, weil man Woche für Woche viel mehr tun sollte, als man aus zeitlichen und kräftemässigen Gründen zu leisten vermag. Der Pfarrer ist mit seiner Arbeit nie fertig. Beim Gang durch die Gemeinde kommen einem all die Menschen in den Sinn, die man schon längst wieder einmal hätte besuchen sollen, es aber aus Zeitgründen einfach nicht hat tun können. Selbst bei einem Einsatz, der die heutigen Vorstellungen von einer 100%-Arbeit bei weitem übersteigt, bleibt man in seiner Leistung immer hinter den eigenen Erwartungen und jenen der Gemeindeglieder zurück. Diese Situation ist unerhört belastend. Der Gedanke, aus ihr befreit zu werden, ist beglückend und verlockend."

Die erwähnte Analyse von Krusche identifiziert eine grosse Zahl von Dissonanzen und Spannungsfeldern in der Arbeit des Pfarrers. Die genannten Spannungsfelder und Widersprüche lassen sich in kurzer Zusammenfassung wie folgt umschreiben:[263]

- Die vom reformatorischen Kirchenbegriff angewiesenen Basisfunktionen des geistlichen Amtes - Predigt des Evangeliums, Verwaltung der Sakramente - stehen für eine volkskirchliche Mehrheit keineswegs in der Mitte ihrer Erwartungen, sondern eher am Rande. Ihre gesellschaftliche und religiöse Relevanz scheint nur noch für eine kleine Minderheit von „Insidern" selbstverständlich zu sein. Darin zeigt sich ein noch wenig

---

[263] *vgl. ebenda 162 ff; Die Analysen von Krusche basieren zwar auf Umfragen und empirischen Erhebungen in Deutschland, sie dürften jedoch im wesentlichen auch auf die kirchlichen Verhältnisse in der Schweiz zutreffen.*

ausgetragener Widerspruch im protestantischen Kirchenverständnis, indem für einen grossen Teil der Pfarrer gerade diese Funktionen den eigentlichen Anspruch ihres Amtes ausmachen, an dem man seine theologische Identität festmachen kann. „Die grosse Mehrheit der Evangelischen bejaht die Volkskirche, wie wir sie von jeher kennen. Sie erwarten von der Kirche vor allem Seelsorge, Diakonie und Verkündigung. Eine grosse Gruppe ist bei allen diesen herkömmlichen Funktionen intensiv der Meinung, die Kirche solle ihre Aktivität verstärken".[264] Der Verkündigungsanspruch als Zusammenfassung der genannten Funktionen wird von vielen Pfarrern „missionarisch / expressiv" wahrgenommen. Die Konsequenz ist eine deutliche Einschränkung des Spektrums möglicher Kommunikation. Dies lässt sich am Beispiel des Gemeindegottesdienstes nachweisen. Im Teilnahmeverhalten der Evangelischen am Gottesdienst spiegelt sich auch ein Funktionsdefizit, das auf einem Mangel an lebensgeschichtlicher und sozialer Relevanz von Predigt und Sonntagsgottesdienst beruht, ein „Misslingen von Kommunikation und Interpretation."[265]

- Die Funktionszuweisung an den Pfarrer fällt nicht eindeutig aus, sondern fördert vielmehr Dissonanzen zutage, indem „neben systemkonformen Einstellungen auch Distanzgefühle, Enttäuschungen, Änderungswünsche artikuliert werden". Damit verbunden ist „ein quer durch das gesamte Befragungsmaterial belegtes Insistieren auf der *Mehrfunktionalität der pastoralen Berufsrolle*, in der sich nach dem Urteil der Mitglieder die gesamte Aktivität der Kirche vor Ort widerspiegelt." Dies erklärt die in der zitierten Abschiedspredigt zum Ausdruck kommende Rollen- und Arbeitsüberlastung des Pfarrers. Positiv zu werten ist der Befund insofern, als „sich hier offenbar so etwas wie ein religiöses Kommunikationsbedürfnis anmeldet, im Gegensatz zur völligen Indifferenz und Sprachlosigkeit in Sachen Christentum und Kirche."[266] In diesen Zusammenhang ist

---

[264] *ebenda 162*

[265] *ebenda 163*

[266] *ebenda 164*

auch die Beobachtung zu stellen, dass die von vielen Menschen im Verlauf einer komplizierten, mit Irritationen belasteten religiösen Sozialisation gewonnene Einstellung zur Kirche im wesentlichen an der Figur des Pfarrers festgemacht wird.

- Das Befragungsmaterial scheint eine Schwerpunktverlagerung in der Berufsrolle des Pfarrers nahezulegen: aus der distanzierten Rolle des Amtsträgers zum Vollzug von Verkündigung und Lehre in die kommunikative Rolle des Helfers und seelsorgerischen Begleiters. Dies wird damit belegt, dass sich im Bewusstsein der Mitglieder vor allem jene Züge des Pfarrbildes einprägen, die eine personenbezogene und damit auch emotional stabilisierende Kommunikation versprechen. Gerade hier aber zeichnet sich eine für das Berufsverständnis des Pfarrers schwerwiegende Dissonanz ab: Der Schwerpunktverlagerung in den Bereich helfender Begleitung (Seelsorge) entspricht in der Berufspraxis keine nennenswerte Inanspruchnahme durch die Gemeindeglieder. Das heisst konkret, dass i.d.R. nur ausnahmsweise Menschen aus eigener Initiative beim Pfarrer Rat suchen.

- Die Auswertung des Befragungsmaterials ergibt weiter, dass dem pfarramtlichen Handeln insgesamt keine überzeugende Kompetenz im konkreten Umgang mit religiösen volkskirchlichen Erwartungen, sozialen Problemen und Krisenerfahrungen zugesprochen wird. Falls dieser Befund repräsentativ wäre, würde er eine Problemanzeige ersten Ranges bedeuten. „Es ist offenbar diese hochgradige Anforderung an die personalkommunikative Potenz des heutigen Pfarrers, die sich zwar positiv in einer pauschalen Funktionszuweisung ausdrückt, im konkreten Einzelfall jedoch zu Enttäuschungen, Misslingen der Verständigung, Defiziterfahrungen in der persönlichen Krise und Daseinsbewältigung Anlass geben kann. Diese indirekte Kritik an der Handlungskompetenz des Pfarrers schliesst allerdings eine allgemeine Hochschätzung des Pfarrers nicht aus, sondern ein".[267] Daraus lässt sich ein weiterer ambivalenter Aspekt des

---

[267] *ebenda 170*

Pfarrberufes ableiten, der belastend wirken kann: Die pastorale Orientierung der Kirchenmitglieder richtet sich primär auf die Person des Pfarrers als dem Repräsentanten der Kirche während das, was er tut, was er in seinem Beruf leistet, eher kritisch als positiv bewertet wird.

- Prägendes Merkmal der beruflichen Praxiserfahrung sind Rollenkonflikte: Der Pfarrer repräsentiert die Präsenz der Kirche bei den Mitgliedern - „und zwar wechselweise unter dem Aspekt der Person, des Berufsimages, des Handelns oder Redens. Damit ist ein Mass an 'Komplexität von nicht kongruenten Rollenerwartungen', Bezugsgruppen, Normverständnissen und Systemabhängigkeiten verbunden, das ein diffuses Berufsfeld entstehen lässt. Es setzt die Pfarrer beträchtlichen internen Stress-Situationen und vor allem einer permanenten Infragestellung ihres theologischen Auftrages aus."[268] Diese Rollenkonflikte werden verschärft durch den Tatbestand, dass der Pfarrer für viele Zeitgenossen zur Projektionsfigur von Heile-Welt-Vorstellungen wird.[269]

Aus diesen Befunden wären folgende Konsequenzen bezüglich Anforderungsprofil an Pfarrer und entsprechender Berücksichtigung bei Stellenbesetzungen zu ziehen (weitere ergänzende Ausführungen dazu sind im Abschnitt 8.4.3.4 Mitarbeitereinsatz und Stellenbesetzung enthalten):

---

[268] *ebenda 181*

[269] *Der Pfarrer Hans Domenig formulierte es in einem mit Ironie angereicherten WELTWOCHE-Artikel so: "Viele Zeitgenossen meinen zu wissen, wie ein Pfarrhaus zu sein hat: heile Welt, Bücherwände, Tabakpfeife, friedliche Imkerei im Garten, Rosenzucht. Die Töchter haben züchtig, die Söhne tüchtig zu sein, und die Pfarrfrau hat sich ihrer Reize zu schämen - aber nur ein wenig - und vorbildlich zu leben. Und das nicht nur im Glauben, sondern auch in der Gartenpflege und in der Hausmusik, also in Dingen, die nicht mehr viel mit Christlichkeit zu tun haben. Aber gerade weil viele Pfarrer meinen, der Gemeinde eine heile Welt und intakte Familienverhältnisse vorspielen zu müssen, kommt es zum frommen Fassadenbau." (Domenig H. (Klischee))*

– Für den Pfarrer wird es zunehmend darauf ankommen, dass die Solidarität mit den Adressaten seines Handelns zum leitenden Gesichtspunkt wird. Das bedeutet eine Schwerpunktverlagerung seiner Arbeit in den Bereich seelsorgerlich-helfender Regelung von bestehenden (oder gelegentlich auch von ihm selbst ausgelösten) Konflikten. Die Zeit der Möglichkeit, dogmatische Wahrheitsansprüche durchzusetzen, ist vorbei, Pfarrer haben vielmehr die Wirkung der von ihnen vertretenen Wahrheiten in das Kalkül ihrer Rolle einzubeziehen.

– Bei aller Wünschbarkeit der Bildung von Kompetenzschwerpunkten und Spezialisierungen von Pfarrern (insbesondere in Grossgemeinden) sowie dem gemeindeübergreifenden Einsatz von Pfarrern in einzelnen Fachbereichen, muss der Forderung nach mehr Funktionalität und Offenheit des Pfarramtes bei gleichzeitiger Betonung der Schlüsselrolle des Pfarrers für das gesamte Teilnahmeverhalten Rechnung getragen werden. Der Pfarrer wird auch weiterhin als Repräsentant des Systems und als herausgehobene Kontaktperson besondere Anforderungen erfüllen müssen. Die erwähnten Rollenkonflikte werden sich in Zukunft eher noch verschärfen. Damit zeichnet sich die Notwendigkeit des Kompromisses ab, d.h. der Fähigkeit, mit Rollenkonflikten konstruktiv umzugehen. Dabei ist es wichtig, dass dem Pfarrer seitens der Leitungsgremien die Freiheit zugestanden wird, persönliche Rollenschwerpunkte zu definieren. „Jedermann hat den Spielraum, eine Rolle gewissenhaft, überstreng oder minimalistisch, mit Begeisterung, léger oder ironisch zu spielen. Behält der Pfarrer z.B. zu seiner Rolle im Kreis der kirchlich Aktiven eine gewisse Distanz, so hat er Zeit und Kraft zur Rollenübernahme im Kontakt mit Menschen ausserhalb dieses Kreises. Lässt er sich von den sozialtherapeutischen Rollen, die ihm durch die Kasualien überbunden sind, nicht völlig auffressen, so müssen seine Rollen im Kreis der kirchlich Aktiven oder bei seinen Kollegen nicht verkümmern.“[270] Rollenkonflikte müssen organisierbar gehalten werden.

---

[270] *Neidhart W. (Theologie) 40*

– Das Vorliegen diffuser, kaum artikulierter und ambivalenter Funktionszuweisungen und Anforderungen erfordert unabdingbar kommunikative Kompetenz, die sprachliche, symbolische, rituelle usw. Kommunikationsmittel kreativ einzusetzen vermag.

– Auch wenn für die nächste Zukunft die Volkskirche auf den Pfarrer als Generalisten nicht verzichten kann, wäre eine verstärkte Professionalisierung und bewusste Förderung von Spezialisierung wenigstens in einem Schwerpunktbereich wünschbar. Grundsätzlich dürfte die Förderung von Spezialistenkompetenzen an vermehrte humanwissenschaftliche Kenntnisse und deren theologisch verantwortete Integration in das Berufskonzept gebunden sein.

8.3.2 Konsequenzen für die Personalentwicklung und Mitarbeiterführung

8.3.2.1 Konsequenzen für die Mitarbeiterführung

Die skizzierten Besonderheiten des Personals in Kirchgemeinden legen nahe, dass einige allgemeine Trends heutiger Mitarbeiterführungspraxis auch für die kirchgemeindliche Situation relevant sein dürften. Die nachfolgende auf kirchliche Verhältnisse bezogene Interpretation der diesbezüglich von Wunderer identifizierten Trends zeigt, wie sie in der Gemeindearbeit anwendungsorientiert zum Tragen gebracht werden können:[271]

1. *Mitarbeiterführung wird strategieorientierter.* Damit ist gemeint, dass sie heute stärker in das Gesamtkonzept der Führung einer Organisation integriert werden sollte. Solche Führungsstrategien beziehen sich auf Mitarbeiter, die anspruchsvoller, besser ausgebildet, selbststeuernder, schwerer motivierbar und besser informiert sind. Dieser Aspekt betrifft in der Kirchgemeinde v.a. die in Spezialdiensten Beschäftigten im Bereich der Diakonie. An anderer Stelle wurde bereits darauf hingewiesen, dass Mit-

---

[271] *Wunderer R. (Führungslehre) 19ff*

arbeiterführungsmassnahmen und -entscheide heute häufig situativ bestimmt und improvisiert werden. Demgegenüber wäre zu fordern, dass
Massnahmen der Mitarbeiterführung (v.a. Erstellen von Anforderungs-
profilen, Stellenbesetzungen und Zielvorgaben) insbesondere in Grossgemeinden mit grösserem Mitarbeiterbestand stärker aufeinander abgestimmt, in ein Gesamtkonzept integriert und in Übereinstimmung mit einem gemeinsam erarbeiteten, langfristigen Zielrahmen für die Gemeinde
(vgl. Kapitel 10) getroffen werden. D.h. die Personalpolitik muss sich
auch an übergeordneten normativen Kriterien orientieren, indem möglichst
präzise Sinn- und Wertvorgaben für Personalentscheide besonders relevant sind. Diesbezügliche Erfahrungen in Institutionen des Gesundheitswesens haben gezeigt, dass die Mitarbeiterführung durch den Bezug auf
verbindliche, gemeinsame Ziel- und Wertvorgaben wesentlich vereinfacht
wird, d.h., dass sie wie „unsichtbare Führungskräfte" wirken.

2. *Neue Zielgruppen - differenzierte Führung.* Die bisher gängige Praxis,
   eine Differenzierung der Mitarbeiter nach sozialversicherungsrechtlichen,
   geschlechts-, kompetenz- oder ausbildungsorientierten Kriterien vorzunehmen, reicht nicht mehr aus. Es gilt, neue Differenzierungskriterien in
   die Mitarbeiterführung einzubeziehen, wie das Verhältnis zwischen Qualifikation und Motivation, zu berücksichtigende Konsequenzen hoher Arbeitsplatzsicherheit (betrifft insbesondere die Pfarrer), Probleme mit fachlich nicht (mehr) entwicklungsfähigen oder anpassungsbereiten Mitarbeitern usw.

3. *Weiche Führungsfaktoren gewinnen an Bedeutung.* Diese Forderung ist
   im Zusammenhang mit den unter Ziffer 1. genannten Erfordernissen zu
   sehen: Es geht hier um die Führungskultur, also um Werte, Ziele, Normen
   und Verhaltensmuster, um die Einbindung der Arbeit in eine fordernde,
   intrinsisch motivierende Mission oder gar Vision. Eine Maxime von
   Saint-Exupéry charakterisiert das am besten: "Wenn Du ein Schiff bauen
   willst, so trommle nicht die Männer zusammen, um Holz zu beschaffen
   und Werkzeug vorzubereiten oder die Arbeit einzuteilen und Aufgaben zu

vergeben - sondern lehre die Männer die Sehnsucht nach dem endlosen weiten Meer".[272]

4. *Kommunikativ-kooperative Führungs- und Kollegenbeziehungen.* Die genannten für kirchliche Mitarbeiter besonders ausgeprägten Ansprüche nach innerer Beteiligung (Mitverantwortung als Weiterentwicklung der Mitbestimmung) sowie Erwartungen nach rechtzeitiger Einbindung in Problemlösungen erhöhen den Wunsch nach persönlicher Kommunikation und umfassendem Informiertsein. Um diesen Anforderungen gerecht zu werden, dürfte die Pflege eines situativ-kooperativen Führungsstils am zweckmässigsten sein. Dies bedeutet, dass Leitungsverantwortliche - mindestens auf der Ebene des operativen Managements - situativ agieren, reagieren, sich verhalten, dass Ziele und Massnahmen gemeinsam entwickelt und gestaltet werden, dass neue Lösungen, Wege und Regelungen gemeinsam auf der Basis von Vertrauen und intensivem Dialog gesucht werden. Auch hier ist zu bemerken, dass Verbesserungen auf zwei unterschiedlichen Ebenen erfolgen müssen, die sich aber grundsätzlich nicht zu widersprechen brauchen, sondern sich sinnvoll ergänzen können: einerseits Stärkung der Verbindlichkeit von organisatorischen Regeln (Informations- und Absprachepflichten, Verbindlichkeit von Kompetenz- und Aufgabenzuteilungen usw.) und auf der andern Seite Förderung der mündlichen Kommunikation, des unmittelbaren Kontaktes, kurz: eine Verstärkung der personalen Führung. Sie ist auf dem Hintergrund der übersichtlichen Verhältnisse in Kirchgemeinden und der Erwartungsstrukturen des Personals möglich, sinnvoll und nötig. Wunderer verweist auf diesen Aspekt mit dem bildlichen Vergleich von Mitarbeitern als „Katzen" oder „Busfahrer": Selbstbewusste, gut ausgebildete Spezialisten werden - allegorisch gesehen - immer mehr Katzen als Schäferhunden ähneln. Die Führungszeiten des „Bodo sitz! Bodo platz! Bodo fass!" gehen zu Ende. Die „Maus" wird selbständig gesucht und gefangen - Direktiven in Richtung wo, wann, wie und womit sind unerwünscht. Vom Vorgesetz-

---

272 *ebenda 20*

ten wird deshalb vor allem erwartet, dass die eigenen Aufgaben erleichtert, unterstützt und koordiniert werden.[273]

5. *Führung als Lern- und Entwicklungsprozess.* Eine Philosophie der Selbstentwicklung und Selbstorganisation bedeutet nicht Verzicht auf klare strukturelle und formelle Rahmenbedingungen, sondern das Einbringen von gezielten Impulsen, die Selbstentwicklung und Selbstorganisation unterstützen, mithin also ein evolutionsorientiertes Konzept der Reifung. Wunderer verweist auf G. Galilei: „Man kann einen Menschen nichts lehren, man kann ihm nur helfen, es in sich selbst zu entdecken".[274]

6. *Rezepthafte Führungskonzepte verlieren an Bedeutung.* Mit höherem Ausbildungsstand und reiferen Persönlichkeiten wird der Wunsch nach einfachen Verhaltensrezepten schwinden.

8.3.2.2 *Konsequenzen für die Personalentwicklung*

Bei der Konkretisierung von Personalentwicklungsaufgaben gilt es, verschiedene Fragen zu beantworten:

a) Wer ist für Personalentwicklungsmassnahmen verantwortlich?

b) Wer soll gefördert werden?

c) Was, d.h. welche Kompetenzen sollen gefördert werden?

d) Wie soll gefördert werden oder wie soll vorgegangen werden?

Güntert nennt diese vier Fragestellungen die vier „W" der Personal- und Managemententwicklung.[275]

---

[273] *ebenda 20ff*

[274] *ebenda 21*

[275] *vgl. Güntert B. (Personal) 30ff*

Wer ist für Personalentwicklungsmassnahmen verantwortlich?

Bei der Frage, wer für Personalentwicklungsmassnahmen verantwortlich sein müsste, sind verschiedene Lösungen denkbar. Die Beantwortung der Frage ist abhängig von den vorhandenen Kompetenzen und der Quantität des verfügbaren Personals in bezug auf die zu erfüllende Aufgabe sowie von der Führungssituation in der jeweiligen Gemeinde. Bei Grossgemeinden wäre beispielsweise folgende Lösung denkbar:

In der Kirchenvorsteherschaft wird ein (Teil)ressort für diese Aufgabe gebildet und für jede Berufsgruppe in der Gemeinde eine verantwortliche Person als Ansprechpartner für den Ressortleiter bestimmt.

Wer soll gefördert werden?

Die Frage, wer gefördert werden soll, ist im Grundsatz einfach zu beantworten. Bereits aus der Definition des Begriffs der Personalentwicklung geht hervor, dass eine Integration aller Mitarbeiter in die Aufgaben und Organisationsziele anzustreben ist.[276] Wird vom genannten kooperativ-situativen Führungsstil ausgegangen, so kann ein Eigenbeitrag der Mitarbeiterinnen und Mitarbeiter vorausgesetzt werden. Hinzu kommt, dass mindestens für die diakonischen Berufe und Pfarrer ein breites Kurs- und Weiterbildungsangebot besteht und damit die Aufgabe im wesentlichen darin besteht, Weiterbildungsmassnahmen im Rahmen eines Gesamtkonzeptes zu koordinieren. Erforderlich und zweckmässig ist sicher auch eine Förderung des internen Austausches von Erfahrungen und Know-how. Selbstverständlich empfiehlt es sich, engagierten und motivierten Mitarbeitern besonders gute Möglichkeiten zur Weiterentwicklung zu geben.

Was, d.h. welche Kompetenzen sollen gefördert werden und wie soll gefördert werden?

Die Frage nach den zu fördernden Kompetenzen (was?) wurde bereits im Zusammenhang mit den Besonderheiten einzelner kirchlicher Berufsgruppen

---

[276] *Schedler K. (Anreizsysteme) 191*

diskutiert. Dabei ist es sinnvoll, gleichzeitig auch die Frage nach dem Vorgehen und den einzusetzenden Mitteln (wie?) zu beantworten:

– Die grosse Bedeutung von Interaktionsprozessen zwischen Gemeindemitgliedern und kirchlichen Mitarbeitern bedingt eine laufende Förderung der kommunikativen Kompetenz. In Betracht zu ziehen sind dabei neben traditionellen Kursen und Schulungsprogrammen auch das „Training on the job" mittels individuellem Coaching wie z.B. Team-Supervisionen, in denen konkrete Problemfälle thematisiert werden.

– Bezüglich der Förderung von fachlichen Kompetenzen gilt es, die spezifischen Erfordernisse der betroffenen Gemeinde zu berücksichtigen und insbesondere auch die ehrenamtlichen Mitarbeiter einzubeziehen. Entsprechend diesem Hintergrund und dem verfügbaren Personal müssen adäquate Formen gewählt werden.

– Für die Motivation von grosser Bedeutung ist das Eingehen der Gemeindeleitung auf die persönlichen Zielsetzungen der Mitarbeiter. Es geht darum, so weit wie möglich persönliche Neigungen und Entfaltungswünsche mit Zielsetzungen der Gemeinde in der kirchlichen Arbeit zur Deckung zu bringen.

– Die Zusammenarbeit im Team und mit verschiedenen Berufsgruppen verlangt nach ausgeprägten sozialen Kompetenzen. Insbesondere Teamfähigkeit und gemeinschaftliche Problemlösungsmethoden sind hier gefragt. Leistungsgemeinschaften sind immer auch Personengemeinschaften, besonders dann, wenn die von einer Organisation erbrachten Leistungen wie bei der Kirchgemeinde hauptsächlich durch Menschen getragen werden. Es versteht sich von selbst, dass die Art und Weise, wie diese Menschen zusammenarbeiten, einander fachlich ergänzen und im zwischenmenschlichen Kontakt bereichern, für das Erreichen von Zielen von entscheidender Bedeutung ist. „Die besondere Aufgabe des Führens ist es in diesem Zusammenhang, Formen des internen Austausches, des gemeinsamen Angehens von Problemen, des Gleichgewichts zwischen Einzelarbeit und Teamarbeit zu finden."[277]

- In den Zusammenhang der Kompetenzförderung gehört auch die Verbesserung der Führungskompetenz der Gremien und Personen, welche Leitungsaufgaben wahrnehmen. Dieser Bereich steht in enger wechselseitiger Beziehung mit dem Erfordernis einer permanenten Organisationsentwicklung.

Personalentwicklungsmassnahmen können auch - mindestens in grossen Gemeinden mit umfangreichem Personalbestand - durch den Aufbau eines ausgebauten Qualifikationssystems gut unterstützt werden. Auf eine detaillierte Darstellung des Aufbaus eines möglichen Qualifikationssystems soll in diesem Rahmen verzichtet werden. Grundsätzlich geht es darum, dass ein solches System auf den spezifischen Zielsetzungen und Anforderungen der kirchlichen Arbeit aufbaut und insbesondere fachliche, kommunikative und teambezogene Anforderungen an die jeweiligen Stelleninhaber umschreibt. Mit Hilfe vereinbarter und akzeptierter Beurteilungskriterien sollte eine Selbst- und eine Fremdbeurteilung durch Vorgesetzte möglich sein. Davon können Grundlagen für individuelle oder gruppenbezogene Entwicklungspläne abgeleitet werden. Soweit die Mitarbeiter persönliche Zielsetzungen in den Prozess einbringen wollen, sind diese auf jeden Fall zu berücksichtigen.

Über den Zusammenhang bzw. die Inhalte der Personal- und Organisationsentwicklung gibt die folgende Tab. 8-4 Auskunft.

---

[277] *Lotmar P./Tondeur E. (Führen) 28*

		Sach-orientierung	Kommunikative Kompetenz
Managemententwicklung	**Personalentwicklung**	Sach-orientierung	Fachliche Kompetenz
		Mitarbeiter-orientierung	persönliche Erfahrung
		Team-orientierung	Teamfähigkeit
		Team-orientierung	Führungskompetenzen
	Organisations-entwicklung	Verhalten	Organisationales Lernen
		Strukturen	Strukturenanpassung

Tab. 8-4: Überblick über die Inhalte der Personal- und Organisationsent-wicklung[278]

8.3.3 Ausgewählte Gestaltungsfelder der Mitarbeiterführung

8.3.3.1 Ethik der Mitarbeiterführung

In Anlehung an P. Ulrich können folgende Bausteine für die Personal-Führungsethik einer Kirchgemeinde definiert werden:[279]

– *Die Sicherung elementarer Persönlichkeitsrechte*:
  Dazu gehören die physische und psychische Unantastbarkeit der Person (Schutz vor willkürlicher oder diskriminierender Behandlung, psychische Druckausübung usw.), sowie der Schutz der Privatsphäre. Dieser Schutz muss sich aufgrund des öffentlichen Charakters v.a. bei Inhabern von

---

[278] *Nach Güntert B. (Krankenhaus)*

[279] *Ulrich P. (Führungsethik) 527-533*

Pfarrämtern auch Einschränkungen gefallen lassen. Während ein Buchhalter über seine Weltanschauung und Lebensform, seine Freizeitaktivitäten und politischen Engagements seinem Arbeitgeber keine Rechenschaft schuldig ist, müssen die Grenzen des Tolerierbaren im Falle von Gemeindepfarrern enger gezogen werden, weil in der Wahrnehmung der Gemeinde eine Trennung in Privat- und Amtsperson nur begrenzt möglich ist.

– *Organisations- und kirchenbürgerliche Rechte*
Der Begriff des „Organisationsbürgers" überträgt den Anspruch staatsbürgerlicher Freiheiten und republikanischer Mitverantwortung auf das Unternehmen und die Wirtschaft. Die damit zusammenhängende Forderung, dass Bürger einer freiheitlichen Gesellschaft auch in ihrer Organisation das Recht auf (sanktions-)freie und kritische Meinungsäusserungen haben sollen, ist sicher in Kirchgemeinden im Vergleich zu Wirtschaftsbetrieben i.d.R. sehr weitgehend erfüllt. Wenn aber eine Kirchgemeinde von ihren Mitarbeitern "Kadavergehorsam" weder fordern noch erwarten kann, sondern vielmehr vielfältige Möglichkeiten zur Ein- und Mitsprache gewährt, so muss damit im Gegenzug von diesen Mitarbeitern mindestens kritische *Loyalität* erwartet werden.

– *Persönlichkeitsförderliche Arbeitsgestaltung:*
Es geht dabei um die Anforderungsvielfalt der Arbeitsaufgaben, deren ganzheitlichen Charakter (d.h. es sollten in sich abgeschlossene, sinnvolle Arbeitsergebnisse angestrebt werden), den Bedeutungsgehalt der individuellen Arbeitsergebnisse für die Gemeinde als Ganzes und damit auch für den Mitarbeiter selbst, den persönlichen Handlungsspielraum (den Grad an sachlicher und zeitlicher Autonomie sowie Eigenverantwortung) und die Art und Häufigkeit von Rückmeldungen (feed-back) zum Arbeitsergebnis.

– *Dialog- und konsensusorientierte Beziehungsgestaltung:*
Bei dieser durch die moderne Diskursethik begründeten Leitidee geht es darum, die kulturellen und strukturellen Voraussetzungen team- und dialogorientierter Kooperationsformen zu schaffen. Eine dialog- und konsensorientierte Führungsethik ist letztlich nur bei weitgehend demokratischer Entscheidungsbildung möglich. Diesbezüglich besitzen Kirchgemeinden mit ihren hierarchiearmen Strukturen und demokratischen Entscheidungsbildung geeignete strukturelle Voraussetzungen, die allerdings auch mit erheblichen Nachteilen verbunden sein können (vgl. dazu Kapitel 6).

In den Kontext von Führungsethik gehört eine spezifische Frage kirchlicher Personalpolitik, die in Kirchgemeinden häufig diskutiert wird und sehr unterschiedlich beurteilt wird: Wo liegen die Grenzen einer Sozialpflichtigkeit von kirchlichen Einrichtungen gegenüber Mitarbeitern, die über Jahre hinweg aus irgendwelchen Gründen (mit entsprechenden Folgeproblemen) leistungsschwach sind oder werden, bzw. von Mitarbeitern, deren (Weiter)-beschäftigung aus Gründen der sozialen Unterstützung erfolgt? Grundsätzlich besteht gegenüber dieser Frage ein erheblicher Ermessensspielraum. Es muss jedoch vermieden werden, dass aus einem unreflektierten Idealismus heraus Sozialrechte von kirchlichen Mitarbeitern so weit gefasst werden, dass Effizienzkriterien vernachlässigt werden. Einseitiges Effizienzdenken umgekehrt kann mit den Zielen und Werten einer Kirchgemeinde nicht in Einklang gebracht werden und würde die Glaubwürdigkeit der kirchlichen Personalpolitik untergraben. Dennoch sollte m.E. eine Gemeinde - obwohl eine präzise Erfassung der Leistung sowie die Definition von überprüfbaren Arbeitszielen bei der Tätigkeit von kirchlichen Mitarbeitern schwierig ist - nicht verzichten auf Leistungskriterien und Zielorientierung beim Mitarbeitereinsatz, um ein Verschleudern von Ressourcen zu verhindern. Auch für diese Arbeit sind „relativ klare Anforderungsprofile erarbeitbar, die sich auf die Motivation, die Einsatzbereitschaft, die fachliche und die zwischenmenschliche Kompetenz beziehen. Der solidarische Einsatz stärkerer Menschen für Schwächere im Sinn christlicher Nächstenliebe schliesst eine kritische Kontrolle resp. Selbstprüfung des Geleisteten nicht aus... Effizienzkriterien sind darum in kirchlichen Institutionen durch das Prinzip der Solidargemeinschaft zwischen Stärkeren und Schwächeren in der Mitarbeiterschaft selbst zu ergänzen."[280]

8.3.3.2 Macht

Führen als Ausüben von Macht hat in unserer Geschichte - insbesondere auch in der Geschichte der Kirche - eine lange Tradition, Führung ist deshalb in unserem Bewusstsein „gleichsam urbildlich verankert".[281] Demokratisierung als Prozess des Aufteilens von Macht und des Mündigwerdens ist eine Entwicklung, die in Kirchgemeinden eine lange Tradition hat. Dennoch zeigen viele Problemsymptome insbesondere in der Mitarbeiterführung grosse Schwierigkeiten mit den auch in kirchlichen Strukturen zahlreich auftretenden Versuchen, Machtpositionen aufzubauen, Auseinandersetzungen machtorientiert zu führen bzw. auch reglementierte Machtbefugnisse zu kritisieren. Bei den in Kirchgemeinden vertretenen Berufen sind Widerstände gegen die Wahrnehmung von Entscheidungsbefugnissen häufig eng verknüpft mit einer ausgeprägten Ablehnung von Macht. „Sozial engagierte Menschen neigen dazu, aus ihrer besonderen Identifikation mit den Schwachen und Benachteiligten in unserer Gesellschaft allen Formen der Macht-

---

[280] *Jäger A. (Unternehmenspolitik) 39f*

[281] *Lotmar P./Tondeur E. (Führen) 25*

ausübung grundsätzlich kritisch oder negativ zu begegnen."[282] Dieses Vorverständnis, verbunden mit dem Phänomen, dass einzelne kirchliche Mitarbeiter sich für ihren persönlichen Arbeitskreis oft recht unbefangen und ohne Rücksicht auf bestehende Kompetenzregelungen Macht aneignen, kann es beschwerlich machen, die Möglichkeit und die *Notwendigkeit* von verantwortungsvollem Machtgebrauch differenzierter und insbesondere aus der Optik der Interessen der ganzen Gemeinde zu betrachten. Es wird in vielen Fällen unumgänglich sein, diese Machtproblematik offen zu diskutieren. Im weiteren empfiehlt es sich, zu thematisieren, dass Führen in den letzten Jahren auch für Kirchgemeinden zunehmend zu einer methodisch verfeinerten Disziplin der Komplexitätsbewältigung geworden ist, „zur Aufgabe, ganze Bündel oder Netze von Zusammenhängen und wechselseitigen Abhängigkeiten ... nach bestem Wissen und Gewissen zu gestalten".[283] Es dürfte gerade für „machtkritische" Akteure einleuchtend sein, dass dieses Verständnis von Führen nichts mehr zu tun hat mit dem herkömmlichen hierarchischen Anordnen, und auch nicht mehr mit charismatischer Menschenführung durch eine einzelne dominierende Figur. Der Prozess, der den gestaltenden Umgang mit Komplexität ermöglicht, kann nur eine Aufgabe vieler sein. Mitarbeiterführung erhält den Charakter partnerschaftlicher Zusammenarbeit, die jedoch nur funktionstüchtig sein kann, wenn die Wahrnehmung von Leitungskompetenz nicht mit Machtausübung verwechselt und von allen Beteiligten auf Mittel der verdeckten Machtausübung verzichtet wird.

8.3.3.3 Führen durch Kommunikation

Die Problembestandesaufnahme im Kapitel 6 hat gezeigt, dass Probleme im Bereich des internen Informationsflusses, d.h. der gegenseitigen Information und Kommunikation in Kirchgemeinden verbreitet sind. Dies ist nicht aussergewöhnlich. Bei Informationsflussproblemen, Fragen nach Umfang, Intensität, Qualität und Gestaltbarkeit von Kommunikation besteht in den meisten Organisationen ein permanenter Problemlösungsbedarf. Häufig geht

---

[282] *ebenda 26*

[283] *ebenda*

es in Kirchgemeinden dabei auch um *Problemsymptome*, hinter denen tieferliegende Ursachen stehen. Lothmar/Tondeur vermerken zu dieser Thematik zutreffend: „Es geht nicht nur um die Information. Es ist zwar eine wichtige Frage, welche Art und Menge von Information die einzelnen Mitarbeiter nötig haben, um ihre Aufgabe kundig wahrnehmen zu können ... Zuerst haben wir jedoch immer zu fragen, ob die Menschen überhaupt bereit sind, einander die nötigen Informationen anzubieten oder abzunehmen, d.h. miteinander wirklich zu kooperieren. Informationen austauschen setzt Kommunikation voraus, Beziehungen, durch die sich der Bedarf nach bestimmten Informationen erst klar bestimmen lässt. Wir halten diese Vorfrage deshalb für sehr wichtig, weil wir häufig feststellen, dass hinter dem Ruf nach Information ganz andere Bedürfnisse stehen, z.B. der Wunsch, vom Leiter und von Kollegen ernst genommen zu werden, an wichtigen Entscheiden und Problemen der Organisation mitwirken zu können, mehr Vertrauen in den Beziehungen zwischen oben und unten zu spüren und ähnliches mehr. Je mehr Informationsangebote und Informationsforderungen nur dazu dienen, einen Mangel auf der Beziehungsebene auszugleichen oder zu tarnen, desto mehr wächst das Risiko, dass die Empfänger die gebotene Information verzerrt wahrnehmen, umdeuten oder gar verweigern."[284] Das Problem des „Mangels auf der Beziehungsebene" wird um so stärker in Erscheinung treten, je grösser eine Gemeinde ist. Die Grösse des Systems erhöht die Menge der erforderlichen Informationen. Eine Vielzahl von Informationen kann nicht mehr dem persönlichen Austausch und Gespräch überlassen bleiben. Anstelle der direkten Kommunikation tritt die Aktennotiz, der Brief, schriftliche Dienstpläne und Weisungen. Auch grosse Gemeinden haben jedoch noch eine Überschaubarkeit, die sich schützen lässt von übermässiger, die personale Kommunikation störender Bürokratie.

---

[284] *ebenda 68*

8.3.3.4 *Mitarbeitereinsatz und Stellenbesetzung*

A) Mitarbeitereinsatz-Planung im Rahmen eines Stellenplanes

Mitarbeiter sind das wichtigste „Betriebsmittel" sozialer Organisationen. Das gilt auch für die Gemeinde. Die Personalaufwendungen beanspruchen zwischen 60% und 70% des Gesamtbudgets, sie stellen damit auch den wesentlichsten Fixkostenanteil dar. Aus diesem Grund wird Stellenbewirtschaftung auch zum entscheidenden Ansatzpunkt bei sparorientierten Reorganisationen. Im Interesse der Wirksamkeit und Wirtschaftlichkeit des Personaleinsatzes empfiehlt es sich, einen längerfristig gültigen Stellenplan für alle Beschäftigten der Gemeinde auszuarbeiten. Mit der Ausarbeitung eines Stellenplanes können folgende Ziele realisiert werden:

1. Falls eine Gemeinde eine längerfristig gültige Grundstrategie sowie Wert- und Zielvorgaben im Rahmen eines Leitbildes ausgearbeitet hat, bedeutet die Abstimmung des Stellenplanes auf die Leitbildzielvorgaben eine der wesentlichsten Massnahmen zur Leitbildumsetzung.

2. Weil die Personalkosten den grössten Ausgabenanteil ausmachen, liegt im Bereich der Stellenplangestaltung die wirkungsvollste Sparmöglichkeit.

3. Die Integration der Anzahl der eingesetzten Personen und Stellen sowie deren Funktions- und Aufgabenschwerpunkte in ein Gesamtkonzept erlaubt, dass Stellenbesetzungsentscheide nicht isoliert aufgrund von situativen, lokalen oder personen-, bzw. gruppenbezogenen Einzelinteressen erfolgen.

4. Die Entwicklung eines Stellenplanes erlaubt, Bestehendes, das sich bewährt hat, mit ausreichendem und qualifiziertem Personal gezielt weiter zu fördern. Dies bei gleichzeitiger Rücksichtnahme auf anvisierte zukünftige Entwicklungen.

5. Stellenbesetzungsentscheide sind in Gemeinden häufig umstritten. Aufgrund der komplexen Interessenlage besteht ein hohes Risiko für Fehlentscheidungen. Eine bei Leitungsverantwortlichen und in der Gemeinde

breit abgestützte Stellenplanentwicklung gewährleistet ein Maximum von Koordination verschiedener Interessen (z.B. aus der Optik von Subeinheiten, der Optik der Gesamtgemeinde und der Optik einzelner Berufsgruppen).

6. Die Ausarbeitung eines Stellenplanes für die gesamte Gemeinde ermöglicht, gezielt und koordiniert übergemeindliche Funktionen und Spezialisierungsschwerpunkte einzelner Aufgabenträger festzulegen. Dies ist mit Blick auf die Wirksamkeit und Wirtschaftlichkeit des Personaleinsatzes von Bedeutung.

B) Stellenbesetzungen

Bei Stellenbesetzungen werden auch in Grossunternehmen, wo die Personalrekrutierung und insbesondere die Besetzung von Kaderstellen durch gut ausgebildete Profis vorgenommen werden, immer wieder Fehler gemacht. Entsprechende Klagen aus vielen Gemeinden sowie die Beratungserfahrung des Schreibenden lassen die Vermutung zu, dass „misslungene" Stellenbesetzungen in Kirchgemeinden häufig sein dürften. Dadurch werden unnötig Zusammenarbeitsprobleme geschaffen, Motivations- und Fähigkeitspotentiale bleiben ungenutzt, die Arbeit der Leitungsgremien wird erschwert durch Enttäuschungen seitens Arbeitgeber und Arbeitnehmer. Es empfiehlt sich daher, Stellenbesetzungen gut zu planen und mit den verfügbaren betriebswirtschaftlichen Instrumenten zu unterstützen. Instrumente, welche Stellenbesetzungen erleichtern, sind:

- Verbindliche und gemeinsam mit den betroffenen Stelleninhabern ausgearbeitete Pflichtenhefte oder Stellenbeschreibungen,

- Orientierung an grundsätzlichen Zielvorgaben (z.B. im Rahmen eines Leitbildes),

- ein Gesamtkonzept für den Personaleinsatz im Rahmen eines Stellenplanes und

- ein Qualifikationssystem.

257

Die hohe Arbeitsplatzsicherheit von Pfarrstellen - die grossen Hindernisse bei der Auflösung von Arbeitsverhältnissen zwischen Kirchgemeinden und Pfarrern bedeuten oft für beide Seiten eine grosse Belastung - erfordert, dass diese Stellen besonders sorgfältig besetzt werden. Das traditionelle Vorgehen, zu diesem Zweck eine Pfarrwahlkommission zu bilden, erweist sich häufig als unzureichend. Falls sich im Kreis der Leitungsgremien keine Milizer finden, die durch ihre Fachkompetenz die nötige Professionalität bei der Pfarrstellenbesetzung gewährleisten können, empfiehlt es sich, für diesen „Schlüsselentscheidungsprozess" eine externe Beratung beizuziehen.

Eine zusätzliche Frage ergibt sich durch den Charakter der Kirchen und Kirchgemeinden als „Tendenzbetriebe"[285]. Die Frage nach der Glaubensüberzeugung scheint bei Stellenbesetzungen heute wieder bedeutsamer geworden zu sein. Allgemeingültige Kriterien zur Bewertung dieser Frage dürfte es kaum geben. Sie muss im Einzelfall auf dem Hintergrund der vorliegenden Situation geprüft werden. Ein Problem ergibt sich v.a. dann, wenn die Gemeindeleitung vor die Entscheidung gestellt ist, ob sie eine exzellent erscheinende aber eher kirchenferne Fachkraft einstellen soll oder eine fachlich weniger gute Kraft, die sich aber als „überzeugte" Christin zeigt. Hier ist zu bedenken, dass Mitarbeiter in der Kirche es mit anderen Christen zu tun haben, „seien sie anvertraute und sich anvertrauende Menschen oder auch andere Mitarbeiter selbst. Grundlage kirchlicher Arbeit sind immer auch biblische Aussagen sowie Bekenntnis und Lehre der entsprechenden Kirche. Es liegt auf der Hand, dass eine grundsätzliche Übereinstimmung in 'Welt- und Lebensanschauung' oder die Bereitschaft dazu als äusserst wünschenswert erscheinen." Neben der „berufsfachlichen Kompetenz und Eignung" sowie der „arbeitsplatzbezogenen Eignung ... im konkreten Arbeitsfeld" sind daher auch „kirchenspezifische Kompetenz und Eignung" zu berücksichtigen.[286] Zur Frage des Vorgehens bei der Auslese neuer Mitarbei-

---

[285] *Tendenzbetrieb heisst, dass weltanschauliche, religiöse Fragen in der entsprechenden Institution eine wesentliche Rolle spielen und folglich auch bei der Mitarbeiterauswahl bzw. -kündigung von Belang sind (Schall T.U. (Mitarbeiterführung) 26)*

[286] *Schall T.U. (Mitarbeiterführung) 26*

ter sei auf die entsprechenden Ausführungen von Schall[287] und Kohler[288] - die allerdings nicht auf die Besonderheiten von Pfarrstellenbesetzungen eingehen - verwiesen.

8.3.3.5 Konflikte bewältigen

Auf die Konfliktanfälligkeit kirchlicher Führungsstrukturen und verschiedene Konflikterscheinungsformen sowie deren Ursachen wurde bereits hingewiesen. Im folgenden geht es um Denkanstösse und Lösungsansätze bei der Konfliktbewältigung. Die Ausführungen müssen sich im Rahmen der vorliegenden Arbeit auf einige wesentliche Aspekte beschränken, für weiterführende Informationen zur Thematik Konfliktbewältigung sei auf entsprechende für die Situation in Kirchgemeinden anwendungsrelevante Literatur verwiesen.[289]

„Konflikte stören das Arbeitsklima. Sie sind schädlich für die Harmonie in Gemeinde und Kirche und hindern den Arbeitsablauf. Ihre Klärung und Lösung kostet für Pfarrer, Gemeinde- und Kirchenleitungen in gleicher Weise knappe Zeit. Wenn sie andauern, schaden sie dem Ruf der Kirche und bringen Gemeinden in der Öffentlichkeit ins Zwielicht. Konflikte sind äusserst lästig und sollten soweit wie möglich vermieden werden." So fasst Schall verbreitete Einstellungen von Beschäftigten und Leitungsverantwortlichen in der Kirche gegenüber Konflikten zusammen.[290] Beträchtliche Unterschiede gibt es jedoch erfahrungsgemäss in der Frage der Notwendigkeit und Zwangsläufigkeit von Konflikten. Einerseits die Position, sie liessen sich vermeiden oder mindestens schnell lösen (durch klare Ordnungen, eindeuti-

---

[287] *ebenda 28ff*

[288] *Kohler M.E. (Leitfaden) 19-30*

[289] *Kählin K./Müri P. (Führen) 148-175; Kählin K./Müri P. (Hrsg.) (Führungskräfte) 38-54; Lotmar P./Tondeur E. (Führen) 165-179; Schall T.U. (Mitarbeiterführung) 78-98*

[290] *Schall T.U. (Mitarbeiterführung) 78*

ge Führung usw.) und andererseits die Meinung, dass Konflikte unvermeidbar sind und gegebenenfalls sogar nützlich sein können. Konstruktive Konfliktlösungen erfordern m.e. die zweite Position.

„Konflikte sind für die Beziehungen Einzelner unerfreulich und gefährlich, in Gruppen und Unternehmen unproduktiv und unökonomisch. Trotzdem kommt man wohl kaum an dem Schluss vorbei, dass manche Konflikte in zwischenmenschlichen Beziehungen unvermeidlich sind. Daraus ergeben sich zwei Aufgaben: Wir müssen herausfinden, wie wir die Zahl der Konflikte so gering wie möglich halten und wie wir die unvermeidlichen lösen können.“[291] *Konflikte sind unausweichlich,* Interessengegensätze zu behandeln gehört zum täglichen Brot der Dienst- und Leitungsarbeit. „Die Freiheit in unserer Zusammenarbeit liegt nicht darin, ob wir Konflikte wollen oder nicht, sondern darin, wie wir sie bewältigen.“[292] Bernhard unterscheidet drei Ebenen auf denen momentane Unvereinbarkeiten oder eben Konflikte entstehen können:[293]

– Auf der Ebene von Wertvorstellungen,

– auf der Ebene von persönlichen Zielen und Bedürfnissen (Beispiel: Für meinen Arbeitsbereich - etwa die Jugendarbeit - sollte mehr Geld zur Verfügung gestellt werden) und

– auf der Ebene von Handlungsalternativen (Beispiel: Ich habe das bis jetzt so gemacht, und das hat immer gut funktioniert).

An dieser Stelle sei noch einmal darauf hingewiesen, dass es eine Reihe von Möglichkeiten und Instrumenten zur Konfliktprävention gibt: Es können unnötige Reibungsverluste verhindert werden, indem Handlungsanweisungen, Regeln aufgestellt, zweckmässige Leitungsstrukturen geschaffen und vor

---

[291] *Gordon Th. (Manager) 149*

[292] *Bernhard H. (Konflikte) 152*

[293] *ebenda 152 ff*

allem, indem Ziele für Einzelne oder ganze Gruppen formuliert sowie die Entwicklung gemeinsamer Werte gefördert werden. Weil diese Aufgabe aber nicht darin bestehen kann, den Freiheitsspielraum durch Regelungen völlig einzuschränken, sondern ihn in Form von zweckmässigen Rahmenbedingungen zu gewährleisten, haben Bemühungen im Bereich der Kulturentwicklung (Arbeitsatmosphäre, Zusammenarbeitskultur) und des normativen Managements (Schaffung von gemeinsamen Werten und Zielen) Priorität. Die Bedeutung dieser Priorität für gelingende Konfliktbewältigung wird an der simplen Erfahrung ersichtlich, dass Menschen, die miteinander auskommen, sich respektieren, gerne miteinander arbeiten, sich eher um die Erreichung gemeinsamer, übergeordneter Ziele kümmern als Menschen, die einander gleichgültig sind oder sogar miteinander im Streit stehen.[294] Umgekehrt wirken gemeinsam erarbeitete, breit abgestützte übergeordnete Ziele integrativ, koordinierend und konfliktmindernd.

Sachkonflikt, sozialer und persönlicher Konflikt

Wenn Leitungsverantwortliche und Mitarbeiter häufig klagen, die „Gremienwirtschaft" in ihrer Gemeinde funktioniere schlecht, so steht dahinter oft das Phänomen, dass persönliche Beziehungsklärung und Konfliktbewältigung sowie ausgeprägte Emotionalisierung von Interessengegensätzen wichtiger werden als die sachliche Auseinandersetzung mit bestehenden Problemen und die konzeptionelle Leitungsarbeit. Weil die Vermittlung von Werten und Weltanschauungen fester Bestandteil von kirchlicher Arbeit ist, bestehen entsprechend starke Bindungen an bestimmte Normen, Werte und Ideale. Damit steigt das Risiko, dass Menschen mit grundsätzlich verschiedenen (Welt)-Anschauungen um ihr Recht kämpfen. Konflikte dieser Art sind besonders immun gegenüber Vermittlungsbemühungen. Appelle von Konfliktlösern an die Sachlichkeit der Konfliktpartner wirken nur bedingt. Solche Konflikte sind daran erkennbar, dass sich die Parteien als unbelehrbar und lernunfähig erweisen, unverständlich und schwer einfühlbar argumentieren und im Verhältnis zur Bedeutung der Sache sich unverhältnismässig emotio-

---

[294] *ebenda 151*

nal engagieren, bzw. überreagieren. P. Müri bezeichnet sie als *soziale Konflikte*. „Soziale Konflikte haben ihre Wurzeln im Gefühlsleben. Was in sozialen Konflikten als Sachurteil ausgegeben wird, ist in Wirklichkeit eine gefühlsmässige Wertsetzung, d.h. eine Vorstellung, die mit einem persönlichen Gefühl besetzt ist. Das Gefühl stammt nicht aus einer augenblicklichen Laune, sondern hat eine längere Geschichte. Es hat sich im Laufe der Jahre durch Erfahrung meistens erhärtet und erträgt deshalb wenig Veränderung. ... In sozialen Konflikten stehen sich fest gefügte Wertkomplexe gegenüber, die als Ganzes verteidigt werden müssen. Soziale Konflikte sind deshalb Wertkriege und neigen wie jede politische Auseinandersetzung zur Eskalation und zur Bildung verhärteter Fronten. Einmal eskaliert, lassen sich Wertkonflikte nicht durch Vermittlung oder Ausgleich lösen. Demnach müssen soziale Konflikte frühzeitig erkannt und behandelt werden."[295] Hinter jedem sozialen Konflikt steckt meist auch ein persönlicher. D.h., die Gegensätzlichkeit zweier Meinungen entsteht auch dadurch, dass jede Seite sich ihrer Sache nicht ganz sicher ist. In der Charakteristik des persönlichen Konfliktes als Innen-Konflikt liegt auch der Zugang zu dessen Lösung.

Erfolgreiche Konflikthandhabung erfordert die Fähigkeit, Konfliktsignale frühzeitig zu beachten. Persönliche Konflikte, die im sozialen Umfeld ausgetragen werden, kündigen sich an durch folgende Erscheinungen:[296]

- Unbelehrbarkeit (bis zum Abbruch der Kommunikation),

- Wiederholung (von oft zwangshaften Behauptungen),

- Defensive (Uneinsichtigkeit bei Gegenargumenten),

- Realitätsverzerrung oder -trübung (Fakten werden nicht mehr anerkannt),

- Ambivalenz im Reden und Verhalten (man will etwas, verhält sich aber gegenteilig),

- geistige und emotionale Absenz (es ist, wie wenn einer nicht ganz präsent wäre),

---

[295] *Kählin K./Müri P. (Hrsg.) (Führungskräfte) 38 ff*

[296] *ebenda 43*

- musterartiges Verhalten (gewisse Verhaltensmuster wirken abgespielt, marottenhaft).

Konflikt-Kultur als Teil der Gesamtkultur

Konflikte bzw. bestimmte Formen der offenen Austragung sind in unserer Kultur tabubehaftet. Da Harmoniebedürfnisse bei kirchlichen Mitarbeitern deutlich ausgeprägter sein dürften als beispielsweise in kaufmännischen oder technischen Berufen, kommt es im kirchlichen Umfeld besonders häufig zu Konfliktverdrängung, -vermeidung oder -verschiebung auf Streitthemen, die den Beteiligten harmloser erscheinen. „Die Verdrängung oder voreilige Deutung eines Konfliktes ist häufig der Grund dafür, dass der Konflikt erst recht zu einem solchen wird oder unter der Oberfläche schwelt. Wenn die gegensätzlichen Positionen nicht rechtzeitig geklärt werden, verschieben und verwischen sich möglicherweise die Streitthemen derart, dass niemand mehr richtig weiss, um was sich eigentlich das Ganze dreht."[297] Massnahmen und Entscheide in den folgenden Bereichen wirken besonders konfliktauslösend:

- Zuteilung von Ressourcen (personelle Kapazitäten, Geld, Güter, bauliche Infrastruktur),

- Veränderungen von mit Status verbundenen Positionen und Rollen,

- Veränderungen und Neudefinitionen im Bereich von Zielen, Werten, Normen und Ideen,

- Strukturelle Veränderungen aller Art (Funktionszuweisungen, Organisationsstrukturen usw.).

Zu beachten ist dabei, dass es vorgegebene, kaum veränderbare strukturelle Konstellationen einer Kirchgemeinde gibt, die tendenziell Konflikte fördern. Erinnert sei in diesem Zusammenhang an die Darlegungen in Abschnitt 6.2.1 „Managementprozesse und Machtverteilung". Zu berücksichtigen sind in diesem Zusammenhang auch Diskrepanzen im Denken von sehr unter-

---

[297] *Lotmar P./Tondeur E. (Führen) 167*

schiedlich geprägten Berufsgruppen in der Gemeinde, etwa zwischen dem bürokratischen, auf geordnete Abläufe ausgerichteten Denkstil der Verwaltung und dem tendenziell eher unkonventionellen Stil beispielsweise von Sozialarbeitern.

8.4 Organisations- und Führungsstrukturen

8.4.1 Definitionen und Begriffsabgrenzungen

Unter Organisation soll hier die Gesamtheit der auf die Erreichung von Zwecken und Zielen gerichteten Massnahmen verstanden werden, durch die

- ein soziales System arbeitsteilig strukturiert wird und

- die Aktivitäten der zum System gehörenden Menschen, der Einsatz von Mitteln und die Verarbeitung von Informationen geordnet werden.[298]

Von Organisation wird in drei unterschiedlichen Bedeutungsweisen gesprochen:

1. *Institutionell:* Der institutionale Organisationsbegriff wird vor allem in der angelsächsischen Literatur verwendet. „Die Organisation wird dort als soziales Gebilde verstanden, also als Oberbegriff für Institutionen wie Unternehmungen, öffentliche Dienstleistungen, Verwaltungen, Spitäler, Kirchen, politische Parteien, Verbände usw.".[299]

2. *Instrumentell:* Beim instrumentellen Organisationsbegriff geht es um die Mittel zur Erreichung der Ziele einer Organisation, d.h. die Gestaltung und Regelung der Strukturen und Prozesse. Der Einsatz entsprechender Mittel und Instrumente wird als Managementaufgabe verstanden.

---

[298] *Hill W./Fehlbaum R./Ulrich P. (Organisationslehre) 17*

[299] *vgl. ebenda 17*

3. Prozesshaft oder *funktional* beinhaltet der Begriff die Tätigkeit des Organisierens bzw. die Vorgehensweise und Methodik, wenn Strukturen gestaltet bzw. verändert werden.[300] Die folgenden Ausführungen beschäftigen sich mit Aspekten der Bedeutungsweisen zwei und drei.

Neben dem *Organisationsbegriff* sprechen Hill, Fehlbaum und Ulrich auch vom *Organisationsproblem*, wenn nach der Entscheidungslogik beim Suchen organisatorischer Lösungen gefragt wird. Aus der Sicht einer pragmatischen Fragestellung unterscheiden sie „drei logische Kategorien von Determinanten und damit die folgenden drei Teilprobleme:

a) Nach welchen *Kriterien* muss organisiert werden (Ziele des Organisierens)?

b) Welche *Mittel* können eingesetzt werden, d.h. welche Variablen stehen zur Verfügung (organisatorische Instrumente)?

c) Unter welchen, im Rahmen des Organisierens nicht beeinflussbaren *Bedingungen* muss organisiert werden ('Constraints' der Organisation)?"[301]

Zu a): Ziele

Die Kriterien zur Beurteilung einer Organisation sollen so gewählt werden, dass sichergestellt ist, dass organisatorische Massnahmen ihren Beitrag zur Zielerreichung und Zweckerfüllung der Organisation leisten können. Die Kriterien zur Beurteilung organisatorischer Massnahmen orientieren sich an den Zielen, welche eine Gemeinde verfolgen möchte. Neben der Orientierung an solchen Zielen, die wesensmässig gemeindespezifisch sein müssen, sollten bei der Wahl von Beurteilungskriterien die folgenden drei Dimensionen berücksichtigt werden:

---

[300] *Schwarz P./Purtschert R./Giroud Ch. (Management) 141*

[301] *Hill W./Fehlbaum R./Ulrich P. (Organisationslehre) 27*

265

- ethische und theologische Orientierung,

- Sachorientierung,

- Personenorientierung.

Folgerungen und Konsequenzen aus diesen drei Orientierungs-Dimensionen werden im folgenden Abschnitt 8.4.2 eingehender dargestellt.

Zu b): Instrumente

„Instrumente sind Variabeln, die von den Organisatoren so gestaltet werden können, dass sie der Zielerreichung dienen. Sie müssen grundsätzlich zwei organisatorische Teilprobleme bewältigen, welche als Differenzierung und Koordination bezeichnet werden können:

- Die durch das System zu erfüllenden Aufgaben müssen in Teilaufgaben zerlegt und den verschiedenen Aufgabenträgern zugeordnet werden: *Differenzierung*;

- die Teilaufgaben bzw. deren Träger müssen aufeinander abgestimmt und die durch die einzelnen Aufgabenträger vollzogenen Teilleistungen zur Gesamtleistung zusammengefasst werden: *Koordination*.“ [302]

Differenzierung und Koordination als zwei analytische sich gegenseitig bedingende Aspekte des organisatorischen Gestaltens werden anwendungsorientiert in Abschnitt 8.4.3 dargestellt. Diese Darstellung wird ergänzt durch einen „Blick in den Werkzeugkasten des Organisators“, d.h. die zur Verfügung stehenden organisatorischen Hilfsmittel. In Abschnitt 8.4.4 werden die Gestaltungsfelder für den Einsatz von Instrumenten und organisatorischen Hilfsmitteln ausgeleuchtet.

---

[302] *ebenda 28*

Zu c): Bedingungen bzw. „Constraints"

Darunter werden wesentliche Einflussfaktoren verstanden, welche organisatorische Lösungsmöglichkeiten einschränken, also nicht veränderbar sind und damit den Handlungsrahmen für organisatorische Massnahmen abstecken. Aussagen zum organisatorischen Ziel-Mittel-Zusammenhang können nur mit Bezug auf eine bestimmte Organisationssituation (situative Relativierung) vorgenommen werden.[303]

Häufig lässt sich feststellen, dass Verantwortungsträger in Leitungspositionen von Gemeinden eine Beschäftigung mit strukturellen Aspekten und diesbezüglichen längerfristig-konzeptionellen Überlegungen als Ablenkung von Alltagsgeschäften, vom Eigentlichen empfinden. Die dringenden, vor Augen liegenden, aber oft auch weniger wichtigen Aufgaben haben Vorrang vor den weniger dringlichen, konzeptionelles Denken erfordernden, längerfristigen Aufgaben. Es zeigt sich, dass es häufig schwer fällt, sich von der kurzfristigen Aufgabenorientierung zu lösen, um an langfristigen Strategien für die Zukunft der Kirchgemeinde zu bauen. Demgegenüber sollte es jedoch einleuchten, „dass solche *antizipatorischen Kompetenzen* zu jeder anspruchsvolleren Leitungstätigkeit in einer dynamischen Gesellschaft gehören."[304] Prospektives, zukunftsorientiertes Denken und Konzipieren werden für eine geordnete Entwicklung der Kirchgemeinde immer wichtiger. Eine solche prospektive Orientierung ist auch insofern nutzbringend, als sie die gegenwärtigen Verhältnisse im Lichte offener Zukunftshorizonte erscheinen lassen kann und damit einen Beitrag zur Vermeidung von „Betriebsblindheit" zu leisten vermag. Das gegenwärtige Bild einer Kirche im (sich beschleunigenden) Wandel erfordert entsprechende neue Kompetenzen für die Leitungsverantwortlichen. Da solche Veränderungen immer mehr auch nach strukturellen Anpassungen rufen, erfordern sie strukturelle Gestaltungskompetenzen. Dies bedeutet für viele Leitungsgremien eine neue und nicht selten

---

[303] *ebenda 28*

[304] *Jäger A. (Konzepte) 205*

auch beunruhigende Herausforderung. Der Blickpunktwechsel vom Verwalten des Status-Quo, vom Alltagsgeschehen zu einem kritischen Überdenken der Langzeitstrukturen bzw. sogar deren Veränderung kann im Einzelfall die Möglichkeiten und Kompetenzen einer Gemeindeleitung überfordern. In diesem Fall empfiehlt es sich, professionelle Beratung von aussen in Anspruch zu nehmen. „Vor allem sieht ein geschärftes Auge von aussen tatsächlich nicht selten rasch mehr als viele, durch Routine längst blind gewordene Sichtweisen von innen. Ein gespanntes Wechselspiel zwischen Aussen- und Innenperspektiven kann in dieser Hinsicht besonders fruchtbar werden und komplementär zu neuen Strukturkonzepten führen.‟[305]

In einem solchen Analyseprozess im Wechselspiel zwischen Innen- und Aussenperspektive (eines Beraters) spielt die in der Organisationslehre geläufige Unterscheidung zwischen manifesten und latenten Funktionen, zwischen formeller und informeller Struktur eine besonders wichtige Rolle. Die formale Organisation betrifft den mehr oder weniger transparenten, formell legitimierten und schriftlich definierten Teil der Organisationsstruktur, d.h. beispielsweise die Kirchgemeindeordnung, definierte Hierarchien und Dienstwege, Aufgaben- und Kompetenzverteilungen, Stellenbeschreibungen usw. Die informalen Aspekte betreffen die Organisationskultur, d.h. Einstellungen, Wertvorstellungen, Gefühle, das zwischenmenschliche Beziehungsgefüge usw.. Zum Verständnis von bestimmten Funktionen, Abläufen und besonders Störungen der Funktionstüchtigkeit der bestehenden Teams und Leitungsgremien ist eine eingehende Analyse informaler Aspekte unabdingbar. Es gehört zu den charakteristischen Merkmalen des Innenlebens einer Gemeinde, dass die informale Organisation das Entscheiden, Planen und Gestalten wesentlich stärker beeinflusst als die formale Organisation. Rein strukturell-funktionale Analysen übersehen deshalb das Wesentliche. „Nicht selten bleiben dadurch die massgeblich bestimmenden Faktoren hinter einer Vordergründigkeit verborgen, die in die Irre leitet. Die gleichzeitige Aufmerksamkeit für latente Dimensionen erlaubt es erst, den Stellenwert von manifesten Funktionen im Rahmen des Ganzen angemessen einzuschätzen.

---

[305] *ebenda 205*

So ist etwa nicht immer der oder die Vorsitzende eines Gremiums die entscheidende Person, die sich erfahrungsgemäss im Gegenteil auch häufig und gern hinter einer Wolke des Schweigens in informellen Strukturen verbergen kann."[306] Aus diesem Grund sollte ein aussenstehender Berater über entsprechende Beurteilungskompetenz in diesem Bereich verfügen. D.h., er muss in der Lage sein, die faktisch bestimmenden Gestaltungsprinzipien, einerseits formelle Direktiven, Geschäftsordnungen und Satzungen, andererseits die informellen Personen- und Sachbezüge, die Machtverhältnisse, latente oder manifeste Konflikte im Auge zu behalten. Dabei können sich Spannungen zwischen einer Innen- und Aussenansicht ergeben, indem das Bild, das der Berater gewinnt, sich nicht mit der Eigenwahrnehmung der beteiligten Personen deckt. Solche Spannungen können jedoch im Hinblick auf das Ziel fruchtbar gemacht werden, „das gute und weniger gelingende Zusammenspiel des Ganzen und seiner Teile aufzudecken und darin die Ursachen von Störungen, Widersprüchen, Konflikten und Risiken in verschiedensten Dimensionen präzis zu analysieren."[307] (Weitere Anmerkungen zum Einsatz von Beratern siehe Kapitel 9).

8.4.2   Ziele und Kriterien der organisatorischen Gestaltung

8.4.2.1 Die ethische und theologische Orientierung

Unter der Voraussetzung der Kontinuität der personellen Verhältnisse (geringe Fluktuation in der Gemeindeleitung, eingespielte Teams) wirken sich strukturelle Mängel und fehlende formale Festlegungen wenig negativ aus. Allerdings können Strukturen so gravierende Mängel aufweisen, dass selbst fähigste Personen dadurch übermässig behindert und belastet werden. Auch aus theologischer Sicht gibt es deshalb „eine Humanität der Strukturen".[308] Diese Humanität der Strukturen sicherzustellen, wird damit zu einem ethi-

---

[306] *ebenda 207*

[307] *ebenda 208*

[308] *ebenda 209*

schen Postulat. Jäger betont deshalb zu Recht die Bedeutung einer Ethik der Strukturen und verweist in diesem Zusammenhang auf tragende Ansätze zu einer Ethik der Strukturen, die sich bei Arthur Rich finden.[309] Sein Werk bekommt „insgesamt den Charakter einer wirtschaftsethischen Strukturberatung. Dieser konsultative und konsiliare Aspekt macht ohne Zweifel einen wichtigen Teil der bisherigen Wirkung des Entwurfs im Bereich verantwortlicher Wirtschaftspolitik aus."[310] Um bei organisatorischen Anpassungen nicht in einem auf Machbarkeit gerichteten Ansatz stehen zu bleiben, ist von seiten der Theologie mindestens der Versuch einer expliziten Thematisierung von Strukturen und deren Funktion für das kirchliche Leben anzustreben. In diesem Zusammenhang ist anzumerken, dass die Thematik einer Theologie der Strukturen ein in der praktischen Theologie noch kaum aufgearbeitetes Feld darstellt.[311] Die Grundfrage, welche Bedeutung den Strukturen für das kirchliche Leben zukommt, dürfte, unabhängig von betriebswirtschaftlichem Wissen, auch Theologen aus theologisch-ethischer Perspektive interessieren. Aus einer solchen Auseinandersetzung dürften Einsichten in die Lebensdienlichkeit tauglicher Strukturen und umgekehrt in lebenshemmende Wirkungen von Strukturmängeln zu erwarten sein. Strukturierungen eines Gemeinde-Systems gehören genau so zur relevanten Lebenswirklichkeit dieses Systems, wie das häufig mit dem Wirken des Geistes in Zusammenhang gebrachte, unstrukturierte Gestaltlose und Zwischenmenschliche. Untaugliche Strukturen können durchaus, anstatt der Entfaltung von Leben zu dienen, zu dessen Absterben beitragen. Auch auf diesem Hintergrund ist an die bereits an anderer Stelle thematisierte *relative Bedeutung* von gelungenen Strukturen zu erinnern. Gemessen an der Vielfalt von Einflussfaktoren, die zum positiven Gelingen des Gemeindelebens beitragen, vermögen zweckmässige Strukturen bestenfalls hilfreiche Spielregeln zu sein. In der Entwicklungsgeschichte kirchlicher Bewegungen zeigt sich, dass nach einer

---

[309] *Rich A. (Wirtschaftsethik) 108 ff*

[310] *Jäger A. (Konzepte) 209*

[311] *vgl. dazu beispielsweise die thematische Gliederung der Kapitel 2-4 in: Handbuch der praktischen Theologie, Berlin, 1975*

eher charismatisch geprägten Aufbruchsphase sich eine Institutionalisierungsphase mit entsprechender Strukturbildung einstellt, die auf Dauer und Stabilität angelegt ist, andererseits jedoch durch ihre Rigidität auch hemmend wirken kann.[312] „Insofern ist sowohl ein *Prozess der Institutionalisierung* als solcher am Wesen kirchlichen Lebens kritisch zu messen als auch die *Qualität der Strukturen* und ihrer inneren und äusseren Ziele. So sehr diese Aufgabe einen Sachverstand erfordert, der sich aus nicht-theologischen Einsichten speist, so entscheidend ist darin die kritische Orientierung an theologisch bestimmten Massgaben."[313]

8.4.2.2 Die Sachorientierung

In Anlehnung an die allgemeine Organisationstheorie soll diese Zielrichtung als instrumentale Rationalität bezeichnet werden.[314] Mit Bezug auf den vorhergehenden Abschnitt 8.4.2.1 hat sich die instrumentale Rationalität einer Kirchgemeinde daran zu messen, ob sie einen bestmöglichen Beitrag an die Erfüllung der sich stellenden Aufgaben zu leisten vermag, d.h. ob sie im Hinblick auf das Gemeindeleben lebensdienlich ist. Auf diesem Hintergrund sind die von Schwarz genannten Ausprägungen instrumentaler Rationalität zu verstehen:

1. „Die *administrative Rationalität* in Bezug auf
   - die Entscheidungsfähigkeit (sach- und zeitgerechtes Fällen und Durchsetzen von Beschlüssen);
   - die Lernfähigkeit (Erfahrungen speichern und auswerten, Know-how entwickeln);
   - die Konfliktfähigkeit (Spannungen austragen und Konfliktprozesse zu einem positiven Ende führen);

---

[312] *Rich spricht in dieser Hinsicht zutreffend vom "Institutionalisierungseffekt" (Wirtschaftsethik I) 51 ff*

[313] *Jäger A. (Konzepte) 218*

[314] *Hill W./Fehlbaum R./Ulrich P. (Organisationslehre) 162 ff*

sowie

2. die *Anpassungsfähigkeit*, die Innovation", d.h. die Fähigkeit zur Umgestaltung und Weiterentwicklung der Gemeinde in einer sich verändernden Umwelt.[315]

8.4.2.3 Die Personenorientierung

Eine Kirchgemeinde sollte vom Menschen mehr verstehen als jede andere Organisation. Daraus ergeben sich spezifische Konsequenzen für die Personenorientierung der Organisation[316]. Ein weiterer wesentlicher Aspekt organisatorischer Gestaltung in personaler Orientierung stellt die organisatorische Einbindung der Mitglieder im Rahmen der Gestaltung des Gemeindelebens dar. Ziel ist es, eine grösstmögliche Beteiligungsintensität zu erlangen. Diese Beteiligungsintensität ist qualitativ und quantitativ zu verstehen. Personenorientierung schliesst aber auch eine möglichst gute Repräsentativität verschiedener Interessen und Kräfte in der Gemeinde innerhalb von Organen, Ausschüssen, Kommissionen usw. ein.

8.4.3 Instrumente und Prinzipien der organisatorischen Gestaltung

Dieser Abschnitt gibt einen kurzgefassten Überblick über die Möglichkeiten und Instrumente organisatorischer Gestaltung. Auf eine detaillierte Darstellung dieser Instrumente wird unter Verweis auf entsprechende zweckdienliche Literatur verzichtet.[317]

---

[315] *Schwarz P. (Management in NPO) 60*

[316] *Wesentliche Aspekte einer mitarbeiterorientierten Organisationsgestaltung in der Gemeinde werden von T. U. Schall dargestellt in: Schall T.U. (Mitarbeiterführung) 15ff*

[317] *Einen guten Überblick über Organisationsprinzipien, Analyse/Gestaltung der Organisation und Organisationshilfsmittel vermitteln: Nauer E. (Führungsinstrument) 45-177 und Schwarz P. (Management in NPO) 49-241*

Als Organisationshilfsmittel werden sämtliche Instrumente zur Analyse, Gestaltung und Implementierung organisatorischer Regelungen bezeichnet. Nauer strukturiert mögliche Organisationshilfsmittel nach dem Einsatzbereich wie folgt:[318]

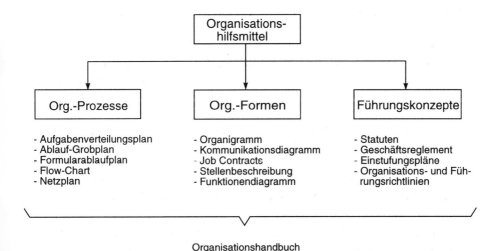

Abb. 8-1: Einsatzbereiche von Organisationshilfsmitteln

Wie bereits erwähnt, haben in der Kirchgemeinde ablauforganisatorische Fragen, bzw. die Gestaltung organisatorischer Prozesse kaum Bedeutung. Relevant sind folgende Gestaltungsfelder einer zweckmässig aufgebauten Gemeindeorganisation:[319]

---

[318] *Nauer E. (Führungsinstrument) 148*

[319] *vgl. dazu Jäger A. (Konzepte) 326*

- eindeutige Abgrenzung von Aufgabengebieten und Kompetenzzuteilungen,

- Übereinstimmung von Verantwortung und Kompetenzen (Entscheidungs- und Weisungsbefugnisse),

- Einhaltung angemessener Leitungs- und Kontrollspannen,

- Sicherstellung der notwendigen Informationsflüsse, d.h. ausreichende und zeitgerechte gegenseitige Versorgung von Leitungsorganen und Mitarbeitern mit Informationen (soweit entsprechende institutionalisierte Formen zweckdienlich sind),

- Existenz von mitarbeitergerechten Kontrollmechanismen zur Überwachung von Entscheidungsvollzügen.

Wie schon erwähnt, bereitet eine funktionstüchtige Regelung der Aufgaben- und Kompetenzverteilung in Kirchgemeinden häufig Schwierigkeiten. Im Hinblick auf die meist hohe Intensität der direkten persönlichen Zusammenarbeit sowie die bestehenden hohen Mitspracheerwartungen bietet das Hilfsmittel des *Funktionendiagramms* (FD) besondere Vorteile.

Das FD zeigt in gedrängter und übersichtlicher Form, welche Stellen mit welchen Funktionen bei der Aufgabenerfüllung mitwirken. „Als 'Funktion' wird dabei die Kombination einer Teilaufgabe mit der zu bestimmenden Kompetenz und der dazugehörigen Verantwortung bezeichnet".[320] Das FD wird tabellarisch dargestellt: In der ersten Spalte der FD-Tabelle stehen die Aufgaben, die eine organisatorische Einheit, bzw. eine Anzahl von Stellen oder Gremien zu erfüllen hat. Parallel dazu werden die Spalten mit den zusammenwirkenden Stellen aufgeführt. Für jede Aufgabe wird bei der zutreffenden Stelle eine Funktionsbezeichnung (bzw. Kompetenzstufe) aufgeführt. Nach einer auf dem Regelkreisdenken basierenden Methode, die von einer Unternehmensberatungs-Abteilung der Allgemeinen Treuhand AG (Zürich)

---

[320] *Ulrich P. / Fluri E. (Management) 217*

entwickelt wurde, werden für jede Aufgabe immer vier Kompetenzstufen definiert:[321]

- Z = **Z**ielvorgabe, Grundsatzentscheid oder letztinstanzlicher Entscheid (Sollwert-Vorgabe)
- R = **R**egeln: Leitung der Aufgabenerfüllung durch Kontrolle der Ergebnisse bestimmter Arbeitsphasen und Vergleich mit den vorgegebenen Sollwerten (Sollwert-Regelung)
- A = **A**nordnen: Erteilen konkreter, dispositiver Anweisungen und Instruktionen (Auslösen)
- D = **D**urchführen: die eigentliche Ausführung einer Tätigkeit (Sachbearbeitung)

Im Bedarfsfall steht eine weitere Kompetenz zur Verfügung:
- M = **M**itwirken: zwingende Beteiligung oder Möglichkeit der Einflussnahme auf die Durchführung durch eine Stelle, die der anordnenden Stelle (A) nicht unterstellt ist (Querbeziehung)

Aufgaben	Stellen				
	A	B	C	D	E
- Aufgabe 1	ZR		D		D
- Aufgabe 2	Z	R	D	M	
- Aufgabe 3	ZR		M		AD
- ...	...	...	...	...	...

Tab. 8-5: System des Funktionendiagramms

FD sind besonders geeignet, um systematische Funktionsverteilungen ohne Lücken und Überschneidungen zwischen verschiedenen Stellen vorzunehmen. „Sie definieren in leicht überblickbarer Weise einerseits die Zusam-

---

[321] *Nach ebenda 218*

menarbeit zwischen mehreren Stellen an einer bestimmten Aufgabe (bei horizontalem Lesen einer Aufgabenzeile) und andererseits die Zusammensetzung der Aufgaben und Kompetenzen jeder Stelle (bei vertikalem Lesen einer Stellenspalte) ... Seine Nachteile liegen im hohen Abstraktionsgrad ... und in der Unmöglichkeit, konkrete Einzelheiten festzulegen. Beide Nachteile können jedoch durch Kommentarblätter sowie u.U. durch zusätzliche, kurze Stellenbeschreibungen kompensiert werden."[322]

Ein FD sollte unter kompetenter Leitung durch einen Spezialisten (z.B. Organisationsberater) von allen Beteiligten gemeinsam erarbeitet werden. Die Hauptvorteile des FD liegen daher v.a. im Prozess seiner Entwicklung:

- Weil die Kompetenzzuteilung mit allen Beteiligten in einer Sitzung diskutiert wird, entsteht nicht nur eine hohe Identifikation mit der getroffenen Lösung, sondern zugleich ein Lerneffekt bezüglich Konsensfindung und Erarbeitung tauglicher organisatorischer Lösungen.

- Das Vorgehen zwingt zu gemeinsamen Lösungen der anstehenden Probleme und fördert damit die Teamarbeit.

- Jeder an der Ausarbeitung eines Funktionendiagramms Beteiligte muss sich mit dem Aufgabenbereich seiner Kollegen befassen, womit günstige Voraussetzungen für spätere eigeniniziierte Koordination und Absprache geschaffen werden.[323]

Weitere Vorzüge sind eher auf das Hilfsmittel des Funktionendiagrammes als solches, denn auf das Vorgehen zurückzuführen: [324]

- Das Funktionendiagramm ermöglicht eine klare und anschauliche Zuteilung von Aufgaben und Abgrenzung von Kompetenzen. Aufgrund der Vorgehensmethodik werden Überschneidungen und Doppelspurigkeiten

---

[322] *ebenda 217f*

[323] *vgl. dazu Nauer E. (Führungsinstrument) 175*

[324] *in kritischer Auswahl aus ebenda 175*

sofort ersichtlich. (Bei Stellenbeschreibungen merkt man Doppelspurigkeiten erst bei Kompetenzkonflikten.)

- Das Zusammenwirken verschiedener Stellen bei der Erfüllung einer Aufgabe wird übersichtlich dargestellt.

- Bei der systematischen Aufarbeitung des dem Funktionendiagramm zugrundeliegenden Aufgabenkataloges tauchen immer wieder Aufgaben auf, welche nicht oder nicht eindeutig zugewiesen sind.

Weil das Funktionendiagramm bei der erstmaligen Bearbeitung einige Ansprüche an die Leitung bzw. Moderation des Entwicklungsprozesses stellt, und weiter bei Zuweisung dieser Aufgabe an einen internen Mitarbeiter oder Leitungsverantwortlichen die Gefahr besteht, dass diesem Befangenheit durch eigene Sichtweisen oder Interessen unterstellt wird, empfiehlt es sich, dafür eine externe „neutrale" Person einzusetzen. Ergänzend dazu ist anzumerken, dass für neu zu schaffende oder neu zu besetzende Positionen verbale Stellenbeschreibungen verständlicher sind und nach der Ausarbeitung von Funktionendiagrammen kurzgefasste Stellenbeschreibungen eine zweckmässige Ergänzung darstellen können.

Zur Beurteilung der sich ergebenden Effekte/Wirkungen von bestehenden oder neu zu schaffenden organisatorischen Regelungen können folgende Kriterien herangezogen werden[325] :

1. Kapazitätseffekt:	Wie wirkt sich eine organisatorische Regelung auf die Auslastung von Personen und Infrastruktur aus?
2. Koordinationseffekt:	Wird durch eine organisatorische Massnahme ein höherer/geringerer Koordinationsbedarf geschaffen? Wird die Koordination der bestehenden organisatorischen Einheiten erleichtert oder erschwert?

---

[325] *vgl. dazu Hill W. / Fehlbaum R. / Ulrich P. (Organisationslehre) 173*

3. Entscheidungsqualität: Ist bei einer organisatorischen Massnahme mit einer Verbesserung/Verschlechterung zu rechnen (bezüglich Voraussicht, Problemlösungspotential und Zeitdauer für Entscheidungsprozesse usw.)?

4. personenbezogene Effekte: Wie wirkt sich eine organisatorische Massnahme auf die involvierten Personen aus bezüglich deren Bedürfnisse aber auch deren Fähigkeitsauslastung, Beanspruchung, Stress usw.?

8.4.4 Gestaltungsfelder und Rahmenbedingungen

8.4.4.1 *Relevante Bereiche der organisatorischen Gestaltung*

Neben der Abgrenzung von Aufgaben und Kompetenzen zwischen Personen und Gremien mittels geeigneter organisatorischer Hilfsmittel erweist sich Strukturgestaltung für Gemeinden in den folgenden zwei Gestaltungsfeldern als wirkungsvoll:

- Erstellung eines Stellenplanes.

- Zweckmässige territoriale Gliederung von Subeinheiten (Teilgemeinden) mit entsprechender Zuteilung von räumlichen und personellen Ressourcen (gilt nur für Grossgemeinden).

Es versteht sich von selbst, dass die beiden Gestaltungsbereiche eng miteinander verbunden bzw. aufeinander bezogen sind.

Stellenplan:

Die Ausarbeitungen eines Stellenplanes für die ganze Gemeinde, bzw. einen Gemeindeverband inklusive Zuteilung der Stellen zu den Subeinheiten erlaubt nicht nur die Integration des Stelleneinsatzes in gesamtgemeindliche Ziele und Konzeptionen, sondern stellt auch das wirkungsvollste Instrument zur gezielten zukunftsorientierten Planung von Sparmassnahmen dar (das

Vorgehen und die inhaltliche Gestaltung eines Stellenplanes in sparorientierter Perspektive wird in Kapitel 11 detaillierter dargestellt).

Gliederung in Subeinheiten:

Verbesserungen in der Gemeindestruktur (Zusammensetzung und geographische Abgrenzung von Teilgemeinden und Pfarrkreisen) sollten auf folgende Rahmenbedingungen und Kriterien Rücksicht nehmen:

- Jede Teilgemeinde sollte über mindestens eine Kirche verfügen;

- jeder Pfarrkreis sollte nach Möglichkeit über geeignete Versammlungsräume verfügen;

- es sollten sich für die Gemeindeglieder keine grösseren Veränderungen der „Anmarschwege" zur Kirche „ihrer" Gemeinde ergeben;

- es empfiehlt sich, natürliche Grenzen wie Bahnlinien, grössere Strassen und Flüsse zu berücksichtigen;

- Gemeindezusammenlegungen haben Priorität vor Veränderungen der Gemeindegrenzen (erfahrungsgemäss werden Gemeindezusammenlegungen, vor allem wenn die ursprünglichen Gemeindebezeichnungen beibehalten werden, eher akzeptiert als Veränderungen von Gemeindegrenzen);

- Gemeindezusammenlegungen (oder allenfalls Trennungen) sollten nur dann vorgenommen werden, wenn damit eine klare Verbesserung des Ressourceneinsatzes (Stellenzuteilung bzw. Umsetzung von Sparmassnahmen) erzielt werden kann.

8.4.4.2 Entscheidungsgrundlagen für die längerfristige Planung

Eine längerfristige Strategieentwicklung und Planung, welche sowohl grundsätzliche Zielvorgaben eines Leitbildes als auch finanzielle Restriktionen berücksichtigt, erfordert neben den im Rahmen des Managementmodells für eine Kirchgemeinde vorgeschlagenen Analysen auch die Bereitstellung von zuverlässigen entscheidungsrelevanten Daten. Die folgende Darstellung zeigt einen möglichen Raster zur Bereitstellung solcher Daten.

a) Entwicklung der Mitglieder der Gemeinde:

- Mitgliederanteile der Teilgemeinden/Pfarrkreise sowie deren Altersstruktur; falls mit vertretbarem Aufwand möglich, empfiehlt sich auch die Erhebung weiterer sozio-demographischer Daten wie Anteile der Mischehen, Einkommensstruktur, Siedlungsstruktur usw.[326]

- Prospektive Schätzungen der Entwicklung des Mitgliederbestandes, d.h. die Bereitstellung von Datenreihen über mehrere Jahre, welche die Entwicklung des Mitgliederbestandes abbilden. Dabei ist zu berücksichtigen:
  - der Saldo von Eintritten und Austritten,
  - der Saldo von Geburten und Sterbefällen,
  - der Saldo von Zuzug und Wegzug aus der Gemeinde.

Aus solchen Datenreihen können Szenarien für die zukünftige Entwicklung des Mitgliederbestandes erarbeitet und die Konsequenzen für die Entwicklung des Steueraufkommens abgeleitet werden.

b) Kennzahlen

Relevant sind einerseits die Ermittlung von Kostenkennzahlen und andererseits von personalbezogenen Kennzahlen. Die nachfolgende Tabelle zeigt eine mögliche Gliederung von Kostenkennzahlen. Falls grössere Abweichungen von Vergleichsgemeinden nicht durch einsichtige notwendige Strukturunterschiede erklärt werden können, empfiehlt sich eine vertieftere Analyse der Ursachen von Abweichungen.

---

[326] *Für eine entsprechende Bestandesaufnahme in der Gemeinde, die auch qualitative Informationen umfasst vgl. Kohler M.E. (Leitfaden) 14f*

	Vergleichs-Gemeinde A	Vergleichs-Gemeinde B	Vergleichs-Gemeinde C	eigene Ge-meinde	Durchschnitt der Vergleichs-Gemeinden
Anzahl Personen in der Kirchgemeinde					
Personalaufwand pro Person in Fr.					
Amortisationskosten pro Person in Fr.					
Liegenschaftsaufwand pro Person in Fr.					
Beiträge pro Person in Fr.					
Finanzbedarf pro Person in Fr.					

Tab. 8-6: Kostenkennzahlen im Vergleich mit anderen Gemeinden

Personalbezogene Kennzahlen:

- Kosten pro 100%-Stelle für die einzelnen Berufsgruppen,

- Anzahl der zur Gemeinde gehörenden Personen pro 100%-Stelle in verschiedenen Funktionsbereichen[327],

- Verhältnis zwischen Pfarrer- und diakonischen Stellen.[328]

---

[327] *Diese Kennzahl ist als Bezugsgrösse für den Arbeitsaufwand einer Stelle sowohl bei Pfarr- wie bei diakonischen Stellen gebräuchlich, d.h. Gemeindeleitungen wie Gemeindeglieder orientieren sich gleichermassen daran. Die im Rahmen von Beratungsprojekten durchgeführten quantitativen und qualitativen Arbeitsplatzanalysen zeigen jedoch, dass unabhängig vom Funktionsbereich der genannten Stellen nur eine geringe Korrelation zwischen Arbeitsaufwand und der Anzahl der zu betreuenden Personen besteht. Andere Bedingungen des Stelleneinsatzes, wie die soziodemografische Struktur der Gemeinde, die Beteiligungsintensität der Mitglieder usw. wirken sich bedeutend stärker auf den Arbeitsaufwand aus.*

c) Stellen- und Tätigkeitsanalysen

Entscheidungsrelevant sind dabei vor allem die Tätigkeitsanalysen, d.h. eine Erfassung der Tätigkeitsanteile am gesamten Arbeitsaufkommen eines Stelleninhabers. Arbeitsplatzbewertungen oder gar Leistungsmessungen und entsprechende Vergleiche zwischen Stelleninhabern sind für die Beschäftigten einer Gemeinde weder sinnvoll noch möglich. Denn die Zuordnung von aufgewendeter Arbeitszeit zu fassbaren erbrachten Leistungen (wie Religionsstunden, Gottesdienste, Hausbesuche usw.) ist nicht aussagekräftig für die Beurteilung der Wirksamkeit und Effizienz des Arbeitseinsatzes. Mindestens gilt dies für das Pfarramt und die diakonische Arbeit. Besser erfassbar sind die Tätigkeiten der Mesmer und der Verwaltung.

Die Erhebung von *Tätigkeitsanteilen am gesamten Arbeitsaufwand für einzelne Funktionen* kann aber aus folgenden Gründen sinnvoll sein:

- *Entscheidungsgrundlage für Änderungen des Stellenplanes und von Funktionszuweisungen:* Informationen über die Arbeitsaufwandanteile zur Wahrnehmung der ausgeübten Funktionen können dann von Bedeutung sein, wenn Veränderungen im Stellenplan und/oder bei der Aufgabenzuteilung der bestehenden Stellen vorgenommen werden. Dabei ist es wichtig zu wissen, welche Anteile an der Arbeitszeit die gegenwärtig wahrgenommenen Funktionen beanspruchen.

---

[328] *Die Kennzahl und besonders deren Vergleich mit anderen Gemeinden ist in verschiedenen Interpretationszusammenhängen von Bedeutung: Da Inhaber von diakonischen Stellen und Pfarrer sich teilweise substituieren können, besteht in der Gestaltung dieses Stellenverhältnisses beträchtlicher Handlungsspielraum. I.d.R. stehen dabei ökonomische Kriterien (diakonische Stellen sind billiger, Stelleninhaber leichter auswechselbar und aufgrund ihrer Ausbildung häufig besser für Spezialaufgaben geeignet als Pfarrer) gegen die immer noch ausgeprägt pfarrerzentrierten Erwartungshaltungen der Gemeindemitglieder.*

- *Feedback-Funktion für die Beschäftigten:* Die genaue Erfassung der Arbeitszeitverwendung über einen repräsentativen Zeitraum ermöglicht eine Selbstkontrolle der eigenen Tätigkeit und damit Entscheidungsgrundlagen für den betroffenen Stelleninhaber für einen effizienteren Arbeitszeiteinsatz.

- *Dokumentation der wahrgenommenen Aufgaben gegen aussen:* Gegenüber sozialorientierten Berufstätigkeiten bestehen nicht selten Missverständnisse und Vorurteile über Tätigkeit und Arbeitsaufwand (häufig auch innerhalb der Gemeindeleitung), weil die „Leistung" in diesem Bereich nicht messbar und für Aussenstehende im Vergleich zu produktions- oder umsatzorientierten Tätigkeiten wenig fassbar ist.

d) Immobiliennutzung

Im Rahmen von Beratungsprojekten durchgeführte Raumnutzungsanalysen zeigen, dass Räumlichkeiten in Kirchgemeinden im Vergleich zur Erwerbswirtschaft schlecht genutzt werden und die Organisation der Raumnutzung mangelhaft ist. Eine Analyse der Immobiliennutzung stützt sich auf die verfügbaren Belegungsdaten und die Grösse der Räume. Aufgrund dieser Daten werden die freien Raumkapazitäten errechnet und allenfalls Möglichkeiten für zusätzlich vermietbare Räume evaluiert.

TEIL III

LEITBILDENTWICKLUNG UND SPARORIENTIERTE REORGANISATION

Teil III: Leitbildentwicklung und sparorientierte Reorganisation

Da es sich bei dem in den folgenden Kapiteln beschriebenen Vorhaben einer Leitbildentwicklung bzw. einer sparorientierten Restrukturierung um grössere Projekte handelt,

– die hohe Ansprüche an das Projektmanagement stellen,

– die für Kirchgemeindeleitungen i.d.R. neu und ungewohnt sind,

– bei denen eine zweckmässige Vorgehensmethodik und breite Abstützung in der Gemeinde erfolgsentscheidend sind und

– bei denen eine hohe Integrationsleistung von verschiedenen Interessen, Werthaltungen und Sichtweisen erforderlich ist,

empfiehlt es sich, einen geeigneten externen Berater in begleitend-beratender oder auch projektleitender Funktion einzusetzen. Zur Bedeutung und Gestaltung kirchlicher Management-Beratung seien deshalb vorgängig einige grundsätzliche Überlegungen eingefügt. Zunächst einmal ist festzustellen, dass die Vorbehalte gegenüber dem Einsatz von externen Beratern weitgehend verschwunden sind. Viele Gemeindeleitungen erkennen, dass diese Form der Unterstützung nichts mit einem eigenen Mangel an Kompetenz zu tun hat, sondern vielmehr ein Mittel ist, aus den analytischen Fähigkeiten sowie dem Wissens- und Erfahrungsschatz aus anderen Beratungsprojekten Nutzen zu ziehen, um sich einerseits vom grossen Arbeitsaufwand bei grösseren Projekten zu entlasten und andererseits professionelles Know-how in die geplante Projektdurchführung einzubringen.

9 Beratung für Gemeindeleitungen

In verschiedenen Lebensbereichen haben sich in den letzten Jahrzehnten Beratungsangebote entwickelt, die auf spezifische Problemsituationen zugeschnitten sind; von der psychotherapeutischen Beratung über Supervisionen von Teams, Betriebs- und Unternehmensberatung bis zur Politik- und Umweltberatung. Der Unternehmensberatungs-Boom dürfte damit zusammenhängen, dass Führungsverantwortliche häufig Probleme lösen müssen, für die sie intern weder über das fachliche Know-how noch über die Zeit für konzeptionelles Arbeiten verfügen, und weil sie erkennen, dass externe Berater, indem sie ohne Betriebsblindheit, ohne Hierarchie- und Karrieredenken, also als neutrale und unvoreingenommene Gesprächspartner an ihre Aufgabe herangehen, sehr viel Nutzen bringen können. Dass auf diesem Hintergrund auch Kirchenleitungen Beratungsunterstützung beanspruchen, muss wohl als normaler Entwicklungsschritt gewertet werden. Allerdings wirft der Umgang mit Beratungsangeboten für Gemeindeleitungen einige Probleme auf, weil angesichts des spezifischen Charakters einer kirchlichen Institution die Auswahl eines geeigneten Beraters genau bedacht und geprüft werden muss. Die Sorge um die angemessene Berücksichtigung des Wesens von „Kirche" durch externe Berater ist berechtigt. Managementberatung in kirchlichen Institutionen kann nur wirksam sein, wenn sie in der Lage ist, theologisch-normative Denkweisen in den Beratungsprozess zu integrieren. Dabei liegt die Schwierigkeit darin, dass es zur Zeit neben Beratung für Belange des Gemeindeaufbaus - in der Regel von Theologen angeboten - „keine auf Kirchen zugespitzten Angebote gibt, die relativ unbedenklich über die Schwelle gelassen werden können. Selbst für erfahrene Beratungsinstitutionen ist Kirche und ihre Leitung noch eine terra incognita, so dass sich ein gewisses Befremden auch auf der Gegenseite findet. Wer fähig ist, eine Fahrradfabrik, ein Krankenhaus oder eine öffentliche Verwaltung kompetent zu beraten, ist dadurch noch nicht in der Lage, sich auf ein kirchliches Leitungsorgan und seine spezifischen Probleme angemessen einzulassen.

Fehleinschätzungen an dieser neuralgischen Stelle können sich bedenklich auswirken."[329]

In Anlehnung an A. Jäger und unter Einbezug der Beratungserfahrung des Verfassers im Bereich von Kirchgemeinden müssen vor einem Beraterein-satz folgende Aspekte geprüft werden:[330]

– Verschiedene Beratungsanbieter sind auf die von ihnen eingebrachte Bera-tungs-Philosophie zu prüfen, da diese für mögliche Endergebnisse vorent-scheidend wirken wird.[331]

– Prüfung des Beratungskonzeptes: Von einem Beratungsanbieter ist zu for-dern, dass er konkrete, klare Vorgehens- und Arbeitskonzepte vorlegt, die daraufhin zu prüfen sind, ob sie den Anforderungen an die Besonderheiten der kirchlichen Leitungsarbeit gerecht werden, diese ganzheitlich zu sehen vermögen, oder ob wesentliche Aspekte unberücksichtigt bleiben. Es gilt also, darauf zu achten, dass Beratungskonzepte Offenheit zeigen für spezifisch-kirchliche Sinn- und Wertvorgaben. Der Verzicht auf theolo-gisch-ekklesiologische Reflexionsprozesse, d.h. spezifische und fachlich kompetente Unterstützung bezüglich der Konsensfindung in diesem Be-reich, muss als bedenklicher Mangel in einem Beratungskonzept gewertet werden.

---

[329] *Jäger A. (Konzepte) 184f*

[330] *vgl. ebenda 185f. Zur Frage der Prüfung des Beratungsstils von möglichen Man-datsträgern vgl. auch Stutz H.-R. (Beratung) 203ff*

[331] *Ein eher technokratischer Ansatz, der den Blick einseitig auf organisationsstruktu-relle Optimierung oder Optimierung der kirchlichen Bürokratie richtet, die Kirch-gemeinde mithin wie irgendeine öffentliche Verwaltung als Gegebenheit hinnimmt, vermag zwar möglicherweise aus ineffizienten Verkrustungen zu befreien und Reor-ganisationen nach zeitgemässen Prinzipien vorzunehmen. Aus einem solchen Blick-winkel werden jedoch theologisch-kirchlich-normative Aspekte und damit Kern-probleme der kirchlichen Leitungsarbeit ausgeblendet.*

– Die Kirchgemeindeleitung muss sich über Chancen und Grenzen einer Beratung im Klaren sein. „Jeder Beratungsprozess kann in jeder Phase auch scheitern und damit letztlich in Frustration und Ergebnislosigkeit enden. Derartige Risiken können minimiert, niemals aber ausgeschlossen werden. Insofern gehört ein Prozess, der innerhalb der vorgesehenen Zeit relativ planmässig mit eindeutigen Zielfindungen abgeschlossen werden kann, gemessen an der Komplexität der Materie, zu den Glücksfällen."[332]

– Weitere Schlüsselqualifikationen einer guten Beratung sind: Projektmanagement-Erfahrung, nach Möglichkeit im Rahmen ähnlicher Projekte oder Institutionen; Personal- und Terminflexibilität (im Verlauf von Beratungsprojekten kann sich der Arbeitsaufwand häufig ungeplant stark verändern, abendliche Sitzungszeiten sowie beispielsweise die Durchführung von Workshops an einem Samstag sind bezüglich der Terminflexibilität bedeutsam); eine ausgeprägte Sensibilität für Machtkonstellationen, personell bedingte Interessenschwerpunkte, Konfliktgeschichten einer Gemeinde sowie gute Moderationsfähigkeiten, die sicherstellen können, die vorgegebenen Sichtweisen und Interessenlagen adäquat zu erfassen, zu bewerten und zu integrieren.

Erfolgsentscheidend für jede Beratung ist immer eine klare Festlegung der Beratungszielsetzung sowie der Vorgehens- und Arbeitsmethodik. Es empfiehlt sich, für diesen Punkt von Seiten des Auftraggebers und des Auftragnehmers ausreichend Zeit einzusetzen und in gemeinsamer Absprache klare Vorgaben zu entwickeln. Die Zusammenarbeit mit einem Berater müsste daher idealerweise folgende Phasen durchlaufen:

1. *Kontaktaufnahme:* Im Rahmen einer Präsentation vor dem zuständigen Leitungsgremium der Gemeinde erfolgt eine grundsätzliche Klärung der Beratungsphilosophie und der angebotenen Rahmenbedingungen für eine Beratung.

2. *Entscheid* der Gemeindeleitung für einen Berater.

---

[332] *Jäger A. (Konzepte) 188*

3. *Absprache mit dem Berater:* Der ausgewählte Berater legt ein Arbeits- und Vorgehenskonzept vor, das Auskunft gibt über Projektumfang, vorgesehene Projektphasen sowie zeitliche Gliederung dieser Phasen; dieses Konzept wird gemeinsam mit der Gemeindeleitung diskutiert, ergänzt, allenfalls korrigiert.

4. Auf der Basis des überarbeiteten Vorgehenskonzepts wird eine *Offerte mit Kostenschätzung* vereinbart und von der Gemeindeleitung bewilligt.

5. *Projektdurchführung:* Über konkrete Möglichkeiten der Projektdurchführung geben die folgenden beiden Kapitel Auskunft.

Aufgrund der Gegebenheiten in Gemeinden kommt - insbesondere für Reorganisationsprojekte - nur ein Vorgehen auf der Basis einer Organisationsentwicklungs (OE) - Strategie in Frage. Merkmale dieser Strategie sind eine ganzheitliche Betrachtungsweise, Partizipation der Betroffenen (Mitentscheiden und Einbringen ihrer Erfahrungen) und breit abgestützte Vorbereitungen. Die Entwicklung und Umsetzung von Lösungen ist bei dieser Strategie zeitaufwendig, dafür sind die Chancen grösser, dass Widerstände überwunden werden können und die neuen Strukturen von den Betroffenen mitgetragen werden. Zudem ergibt sich ein Lernprozess bei allen Mitwirkenden.[333]

Bei Berücksichtigung dieser OE-Strategie sind für ein Beratungs-Vorgehenskonzept zwei Kernelemente unabdingbar:

---

[333] *Wohlgemuth A.C. (Reorganisation) 172f*

1. *Die Zusammenarbeit mit einer Arbeitsgruppe aus der Gemeinde*, deren Mitglieder idealerweise folgende Voraussetzungen erfüllen sollten:

   - Kompromiss zwischen Repräsentativität und Effizienz, d.h. im Hinblick auf eine möglichst repräsentative Vertretung verschiedener Berufs- und Interessengruppen der Gemeinde sollte die Gruppe eher gross sein, im Hinblick auf die Effizienz ist eine kleine Zahl von Mitgliedern anzustreben.
   - Gute Kenntnis der formellen und informellen Strukturen der Gemeinde.
   - Möglichst gutes Beziehungsnetz innerhalb der Gemeinde.
   - Offen für Neuerungen.
   - Bereitschaft zu zeitlichem und persönlichem Engagement.

   Die Arbeitsgruppe hat v.a. die Funktion, Entwürfe für beispielsweise Leitbilder oder neue Organisationsregelungen zu erarbeiten und bei diesem Prozess die wesentlichsten Interessen der Gemeinde, die sie vertreten, einzubringen.

2. *Breit abgestützte Vernehmlassungsverfahren:* Dafür sind verschiedene Formen denkbar, z.B. die Diskussion von erarbeiteten Entwürfen mit den einzelnen Berufsgruppen (v.a. Pfarrer und diakonische Stellen) sowie mit den Mitgliedern der Gemeindeleitung. Bei wenig umstrittenen Entwurfsunterlagen kann allenfalls eine schriftliche Vernehmlassung durchgeführt werden. Muss erwartet werden, dass die in der Arbeitsgruppe erarbeiteten Unterlagen kontrovers und umstritten sind, empfiehlt sich die Durchführung einer Workshop-Tagung, zu der alle Interessierten und Betroffenen (Mitarbeiter und Leitungsverantwortliche) eingeladen werden und vorzugsweise in der Form eines Wechsels von Gruppendiskussion - Präsentation der Gruppenergebnisse, Plenum - Plenumsdiskussion, strittige Fragen geklärt und gemeinsam tragbare Lösungen gesucht werden.

10   Ein Leitbild für die Kirchgemeinde

10.1   Allgemeine Aspekte

Die Idee, längerfristig verbindliche Verhaltensgrundsätze in Form eines Leitbildes zu entwickeln, entstand im erwerbswirtschaftlichen Bereich. Nachdem zuerst das Anliegen im Vordergrund stand, innerbetriebliche Klassenkämpfe soweit wie möglich zu überwinden, und das Unternehmen als Ganzheit in Blick zu nehmen, in der Arbeitgeber und -nehmer primär zusammengehören und voneinander profitieren, verschob sich die Leitbild-Diskussion in den 80er Jahren hin zu einer integralen Sicht, die zusätzlich weitere Interessengruppen ins Blickfeld rückte, gegenüber denen sich das Unternehmen verantwortlich zu verhalten hat. „Ein Unternehmen versteht sich damit in einem komplex gewordenen Umfeld als *Schnittpunkt unterschiedlicher Interessenkreise,* die aus dem eigenen Interesse heraus je wieder ins Gleichgewicht zu bringen sind. Je komplexer dieses Geflecht nach innen und aussen wurde, desto dringlicher meldete sich das Bedürfnis nach einem unternehmenspolitischen Verhaltenskodex gegenüber diesen vielfältigen Gruppen mit zum Teil disparaten oder gegenläufigen Zielen."[334] Das Leitbild stellt ein Führungsinstrumentarium dar, welches diesem Bedürfnis entspricht. Es geht dabei darum, sich freiwillig auf bestimmte, verbindliche, langfristig geltende Grundsätze festzulegen, Wertsysteme und dazugehörige Regeln zu schaffen und damit der Führungsarbeit in einem zunehmend komplexeren, dynamischeren Umfeld innere Stabilität zu verleihen. Das Aktivwerden auf dem Feld normativen Managements geht somit nicht auf moralische Überlegungen zurück, sondern ergab sich aus neu entstandenen Notwendigkeiten der Steuerung in differenzierter gewordenen Wirtschaftsgebilden. Bemerkenswert ist dabei, dass die neue Orientierung an ethisch-normativen Kriterien auf dem Hintergrund wohlverstandenen Eigennutzens heraus entdeckt

---

[334]   *Jäger A. (Unternehmenspolitik) 163*

wurde. Es bedurfte dazu keiner staatlicher, rechtlicher oder gar religiöser Instanzen.

Ein Leitbild umfasst als fundamentaler, interpretationsbedürftiger und offener Orientierungsrahmen allgemeine Aussagen über die Zwecke und Ziele sowie die angestrebten Verhaltensweisen des Unternehmens, die für die Mitarbeiter und die interessierte Öffentlichkeit bestimmt sind. Dabei erfolgt über die Formulierung von Idealvorstellungen eine Eingrenzung der Freiheitsgrade möglichen Systemverhaltens.[335] Bleicher betont den Zukunftscharakter von Leitbildern, indem sich in ihnen das „zukunftsorientierte Selbstverständnis einer Unternehmung" ausdrücke. Er verweist auf die möglichen Funktionen und Disfunktionalitäten von Leitbildern, die erfahrungsgemäss auch in der Wirkungsgeschichte von Leitbildern in kirchlichen Institutionen feststellbar sind. Umformuliert auf diesen Bezugsrahmen kann ein Leitbild für eine Kirchgemeinde folgende Funktionen erfüllen[336]:

- Es stellt einen Entwurf von grundsätzlichen Zielvorgaben für die zukünftige Entwicklung der Gemeinde dar.

- Es bedeutet Orientierungshilfe für Gemeindemitglieder, Mitarbeiter und Leitungsverantwortliche (Orientierungs- und Stabilisierungsfunktion).

- Es leistet (je nach Gestaltung des Entwicklungsprozesses) einen Beitrag zur Kulturprägung und Verhaltensentwicklung (Förderung der Zusammenarbeit, der Teambildung und der Konsensfindung).

- Es fördert die Motivation und Kohäsion: im besten Fall wirkt die Beteiligung möglichst vieler Personen an der Ausarbeitung längerfristiger Ziele und normativer Grundlagen integrierend und motivierend für die tägliche Arbeit, wirkt identitäts- und sinnstiftend und kann das Zusammengehörigkeitsgefühl stärken.

---

[335] *Bleicher K. (Normatives Management) 504*

[336] *ebenda 504f*

– Je nach Grad der Bereitschaft von Mitarbeitern und Gemeindeleitung zur Identifikation mit den vereinbarten Zielen hat die Ausarbeitung eines Leitbildes einen Koordinationseffekt in der täglichen Arbeit.

– Es dient als Richtlinie für die Öffentlichkeitsarbeit und leistet damit einen Beitrag zur Imagebildung.

Daneben sind auch disfunktionale Wirkungen möglich:

– Irreale Wunschbilder vermitteln das Gefühl trügerischer Sicherheit.

– Es besteht die Gefahr des „Stehenbleibens" beim entworfenen Zielrahmen, Handlungskonsequenzen bleiben aus, notwendiger Wandel wird blockiert.

– Je nach Entstehungsgeschichte des Leitbildes besteht auch die Gefahr kosmetischer Schönfärberei und des Gebrauchs unglaubwürdiger Leerformeln.

– Bei Misslingen der Integration wesentlicher Interessenträger oder Gruppen in der Gemeinde muss mit kontraproduktiven Wirkungen gerechnet werden, indem ein Leitbild polarisierend wirken kann.

10.2   Der Stellenwert eines Leitbildes für die Kirchgemeinde

Zunächst einmal ist daran zu erinnern, dass das Phänomen eines Leitbildes der Kirche nicht unbekannt ist, dass dafür bisher einfach andere Bezeichnungen und Ausgestaltungsformen üblich waren. So gibt es beispielsweise das Leitbild der „Volkskirche", letztlich das Resultat des religiösen Liberalismus im 19. Jh. Auch die Grundsatzartikel - Präambeln - von kirchlichen Reglementen haben Leitbildcharakter. Ebenso hat die Bibel als Quelle der religiösen Orientierung Leitbildfunktion für die Kirche. Es gibt somit für Gemeinden bereits leitbildartige Vorgaben, Leitvorstellungen, denen bewusst oder unbewusst über Jahre gefolgt wurde und die darum im Sinne prägender Gestaltungsprinzipien wirksam sind. Leitbildartige Vorstellungen gibt es auch im persönlichen Bereich, in der Erziehung beispielsweise oder in der Politik. Auf diesem Hintergrund bedeutet die Leitbildentwicklung in einer Gemeinde nicht die Erarbeitung von etwas völlig Neuem. Es gilt daher, bestehende Leitbild-Vorstellungen aufzunehmen, im Hinblick auf die beabsichtigte zukünftige Entwicklung der Gemeinde zu ergänzen und zu einem ganzheitlichen Konzept zusammenzufügen. Neue Leitbilder müssen also nicht mühsam aus dem Nichts erfunden werden; es bestehen bereits vielfältige und lebendige Vorstellungen in Form von schriftlichen Unterlagen und leitbildartigen Ideen bei verschiedensten Akteuren in der Gemeinde. Im Prozess der zukunftsorientierten Neuformulierung eines Leitbildes mit dem Ziel von Konsensbildung geschieht Werterhellung und Wertklärung. In Ergänzung zu den genannten Funktionen eines Leitbildes sei nochmals an dessen bereits erwähnte Brückenfunktion zwischen ökonomischen und theologischen Postulaten erinnert: Theologisch denkende Mitarbeiter werden dabei mit Fragen der Lebensdienlichkeit des Wirtschaftens für die Kirchgemeinde konfrontiert, während theologische Laien, die dazu neigen, ökonomisches Denken aus kirchenfremden Bereichen in die Kirche hineinzutragen, dabei lernen können, ökonomische und theologische Kriterien miteinander in Einklang zu bringen.

Verschiedentlich wurde auf die in Zukunft noch vermehrt notwendig werdenden Sparbemühungen von Kirchgemeinden hingewiesen. Aus naheliegenden Gründen sind Sparentscheide stets besonders kontrovers, weil es dabei letztlich immer um einen möglichst „gerechten" Ausgleich der Verzichtsleistungen geht. Sparentscheide tun den Betroffenen - auch bei den lupenreinsten theologischen Gründen - weh. Die vorgelegten Analysen von Führungsstrukturen und Managementprozessen in Gemeinden dürften ausreichend verständlich machen, was sich in der Praxis zeigt: Es ist unmöglich, Sparmassnahmen als „einsamen" Gemeindeleitungsbeschluss zu verkünden und umzusetzen. Auch wenn in jedem Fall ein Restpotential an Opposition verbleiben wird, sind nur Massnahmen realisierbar, die von der Mehrheit von Mitarbeitern und Gemeindemitgliedern mitgetragen werden. Dies erfordert die Erarbeitung breit diskutierter und aus der Integration verschiedenster Interessen wachsender Lösungen, deren Entwicklung damit zwangsläufig zeitaufwendig wird.

Rationale Begründungen allein - so nötig, wichtig und richtig sie sein mögen - werden dabei nicht genügen. Es muss darüber hinaus im Rahmen persönlicher Gespräche und vielfältiger Mitsprachemöglichkeiten Vertrauen geschaffen sowie möglichst vielen Betroffenen das Gefühl vermittelt werden, dass sie gehört und in den Entscheidungsprozess einbezogen werden. Wenn dabei zuvor in Form eines Leitbildes ein Minimalkonsens über Grundsätze und Schwerpunkte bei der zukünftigen Entwicklung der Gemeinde erarbeitet wird, können damit bei der Erarbeitung und Umsetzung von Sparmassnahmen normative Grundsatzdiskussionen mindestens teilweise vermieden werden. Wenn Sparmassnahmen nicht unter grossem Zeitdruck stehen, empfiehlt es sich daher, in einem ersten Schritt ein Leitbild zu erarbeiten. Es erhält damit auch den Charakter eines Strategiepapiers für nachfolgende Restrukturierungen, ganz im Sinne der (unter Betriebswirtschaftern) berühmten These von A.D. Chandler: „structure follows strategy"[337].

Leitbildaussagen werden umso glaubhafter und wirksamer sein,

a) je besser ihre Umsetzung gelingt, d.h. je unmittelbarer und konkreter sie sich in Handlungen der Gemeindeleitung niederschlagen und je mehr Mitarbeiter bereit sind, ihre tägliche Arbeit daran zu orientieren.

b) Die Wirksamkeit wird zudem verbessert, wenn ein Leitbild möglichst *klare, prägnante und allgemeinverständliche* Aussagen macht.

Zur Forderung a) "Umsetzung von Leitbildern" können die folgenden Thesen als Orientierungshilfe dienen:

1. Die Erarbeitung und die Bekanntgabe eines Leitbildes schafft Erwartungen, denn die Beteiligten haben einen Prozess durchgemacht, Adressatengruppen hören die Zielsetzungen; alle erwarten Veränderungen.

2. Der Weg (Prozess der Leitbildentwicklung) ist das Ziel: Der Prozess der Leitbildentwicklung ist wichtig, er trägt zur Verbesserung der Kommunikation bei, er wirkt identitäts- und sinnstiftend.

---

[337] *Chandler A.D. (Strategy)*

3. "Schubladen-Leitbilder" führen zu Unzufriedenheit. Die Beteiligten sehen sich um die Früchte ihrer Arbeit gebracht, die Adressaten sehen ihre Erwartungen nicht erfüllt.

4. Ein Umsetzungskonzept gehört mit zum Leitbild, beispielsweise indem lang- und kurzfristige Massnahmen klar benannt werden.

5. Die Leitbildumsetzung muss transparent sein.

6. Die Leitbildumsetzung muss lebendig und attraktiv sein. Dies kann z.B. dadurch erreicht werden, dass bestimmte Massnahmen gezielt die Kommunikation fördern oder mit einem direkten Nutzen für bestimmte Adressaten verbunden sind.

7. Leitbilder sollten zwar auf langfristige Gültigkeit hin angelegt werden, sind jedoch nicht für die Ewigkeit gemacht. Von Zeit zu Zeit (spätestens nach 10 Jahren) müssen sie als Ganzes kritisch überprüft und allenfalls revidiert werden.

Die Forderung b) "Klarheit und Prägnantheit" weitet Bleicher aus zu einer Liste von Anforderungen an Leitbilder, die der Situation von kirchlichen Leitbildern entsprechend interpretiert werden:[338]

- *Allgemeingültigkeit:* Leitbildvorgaben sollen als Orientierungshilfe für Entscheide in vielen zukünftigen Führungssituationen anwendbar sein.

- *Wesentlichkeit:* Die Leitbildaussagen sollen das Wichtigste, Grundsätzliche an der zukünftigen Entwicklung der Gemeinde beeinflussen.

- *Langfristige Gültigkeit:* Das Leitbild soll das Geschehen in der Gemeinde auf längere Sicht bestimmen.

- *Vollständigkeit:* Vollständigkeit ist in dem Sinne zu verstehen, dass sich Leitbildaussagen nicht nur auf anzustrebende Ziele, sondern auch auf die einzusetzenden Mittel und die einzuschlagenden Strategien beziehen sollen.

---

[338] *Bleicher K. (Normatives Management) 512-514*

- *Wahrheit:* Leitbildaussagen müssen in dem Sinne wahr sein, als sie den wirklichen Auffassungen und Absichten (mindestens) der an der Ausarbeitung Beteiligten entsprechen sollten und später durch deren Handlungen bestätigt werden. Ein Leitbild kann beispielsweise nicht vom Gesichtspunkt der Imagepflege aus entwickelt werden.

- *Realisierbarkeit:* Es dürfen durchaus hochgesteckte Ziele oder sogar Visionen in einem Leitbild Eingang finden, diese Ziele und Visionen sollten jedoch grundsätzlich realisierbar sein.

- *Konsistenz:* Das Zielsystem eines Leitbildes muss, wenn es handlungsleitend und koordinierend wirken soll, konsistent sein.

- *Klarheit:* Leitbilder sollten trotz ihres allgemeinen und relativ abstrakten Charakters so formuliert werden, dass bei ihrer Interpretation und Konkretisierung möglichst wenig Missverständnisse auftreten.

Besonders die letzte Anforderung muss häufig Theologen gegenüber geltend gemacht werden, die nicht selten mit dem Anspruch, ein Leitbild müsse die Qualität eines gelehrten theologischen Grundsatzpapiers haben, falsche Erwartungen an ein Leitbild herantragen.

Wirkungsrelevant ist die Bindung der Leitungsverantwortlichen an den vereinbarten Zielrahmen, er muss längerfristig durchgehalten werden, wenn er orientierend und motivierend wirken soll. Diese Wirkung ist v.a. auf die Reduktion von Ungewissheit auf Seiten aller Beteiligten zurückzuführen: Man weiss nach einer Leitbildentwicklung besser, woran man miteinander ist. Wenn jedoch der Entwicklungsprozesses nicht in diesem Sinn Vertrauen und Transparenz zu schaffen vermag, können auch kontraproduktive Effekte auftreten, indem in Bereichen, welche zuwenig ausdiskutiert sind, die Unsicherheit erhöht wird. Grundsätzlich besteht der Wirkungstest leitbildartiger Grundsätze in deren Fähigkeit, „gute" Gewohnheiten zu stiften. Für sinnbewusstes Management einer Gemeinde sind nicht die bestehenden Werthaltungen problematisch, sondern allenfalls die künstlich forcierte Entwicklung eines Ethos, das ihnen widerspricht.

10.3 Die Methodik der Erarbeitung eines Leitbildes an einem Fallbeispiel

V.a. Grossgemeinden weisen eine Vielzahl relativ autonomer Subsysteme auf, die eine Eigendynamik in der Herausbildung von Interessen, Denkweisen und Motivationsstrukturen entwickeln. Die Einsicht in die Notwendigkeit einer gesamtgemeindlichen Ausrichtung der Leitungsarbeit kann daher nicht selbstverständlich vorausgesetzt werden. Deshalb kann es in einem ersten Schritt erforderlich sein, divergierende Kräfte zu motivieren und ihnen den Sinn und den Nutzen eines Leitbildes deutlich zu machen. Gerade bei Pfarrern, die sich häufig gegen aussen und innen relativ autonom verhalten können, besteht die Gefahr, dass sie sich durch ein Leitbild eher eingeschränkt fühlen.

Der zweite Schritt besteht in der detaillierten Festlegung eines Vorgehenskonzeptes, das die einzelnen Entwicklungsschritte, die beteiligten Personen, die bestehenden Mitgestaltungsmöglichkeiten und eine zeitliche Gliederung der einzelnen Entwicklungsschritte festlegt. Ein klares, allen Involvierten eingehend erklärtes und akzeptiertes Vorgehenskonzept entscheidet massgeblich über den Erfolg der Leitbildentwicklung.

Im folgenden werden die Grundzüge einer Vorgehensmethodik vorgestellt, die sich in der Praxis bei verschiedenen Leitbildentwicklungen für Gemeinden bewährt hat.

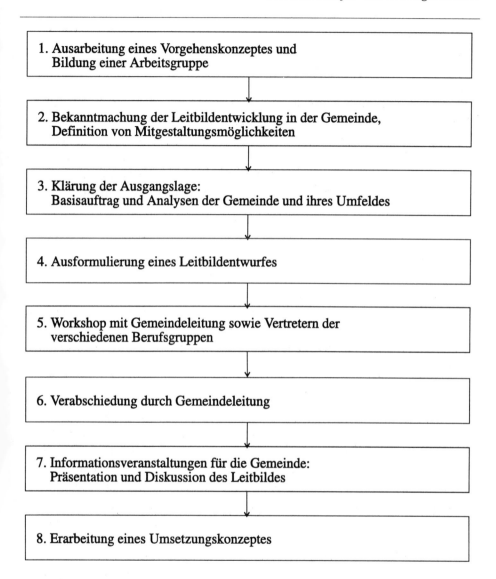

Abb. 10-1: Vorgehen bei der Leitbildentwicklung

Erläuterungen:

Zu 1.

Die Transparenz und Klarheit des Vorgehenskonzeptes sowie das Einverständnis aller Mitglieder der Gemeindeleitung mit dem vorgeschlagenen Vorgehen sind deshalb wichtig, weil damit die Beteiligungs- und Mitsprachemöglichkeiten definiert sind und die einzusetzende Arbeitsgruppe einen klaren Auftrag erhält. Selbstverständlich ist auch eine wohlüberlegte Zusammensetzung der Arbeitsgruppe ein entscheidender Erfolgsfaktor.

Zu 2.

Die Gemeinde sollte darüber informiert werden, dass ein Leitbild erarbeitet wird und welchen Zielen und Zwecken es dient. Der Leitbildentwicklungsprozess würde jedoch zeitlich und von den Steuerungsmöglichkeiten her überfordert, wenn die ganze Gemeinde in die Leitbilddiskussion einbezogen würde. Möglich und sinnvoll ist dagegen, wenn die Gemeindeglieder die Möglichkeit haben, sich schriftlich oder mündlich an Arbeitsgruppenmitglieder zu wenden, um Wünsche, Erwartungen und Ideen in das Leitbild einzubringen.

Zu 3.

Für die Gemeinde- und Umfeldanalyse können einerseits die in Kapitel 7 dargestellten Analysemethoden herangezogen werden und/oder ausgewählte quantitative und qualitative Informationen gemäss dem Kennzahlenraster in Abschnitt 8.4.4.2 bereitgestellt werden. Über Umfang und Detaillierungsgrad der vorzunehmenden Analysen ist aufgrund der aktuell vorliegenden Situation zu entscheiden. In Ergänzung oder allenfalls als Ersatz für diese Analysearbeit sollten zudem die Werthaltungen und Zielvorstellungen der verschiedenen Berufsgruppen und Mitglieder der Gemeindeleitung erfasst werden und in die Leitbildentwicklung einbezogen werden. Dies kann beispielsweise mit Hilfe eines speziell entwickelten Fragebogens geschehen. Ein möglicher Raster für eine solche Erhebung könnte folgende Fragen enthalten:

1) Welches sind Ihrer Meinung nach die wichtigsten Probleme innerhalb und im Umfeld der Kirchgemeinde?

2) Wo sehen Sie die Stärken Ihrer Kirchgemeinde?

3) Welche Gefahren und Chancen sehen Sie für die Zukunft?

4) Zum kirchlichen Leben in der Gemeinde:

- Welche der gegenwärtigen Angebote/Aktivitäten sollten verstärkt oder ausgebaut werden?
- Welche der gegenwärtigen Angebote/Aktivitäten könnten gestrichen oder reduziert werden?
- Ideen für neue, alternative Angebote
- Welche Ziele sollte die Gemeinde in Zukunft verfolgen?

5) Zu den Strukturen der Gemeinde:

- Möglichkeiten zur Verbesserung an den gegenwärtigen Strukturen?
- Möglichkeiten für wesentliche Einsparungen?

6) Zusätzliche ergänzende Bemerkungen

Möglich sind grundsätzlich auch Befragungen im Kreis der Gemeindemitglieder. Wenn eine solche Befragung jedoch zu aussagekräftigen Resultaten führen soll, muss sie professionell durchgeführt werden und erfordert einigen zeitlichen und finanziellen Aufwand.

Zu 4.
Entscheidend für die Qualität eines Leitbildentwurfes ist neben der personellen Zusammensetzung der damit beauftragten Arbeitsgruppe auch die Leitung / Moderation der Gruppe.

Zu 5.
Das Ziel eines Workshop-Tages besteht nicht nur darin, in strittigen Formulierungen des Leitbildentwurfes Kompromisslösungen zu finden, vielmehr ist die Workshop-Arbeit auch geeignet, Dialog- und Teamfähigkeit, Toleranz und gegenseitiges Verständnis einzuüben. Ein vollständiger Konsens der Vorstellungen über das Leitbild wird dabei nicht möglich sein, sollte aller-

dings auch nicht beabsichtigt werden. Es genügt, wenn Interessenträger mit abweichenden Meinungen einzelne Formulierungen im Interesse des Ganzen mitzutragen bereit sind und Unterschiede in den Werthaltungen für die Beteiligten transparent werden.

Zu 6.

Die Verabschiedung durch die Gemeindeleitung hat den Zweck, dem Leitbild eine formelle Legitimation und Verbindlichkeit zu verleihen, auch wenn einem Leitbild von seiner Eigenart her keine rechtlich relevante Verbindlichkeit zukommen kann.

Zu 7.

Bei den durchzuführenden Informationsveranstaltungen für die Gemeinde können zwar einzelne Leitbildinhalte diskutiert werden, aber es muss klargemacht werden, dass die Verantwortung für die Erarbeitung und Umsetzung des Leitbildes bei der Gemeindeleitung liegt und bestimmte Zielvorgaben zwar begründet, aber nicht mehr verändert werden.

Die mit der vorgestellten Methodik erarbeiteten Leitbilder haben folgende Gliederung:

1. Zweck und Funktion eines Leitbildes
2. Unser Auftrag (Kurzdefinition des Basisauftrages der Gemeinde)
3. Leitsätze (sie stellen gewissermassen die Leitplanken dar für Zielformulierungen in einzelnen Teilbereichen)

4. Wie wir unseren Auftrag erfüllen wollen:
Zielsetzungen für einzelne Bereiche
4.1 Kirchliches Leben
    4.1.1 Ehrenamtliche Mitarbeit
    4.1.2 Gottesdienst
    4.1.3 Seelsorge
    4.1.4 Kinder- und Jugendarbeit, Religionsunterricht
    4.1.5 Erwachsenenarbeit
    4.1.6 Soziales Engagement
4.2 Strukturen und betriebliche Grundsätze
    4.2.1 Struktur, Organisation und Verwaltung
    4.2.2 Zusammenarbeit und Koordination
    4.2.3 Aussenbeziehungen/Öffentlichkeitsarbeit
    4.2.4 Finanzierung

Zu 8.

Die vorgeschlagene Leitbildgliederung macht deutlich, dass konkrete, planbare Umsetzungsmassnahmen sich weitgehend auf die Zielvorgaben unter Ziffer 4.2 beschränken: Die Umsetzung kann mit den in Kapitel 8 dargestellten Gestaltungsmöglichkeiten der Führung bewältigt werden. Dabei muss selbstverständlich darauf geachtet werden, dass mit den gewählten Lösungen beispielsweise beim Mitarbeitereinsatz die Ziele im Bereich des kirchlichen Lebens möglichst effektiv unterstützt werden. Dennoch ist die Umsetzung in diesem Bereich massgeblich angewiesen auf die Motivation von besoldeten und ehrenamtlichen Mitarbeitern, sich bei der Gestaltung des eigenen Aufgabenfeldes an Leitbildvorgaben zu orientieren.

11   Sparorientierte Restrukturierung

11.1   Sparzwang - Segen oder Fluch?

Immer mehr Kirchgemeinden und Kantonalkirchen müssen sparen, und weil in der Kostenstruktur der Kirche die Personalkosten mit 70-80% den grössten Kostenanteil ausmachen, erfolgen Sparmassnahmen in der Regel stets durch Reduktionen im Personalbestand. Einzelne Kirchgemeinden, v.a. Stadtgemeinden mit umfangreicher kulturhistorisch wertvoller Bauinfrastruktur haben auch in diesem Bereich beträchtliche Kosten zu tragen (Betriebs-/Unterhalts- und Renovationsarbeiten). Sparzwang bedeutet, sich einschränken zu müssen und wird in der Regel negativ wahrgenommen. Demgegenüber ist darauf hinzuweisen, dass Sparzwänge auch positive Aspekte bekommen können, indem sie dazu zwingen, über Notwendiges und Überflüssiges in einer Kirche nachzudenken. Eine Kirche, die weniger Geld hat, muss nicht zwangsläufig eine schlechtere Kirche werden. Sparmassnahmen zwingen zum Überdenken folgender Grundsatzfragen:

– Wie kann die ehrenamtliche Arbeit ausgebaut und verstärkt werden? (grundsätzlich sollten davon keine - auch keine pfarramtlichen - Aufgaben ausgenommen werden)

– Wie können die verfügbaren personellen Ressourcen wirtschaftlicher und wirksamer eingesetzt werden?

– Wo will die Kirchgemeinde ihre Schwerpunkte setzen, welche Angebote können allenfalls reduziert oder ganz abgeschafft werden?

Sparorientierte Redimensionierungen stossen zwar auf vielfältige Widerstände und sind weit schwieriger umzusetzen als Aufbauvorhaben irgendwelcher Art, sie sind aber auch mit Chancen verbunden. Die Erfahrungen aus Zeiten, als die finanziellen Mittel einen grosszügigen Ausbau des Personals und der baulichen Infrastruktur erlaubten, haben gezeigt, dass vergrösserte Systeme keineswegs entsprechend grössere Leistungen erbringen. Ein Hinweis darauf ist beispielsweise im Phänomen zu erkennen, dass gerade in der Ausbauphase kirchlicher Infrastrukturen während der 70er und 80er Jahre die Beteiligung an kirchlichen Anlässen massiv geschrumpft ist. Die Ursachen dafür liegen zwar zu einem grossen Teil bei externen Einflussfaktoren, aber die Erfahrung zeigt nicht selten, dass die Arbeitseffektivität kirchlicher Arbeitsstellen, des erhöhten Personalbestandes in den Gemeinden, bei Verwaltungen und Ämtern nicht proportional zur Zahl der eingesetzten Mitarbeiter gestiegen ist.

11.2 Methoden und Inhalte von Restrukturierungen

Die Begleitung und Implementierung von kostenorientierten Neustrukturierungen gehört zu den anspruchsvollsten und vielschichtigsten Managementaufgaben, die von Gemeindeleitungen künftig vermehrt wahrgenommen werden müssen. Im Bereich professioneller Beratung gilt sie zu Recht als „hohe Schule" für den erfahrenen Unternehmensberater, „denn im Reorganisationsprozess stecken nicht nur Chancen, sondern auch erhebliche Risiken für jedes sozio-technische System."[339] Sparorientierte Reorganisation kann sich nicht bloss auf kostenwirksamen Ressourcenentzug in der Gemeinde beschränken. Erforderlich ist eine Reorganisation als Anpassung der Organisationsstruktur, welche eine Vielzahl von weiteren Anforderungen zu berücksichtigen hat. Deshalb benötigen Reorganisationsvorhaben viel Zeit, auch wenn dabei in Gemeinden die Inhalte von Veränderungen im Vergleich zu grösseren Unternehmen vergleichsweise einfach sind. Der Zeitbedarf ergibt sich aus der Notwendigkeit eines aufwendigen Konsensmanagements, in das - wiederum im Vergleich zu anderen, auch grösseren Unternehmen - viele Akteure eingebunden sind. Zur Entwicklung ganzheitlicher Lösungen sollten idealerweise die Wechselwirkungen zwischen Strategie (Leitbildvorgaben), Struktur und menschlichen Potentialen „durch einen entsprechenden Anpassungs- und Abstimmungsprozess optimal genutzt werden."[340] Allerdings haben bei Reorganisationen von Gemeinden Kriterien der Akzeptanz

---

[339] *Wohlgemuth A.C. (Reorganisation) 165*

[340] *ebenda 169*

Vorrang vor Optimierungskriterien. Mit anderen Worten: Es ist besser, eine Restrukturierung umzusetzen, die aus betriebswirtschaftlicher Sicht (Kostensenkungswirkung, Effizienz und Effektivität) suboptimal, aber akzeptiert ist, als eine optimale Lösung durchzusetzen, die nicht oder unzureichend getragen wird.

Nauer unterscheidet drei Ebenen für organisatorische Verbesserungen[341] :

– Verbesserung der Tätigkeit am Arbeitsplatz („Teelöffel-Methode")

– Analyse und Verbesserung von Arbeitsabläufen („Kohleschaufel-Methode")

– Überprüfung und Verbesserung der Gesamtstruktur („Bagger-Methode")

Arbeitsplatzbezogene und arbeitsablaufbezogene Verbesserungen gehören zu den Daueraufgaben einer Gemeindeleitung und sind laufend durchzuführen. Allerdings muss darauf hingewiesen werden, dass in diesen Bereichen angesichts der geringen Bedeutung von ablauforganisatorischen Prozessen nur geringfügige Effizienzverbesserungs- bzw. Einsparungsmöglichkeiten liegen. Um Einsparungen in grösserem Umfang zu erzielen, sind grössere strukturelle Eingriffe nötig.

Der Reorganisationsprozess kann ähnlich gegliedert werden wie bei der Leitbildentwicklung:

---

[341] *vgl. Nauer E. (Führungsinstrument) 40f*

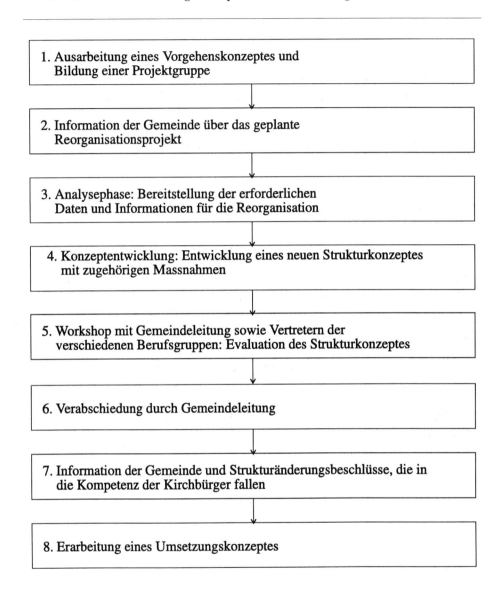

1. Ausarbeitung eines Vorgehenskonzeptes und Bildung einer Projektgruppe

2. Information der Gemeinde über das geplante Reorganisationsprojekt

3. Analysephase: Bereitstellung der erforderlichen Daten und Informationen für die Reorganisation

4. Konzeptentwicklung: Entwicklung eines neuen Strukturkonzeptes mit zugehörigen Massnahmen

5. Workshop mit Gemeindeleitung sowie Vertretern der verschiedenen Berufsgruppen: Evaluation des Strukturkonzeptes

6. Verabschiedung durch Gemeindeleitung

7. Information der Gemeinde und Strukturänderungsbeschlüsse, die in die Kompetenz der Kirchbürger fallen

8. Erarbeitung eines Umsetzungskonzeptes

Abb. 11-1: Prozessgestaltung von Reorganisationsprojekten

Zu 1.

Fragen der Methodik des Vorgehens stellen im Vergleich zu Leitbildentwicklungen höhere Anforderungen. Transparenz und Klarheit des Vorgehenskonzeptes sind für Reorganisationsprojekte unabdingbar. Bei der Zusammensetzung der Projektgruppe ist neben dem Aspekt der Repräsentativität darauf zu achten, nach Möglichkeit Mitglieder einzusetzen, die vertraut sind mit Führungs- und betriebswirtschaftlichen Fragen.

Zu 2.

Die Gemeinde sollte über Anlass, Ziele und Inhalte eines Reorganisationsprojektes informiert werden. Erfahrungsgemäss werden Sparprojekte von der Mehrheit der Gemeindemitglieder eher besser akzeptiert als von den kirchlichen Mitarbeitern.

Zu 3.

Die erwähnten Informationsbeschaffungsmöglichkeiten für eine Leitbildentwicklung müssen intensiver genutzt werden, die durchgeführten Analysen für Reorganisationsvorhaben detaillierter und spezifischer sein. Je nach Objektbereich der geplanten Reorganisation wird es nötig sein, Daten der Rechnungsführung und juristische Fragestellungen von bestehenden Gesetzen und Reglementen in die Analyse einzubeziehen. In einzelnen Fällen können Tätigkeitsanalysen dienlich sein.

Zu 4.

Ein sparorientiertes Restrukturierungskonzept wird in jedem Fall mit *Stellenabbau* arbeiten. *Stellenplanreduktionen* gehören gleichzeitig zu den umstrittensten Sparmassnahmen, auch wenn dabei i.d.R. im Gegensatz zu erwerbswirtschaftlichen Unternehmen nur ausnahmsweise Entlassungen ausgesprochen werden müssen. In den meisten Fällen besteht ausreichend Zeit, auf dem Wege von natürlichen Abgängen durch Kündigungen oder Pensionierungen sowie durch Reduktionen von Teilzeitstellen ein ausreichendes Redimensionierungspotential zu realisieren. Grössere Veränderungen im Stellenplan erfordern häufig entsprechend abgestimmte *Anpassungen der Gemeindestruktur*. Bei Stellenplanreduktionen ist insbesondere auf folgende Faktoren zu achten:

– Abstimmung des Stellenplanes auf die Gemeindestrukturen: Stellenreduktionen, insbesondere bei den Pfarrern, erfordern häufig Anpassungen der Gemeindestruktur, d.h. Vergrösserung, Verkleinerung oder Zusammenlegung von Pfarrkreisen, Veränderung der Grenzen von Teilgemeinden, Erhöhung der einer Pfarrstelle zugeordneten zu betreuenden Personenzahl;

– Neuordnung der Funktionszuteilungen: Bildung von kreis- oder gemeindeübergreifenden Aufgabenschwerpunkten, die einzelnen Stellen zugeordnet werden, Verschiebungen in der Aufgabenzusammensetzung bei den verbleibenden Stellen, Nutzung von Outsourcing-Möglichkeiten (z.B. beim Mesmerdienst Auslagerung der Reinigungsarbeiten, indem stundenweise Raumpflegepersonal eingesetzt wird) usw.;

– Vermeidung von Stellenabbau in besonders erfolgreichen Tätigkeitsgebieten in der Gemeinde;

– Rücksicht auf bestehende gewachsene Strukturen, nur so viele Veränderungen wie nötig und so wenig wie möglich;

– Sicherstellung der Berücksichtigung des Know-hows der jetzigen Stelleninhaber bezüglich eines den Gemeindeverhältnissen angepassten Personaleinsatzes; damit verbunden ist auch die Gewährleistung entsprechender Mitsprachemöglichkeiten;

– Erarbeitung von zeitlich gestaffelten Stellenabbau-Szenarien nach Massgabe der Einnahmenentwicklung der Kirchgemeinde.

Im Rahmen einer *mittelfristigen Finanzplanung* sind die Kosteneinsparungswirkungen von Stellenreduktionen sorgfältig zu überprüfen. Dabei ist zu beachten, dass grundsätzlich bei einer Gemeinde-Finanzplanung über mehrere Jahre die Ausgabenseite sehr viel genauer budgetierbar ist als die Einnahmenseite. Bei der Schätzung der zukünftigen Erträge bestehen eine Reihe von schwer prognostizierbaren Faktoren: Zukünftige Veränderungen des Steueraufkommens sind abhängig von der Entwicklung der Steuergesetzgebung, von der konjunkturellen Entwicklung sowie der Entwicklung der steuerzahlenden Mitglieder. Weiter müssen der künftige Teuerungsverlauf sowie die Entwicklung der über die kantonalkirchliche Finanzverwaltung laufenden Gelder (Zu- und Abflüsse) eingeschätzt werden.

Für die Kernelemente eines Strukturkonzeptes (Stellenplan / Gemeindestruktur) sind für die Evaluation anlässlich der nachfolgenden Workshop-Sitzung Varianten auszuarbeiten.

Zu 5.

Für die Evaluation der ausgearbeiteten Strukturgestaltungsvarianten sind geeignete Beurteilungskriterien zu erarbeiten. Das Ziel der Workshop-Tagung besteht darin, einen Konsens für die Variantenauswahl zu finden, Korrekturen an der getroffenen Variantenwahl anzubringen und die Realisierungspräferenzen für ergänzende Sparmassnahmenvorschläge festzulegen.

Zu 6.

Bei der Verabschiedung durch die Gemeindeleitung ist zwischen Massnahmen, die in ihrer Beschlusskompetenz liegen und solchen, die von den Stimmberechtigten der Gemeinde beschlossen werden müssen, zu unterscheiden. Für den zweiten Fall sind entsprechende Vorlagen zuhanden der Stimmbürger zu erstellen.

Zu 7.

Wenn die geplante Reorganisation mit grösseren die Gemeindemitglieder betreffenden Veränderungen verbunden sind, sollten vor der Abstimmung Informationsveranstaltungen für die Gemeinde durchgeführt werden, an denen die Vorlagen diskutiert werden können. Einzelne Gemeinden kennen zu diesem Zweck die Einrichtung der Vorversammlung kurze Zeit vor der Durchführung der eigentlichen Kirchgemeindeversammlung.

Zu 8.

Die Realisierung von Veränderungen im Stellenplan kann, wenn auf natürliche Abgänge gewartet werden muss, längere Zeit beanspruchen. Strukturelle und organisatorische Massnahmen können kurzfristiger umgesetzt werden, sofern sie nicht von Stellenumbesetzungen abhängig sind.

11.3 Widerstände gegen Restrukturierungen

Immobilität als Normalzustand:

Strukturelle Veränderungen, die Veränderungen in ihrem Arbeitsumfeld auslösen, rufen bei den Betroffenen Angst hervor. Das zeigt die praktische Erfahrung bei Restrukturierungsprojekten und es wird von der Sozialpsychologie und Organisationssoziologie thematisiert. Die Angst vor der Herausforderung von Anpassungsleistungen, allfälligen Status- und Einflussverlusten in der neuen Situation, mit den Veränderungen verbundene Unsicherheiten usw. spielen eine Rolle. Es ist daher nicht erstaunlich, dass Restrukturierungsverantwortliche häufig feststellen müssen, dass für den Nachweis, dass Neues nicht funktionieren wird, mehr Energie aufgewendet wird, als dafür, es auszuprobieren.

Verhinderungsstrategien:

Verhinderer, d.h. jene, die entweder ihre Interessen bedroht sehen oder die sich, trotz vorgeblicher Einsicht für die Notwendigkeit von Änderungen, im bestehenden System so wohl fühlen, dass sie Änderungen innerlich ablehnen, werden sich nur beschränkt einer sachbezogenen Auseinandersetzung stellen. Die Mobilisierung von Opposition im eigenen Beziehungsumfeld, Unbelehrbarkeit (Unzugänglichkeit für sachliche Argumentation), Realitätsverzerrung oder - trübung (Fakten werden nicht mehr anerkannt), Ambivalenz im Reden und Verhalten sowie die gezielte oder unbewusste Emotionalisierung der Diskussion sind dabei Verhaltensweisen, die häufig nicht zu vermeiden sind. Geeignete Formen der Konfliktregelung sowie der Einsatz von diesbezüglich erfahrenen externen Moderatoren können zur Bewältigung solcher Probleme eingesetzt werden.

Im Rahmen solcher Konfliktregelung wird es auch um die Vermittlung zwischen ökonomischen Denkweisen und von kirchlich-theologischem Denken geprägten Argumentationsmustern gehen. Dabei kann ein beträchtlicher Druck zur ethisch-theologischen Rechtfertigung von kostensenkenden, effizienzverbessernden Massnahmen erzeugt werden. In diesem Fall könnten die Reflexions-, Argumentations- und Begründungsverfahren einer Vernunftethik, wie sie v.a. im Abschnitt 3.2.2 vorgestellt wurde, zum Tragen kommen. In einer solchen Ethik, die "den prozeduralen Charakter eines ideellen Verfahrens" hat, geht es darum, "verallgemeinerungsfähige Gründe dafür zu bestimmen, was alle Subjekte, die *guten Willens* sind, in einer normativ problematischen Situation als richtig und verbindlich betrachten können."[342] Eine Auseinandersetzung auf dieser Ebene erfordert allerdings von den Beteiligten die Anerkennung aller Menschen - auch der involvierten Konfliktpartner - in ihrer personalen Würde und ihren moralischen Rechten.

Primat der Politik:

Sparorientierte Restrukturierungen von Kirchgemeinden sind aus betriebswirtschaftlicher Sicht einfache Probleme. Wesentlich anspruchsvoller ist die Mobilisierung von Akzeptanz und Konsens. Dazu ist es notwendig, dass nicht nur Verhinderer und Opponenten von Reformen - die es immer geben wird -, sondern auch die Befürworter die Öffentlichkeit der Gemeinde kennen, deren vielfältige informelle Kanäle zu nutzen verstehen sowie die Fähigkeit besitzen, Stimmungen und Meinungslagen richtig einzuschätzen. Wesentliche Erfolgsbedingungen zur Realisierung von sparorientierten Reformen haben eine politische Dimension: Je mehr Personen sich im Rahmen des Restrukturierungsprojektes profilieren können, desto besser. Zusammenarbeitsatmosphäre und Kulturfaktoren spielen eine entscheidende Rolle. Deshalb empfiehlt es sich - sofern die zeitlichen Rahmenbedingungen es gestatten - sparorientierte Restrukturierungen dann zu initiieren, wenn sie durch ein gutes Zusammenarbeitsklima gestützt werden können und nicht durch bestehende latente oder offene Konflikte belastet werden.

---

[342] *Ulrich P. (Brent Spar) 31f*

ANHANG

Das Finanzierungssystem evangelisch-reformierter Kirchgemeinden im Kanton St. Gallen

A-1 Allgemeines

Der kantonalen Gliederung der evangelisch-reformierten Landeskirchen entspricht, dass die Kirchensteuern unter die kantonalen Steuern einzuordnen sind. Die kantonale Zuständigkeit für die kirchensteuerlichen Belange gründet letztlich auf der bundesstaatlichen Kompetenzausscheidung in Artikel 3 der Bundesverfassung. „Es ist Sache der Kantone, das Verhältnis zwischen Staat und Kirche zu ordnen und insbesondere die rechtliche Stellung der Religionsgemeinschaften zu bestimmen. Der Bund hat sich damit begnügt, einige - allerdings nicht unbedeutende - Schranken zu errichten, die von den Kantonen bei der Ausübung der Kirchenhoheit zu beachten sind. In den Schranken des Bundesrechts ist es den Kantonen unbenommen, beispielsweise Staat und Kirche zu trennen oder eine oder mehrere Religionsgemeinschaften öffentlichrechtlich anzuerkennen und finanziell zu unterstützen."[339]

Die Kantone haben aufgrund ihrer geschichtlichen und föderalistischen Eigenheiten die Kirchenhoheit sehr unterschiedlich ausgestaltet. Praktisch deckt sich keine Regelung vollständig mit der anderen. Die Darstellung in diesem Kapitel legt das Schwergewicht auf die Verhältnisse im Kanton St. Gallen.

Definition der Kirchensteuer:

Die Kirchensteuer kann definiert werden als „Abgabe, welche die vom Staate dazu befähigten öffentlich-rechtlichen Religionsgemeinschaften auf-

---

[339] *Interkantonale Kommission für Steueraufklärung (Kirchensteuern) 2*

grund ihrer territorialen Hoheit von ihren Mitgliedern und den juristischen Personen zur Deckung kirchlicher Ausgaben erheben können."[340]

Das Verwaltungsrecht bezeichnet die Leistungen, welche der Staat bzw. die von ihm zur Steuererhebung ermächtigten öffentlich-rechtlichen Körperschaften aufgrund ihrer Hoheitsgewalt von den Individuen erhebt, als öffentliche Lasten. Dabei wird unterschieden zwischen Naturallasten und öffentlichen Abgaben. Naturallasten sind jene Leistungen, die das Individuum persönlich (Militärdienst, Feuerwehrdienst) oder in Form von Sachaufwendungen erbringt.[341] Die Kirche erhebt lediglich öffentliche Abgaben in Form von Geldleistungen. Von den in Abb. A-1 dargestellten Möglichkeiten der Erhebung öffentlicher Abgaben kann die Kirche - aufgrund der kantonalen Steuergesetzgebung sowie ihrem öffentlich-rechtlichen Status - die folgenden erheben:

Allgemeine Steuern:

Die natürlichen Personen werden durch die Kirche in allen Kantonen besteuert. Die meisten Kantone kennen auch die Besteuerung der juristischen Personen, mit Ausnahme von BS, SH, AR und GE. Bei den juristischen Personen sind i.d.R. die Kapitalgesellschaften (z.B. AG und GmbH), Genossenschaften, Vereine und Stiftungen steuerpflichtig.[342]

Die Steuerpflicht im Rahmen der Kirchensteuer weist einige Besonderheiten auf. Nicht jeder Kantons- bzw. Gemeindeeinwohner wird aufgrund seiner blossen Anwesenheit im Hoheitsgebiet steuerpflichtig, wie dies z.B. bei der Einkommenssteuer i.d.R. der Fall ist. Art. 49 Abs. 6 der Bundesverfassung statuiert nämlich im Rahmen der Garantie der Glaubens- und Gewissensfrei-

---

[340] *ebenda 3*

[341] *Höhn E. (Steuerrecht) 57*

[342] *vgl. Interkantonale Kommission für Steueraufklärung (Kirchensteuern) 14. Die Kantone ZH, SZ, NW, AI und GR kennen die Kirchensteuern auch für die öffentlich-rechtlichen Anstalten; die Kantone SO und JU besteuern auch die übrigen juristischen Personen.*

heit das Verbot, von demjenigen Steuern für Kultuszwecke einer Religionsgemeinschaft zu erheben, der dieser Gemeinschaft nicht angehört. Deshalb dürfen nur jene mit einer Kirchensteuer für eine anerkannte und steuerhoheitlich befugte Kirche belegt werden, die als Kirchenmitglieder feststehen.[343]

Wie in andern Kantonen stammt im Kanton St. Gallen der grösste Teil der Steuereinnahmen aus Einkommens- und Vermögenssteuern von natürlichen Personen. Zudem fliesst den Kirchen beider Konfessionen ein bestimmter Anteil der jährlich erhobenen Zuschläge zur Reinertrags- und Eigenkapitalsteuer zu (vgl. dazu die entsprechenden Abschnitte im Anhang). Der Kanton St. Gallen erhebt also von den juristischen Personen keine Kirchensteuer im herkömmlichen Sinn, doch wird ein jährlicher Zuschlag von 220% zu den genannten Steuerarten erhoben. Davon werden 20% an die mit hohen Steuern belasteten Kirchgemeinden verteilt.

Zwecksteuern:

Im Kanton St. Gallen kann von den regelmässig erhobenen Steuern einzig die Zentralsteuer als Zwecksteuer bezeichnet werden. Sie muss von den Gemeinden an die Kantonalkirche abgeliefert werden. Die Zentralsteuer beträgt 3,5% der einfachen Staatssteuer und ist integriert in die Gemeindesteuer. Mit den Erträgen der Zentralsteuer werden die Aufgaben der Kantonalkirche finanziert.

Zudem haben die Gemeinden grundsätzlich die Kompetenz, einen Teil des Steuerfusses in Prozenten der einfachen Staatssteuer als Zwecksteuer auszuscheiden. Beispiele solcher Zwecksteuern sind etwa Bausteuern (i.d.R. befristete Zusatzsteuersätze zwischen 2% und 8% der einfachen Staatssteuer zur Finanzierung von Bauvorhaben) oder einmalig bzw. ebenfalls befristet erhobene Sondersteuern für Beiträge an karitativ tätige Institutionen.

---

[343] *ebenda 11*

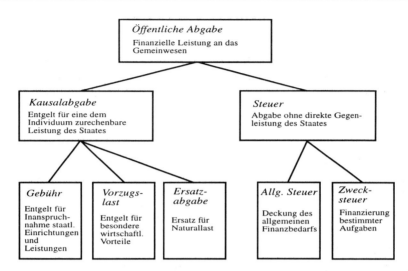

Abb. A-1: Einteilung der öffentlichen Abgaben nach Höhn[344]

Gebühren:

Gebühren werden von Gemeinden für die Benützung ihrer Räumlichkeiten (Kirchgemeindehäuser und Kirchen) für nichtkirchliche Anlässe oder für kirchliche Anlässe erhoben, bei denen die Benutzer nicht Mitglieder der betreffenden Kirchgemeinde sind (z.B. auswärtige Benutzer beliebter Hochzeitskirchen). In jüngster Zeit werden auch vermehrt Gebühren für kirchliche Dienstleistungen (v.a. Bestattungen) erhoben, die von aus der Kirche Ausgetretenen, bzw. deren Angehörigen beansprucht werden.

---

[344] *Höhn E. (Steuerrecht) 59*

A-2   Grundbegriffe

Gemäss Art. 202 des Steuergesetzes des Kantons St. Gallen (StG vom 23. Juni 1970) sind „der katholische und der evangelische Konfessionsteil befugt, jährliche *Einkommens- und Vermögenssteuern von natürlichen Personen* ihrer Konfession zu erheben." Der Beginn der Kirchensteuerpflicht stimmt mit dem Beginn der Steuerpflicht für die ordentlichen Steuern überein. Damit erhält die evangelisch-reformierte Kirche *steuerhoheitliche Befugnisse.*[345] Der Steuerbezug (Einzug der Steuer) obliegt dabei der Kirchgemeinde, wobei die Bezugsstelle der politischen Gemeinde anstelle der Kirchgemeinde den Steuereinzug gegen angemessene Entschädigung besorgt [346]. Der *Steuerbezug* und *die Veranlagung* liegen somit bei den kommunalen Behörden.

Die *Steuererhebung* erfolgt auf Grund der Veranlagung zur Staatssteuer. Die Kirchensteuer berechnet sich nach dem gesetzlich festgelegten Grundtarif der Kantonssteuer (einfache Staatssteuer). Die Kirchensteuer ist ein in Prozenten dieser einfachen Steuer berechneter Betrag. Dieser Prozentsatz oder Steuerfuss wird nicht durch eine politische Instanz, sondern durch eine „religiöse" Instanz, die Kirchgemeindeversammlung, jährlich neu festgesetzt.[347]

---

[345] *In 24 Kantonen haben die offiziell anerkannten Kirchen oder ihre Kirchgemeinden steuerhoheitliche Befugnisse. Im Kanton TI haben jedoch nur die römisch-katholischen Kirchgemeinden diese Kompetenz. Allein im Kanton VD haben die Kirchen keine Besteuerungshoheit, weil alle Kultusausgaben vom Staat und den Gemeinden getragen werden. In einigen Kantonen besteht die Steuerhoheit nur hinsichtlich der Kirchensteuer für natürliche Personen (in den Kantonen BS, SH, AR, AG und GE werden von den juristischen Personen keine Kirchensteuern erhoben).*

[346] *vgl. StG vom 23. Juni 1970, Art. 204*

[347] *vgl. Interkantonale Kommission für Steueraufklärung (Kirchensteuern) 5f. Die Kirchensteuer berechnet sich in den meisten Kantonen nach dem gesetzlich festgelegten Steuertarif, dem sogenannten Grundtarif der Kantonssteuer (einfache Steuer).*

Wie erwähnt, beschränkt sich die *Steuerpflicht* auf Mitglieder einer Kirche mit öffentlich-rechtlichem Status. Weil die Steuerpflicht an die Mitgliedschaft gebunden ist, kann sie durch eine einfache schriftliche Austrittserklärung aus der Kirche aufgehoben werden.[348] Die Besteuerung der natürlichen Personen ist deshalb kaum umstritten.

Dagegen gibt die Besteuerung der juristischen Personen immer wieder Anlass zu Meinungsverschiedenheiten. Kontrovers ist dabei die Frage, ob juristische Personen überhaupt kirchensteuerpflichtig sein können, da sie ja per definitionem keiner Konfession angehören können und ob sie gegebenenfalls wie die natürlichen Personen den Austritt erklären können. Ausserhalb dieser juristischen Kontroverse wird jedoch auch die moralische Legitimation der Steuerpflicht juristischer Personen in Frage gestellt. Auf dem Hintergrund der Tatsache, dass bei arbeitsplatzvernichtenden Restrukturierungen und Rationalisierungen tendenziell Gewinne privatisiert und soziale Kosten an die öffentliche Hand delegiert werden, könnte argumentiert werden, dass juristische Personen Infrastrukturkosten der Kirche und ihre Lasten im Sozialbereich mittragen sollen, weil sie sie auch teilweise verursachen.

Allerdings gibt es auch Alternativen zur direkten Besteuerung. Der Kanton Baselland z.B. legt den Kirchensteuerertrag der juristischen Personen in einen Fonds „Denkmalpflege und Soziales". Die Kantone Glarus und Graubünden reservieren ihn für den Finanzausgleich und betreiben - weil damit

---

In drei Kantonen (SH, TI, VS) wird das Verfahren entweder auf die einfache Gemeindesteuer oder auf den Gemeindesteuerbetrag angewandt. Betreffend Zuständigkeit bei der Bestimmung des Steuersatzes bzw. Steuerfusses gibt es neben der Kirchgemeindeversammlung noch folgende Instanzen: Kirchenrat (TI und GE), Kirchensynode / Synodalrat (BS), kirchliches Exekutivkomitee (NE), Gemeindeparlament bzw. Gemeindeversammlung (GR und VS) und Kantonsparlament (nur für juristische Personen: NW, SO, BL).

[348] *Als Beispiel die Regelung in der Kirchgemeindeordnung der evangelisch-reformierten Kirchgemeinde St. Gallen C, Art. 4: "Wer aus der evangelisch-reformierten Kirche austreten will, hat eine schriftliche Erklärung mit amtlich beglaubigter Unterschrift bei der Kirchenvorsteherschaft einzureichen."*

vorwiegend finanzschwache Gemeinden in (wirtschaftlichen) Randregionen unterstützt werden - regionalpolitisch erwünschte Umverteilung.

A-3   Kantonaler Finanzausgleich

Mit den Geldern aus dem Finanzausgleichsfond der evangelisch-reformierten Kirche des Kantons St. Gallen leistet die Kantonalkirche Beiträge an die Besoldungskosten und die Amortisationslasten der Gemeinden (indirekter Finanzausgleich) sowie an Gemeinden, die mit hohen Steuern belastet sind (direkter Finanzausgleich). Der Finanzausgleich dient dazu, Unterschiede in der Steuerbelastung für Steuerpflichtige verschiedener Kirchgemeinden unter Berücksichtigung der Steuerfüsse der politischen Gemeinden zu verringern.

Der Staat erhebt jährlich Zuschläge zur Reinertrags- und Eigenkapitalsteuer. Die Zuschläge betragen für jede dieser Steuerarten 220 % der einfachen Steuer[349]. Die mit hohen Steuern belasteten Kirchgemeinden beider Konfessionen erhalten für den Steuerausgleich von den festen Zuschlägen 20% der einfachen Steuer[350]. Die den Kirchgemeinden zufallenden Ausgleichsbeiträge werden dem katholischen und dem evangelischen Konfessionsteil nach dem Verhältnis der Konfessionszugehörigkeit der Wohnbevölkerung zugeschieden. Die Ausgleichsbeiträge sind unter Berücksichtigung der Höhe des Gesamtsteuerfusses für die mit hohen Steuern belasteten Kirchgemeinden zu verwenden. Die zuständigen Organe der Konfessionsteile erlassen Vorschriften über die Verteilung der Ausgleichsbeträge. Die evangelisch-reformierte Kirche des Kantons St. Gallen hat solche Vorschriften in einem Reglement festgelegt.[351]

---

[349] *StG vom 23. Juni 1970, Art. 195*

[350] *ebenda, Art. 198*

[351] *Reglement über den Finanzausgleich der Evangelisch-reformierten Kirche des Kantons St. Gallen vom 1. Dezember 1995*

Das Reglement unterscheidet wie erwähnt zwischen dem direkten und dem indirekten Finanzausgleich. Der indirekte Finanzausgleich kommt oberhalb einer ausgleichsfreien Basis zur Anwendung. Diese beträgt 25 Steuerprozente und wird um den Selbstbehalt für Amortisationsaufwendungen erhöht bzw. unter Rücksichtnahme auf den Steuerfuss der politischen Gemeinde reduziert. Der Beitrag beträgt 60% bis 90% des beitragsberechtigten Aufwandes, der Satz wird durch den Kirchenrat festgelegt.[352] Die Berechnung des beitragsberechtigten Aufwandes, des Selbstbehaltes für Amortisationsaufwendungen und die Berücksichtigung des Steuerfusses der politischen Gemeinde wird hier nicht im einzelnen dargestellt. Beitragsberechtigt für den direkten Finanzausgleich ist die Kirchgemeinde, deren Finanzbedarf nach Anrechnung des indirekten Finanzausgleichs 30 Steuerprozente abzüglich einer allfälligen Reduktion nach Massgabe des Steuerfusses der politischen Gemeinde[353] sowie eines definierten Selbstbehaltes für Amortisationslasten[354] übersteigt.

---

[352] *ebenda, Art. 11*

[353] *ebenda, Art. 6*

[354] *ebenda, Art. 5*

Evangelisch-reformierte Kirche des Kantons St. Gallen

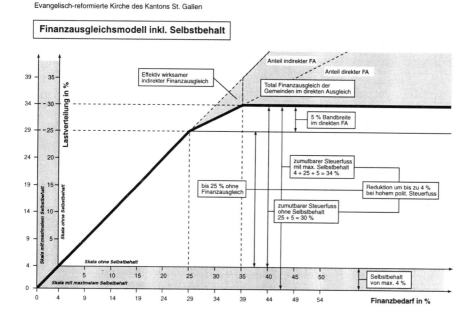

Abb. A-2: Das Finanzausgleichsmodell der evangelisch-reformierten Kirche des Kantons St. Gallen (Quelle: Kirchenrat)

Die folgende Darstellung der Einnahmen- und Ausgabenstruktur der Kirchgemeinden basiert auf einer entsprechenden Erhebung bei den evangelischreformierten Kirchgemeinden des Kantons St. Gallen (vgl. Abschnitt 6.1.1)

A-4   Die Einnahmenstruktur der Kirchgemeinden

Das folgende Datenmaterial stammt aus einer Befragung der evangelischreformierten Kirchgemeinden des Kantons St. Gallen. Von den 55 angeschriebenen Gemeinden haben 22 Daten geliefert, darunter mit Ausnahme von Buchs alle grösseren Gemeinden. Weil nicht alle zurückgeschickten

Fragebogen vollständig ausgefüllt waren, konnten für die folgenden Diagramme nur die Daten der folgenden 19 Gemeinden berücksichtigt werden: Azmoos-Trübbach, Balgach, Bad Ragaz-Pfäfers, Berneck-Au Heerbrugg, Brunnadern, Degersheim, Ennetbühl, Gossau-Andwil, Nesslau, Niederuzwil, Oberuzwil, Rheineck, St.Margrethen, Sennwald, Straubenzell, Tablat, Uznach u. Umgebung, Walenstadt-Flums-Quarten, Wil. Mit den aggregierten Zahlen dieser Gemeinden wird die Entwicklung einzelner Einnahmequellen seit 1970 dargestellt.

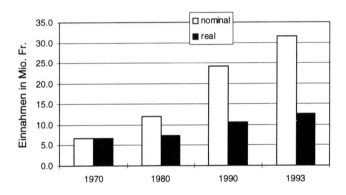

Abb. A-3: Nominale und reale (d.h. inflationsbereinigt gemäss Landesindex der Konsumentenpreise) Zunahme der Gesamterträge in Mio. Fr. zwischen 1970 und 1993 (Datenbasis: 19 Gemeinden des Kantons St. Gallen)

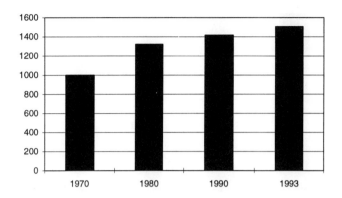

Abb. A-4: Reale Zunahme des Gesamtertrages pro stimmberechtigtes
Kirchgemeindeglied in Fr. zwischen 1970 und 1993.

Der Vergleich zwischen den nominalen und den realen Werten (Abb. A-3) des Gesamtertrages zeigt, dass die Einnahmen inflationsbereinigt[355] zwischen 1970 und 1993 rund 90% zugenommen haben, während sie nominal 374% stiegen. Noch tiefer liegt der reale Zuwachs, wenn die Zunahme der Erträge pro stimmberechtigtes Kirchgemeindeglied verglichen wird (rund 50%). Diese Zunahme liegt etwa gleich hoch wie die inflationsbereinigte Zunahme des Pro-Kopf-Volkseinkommens im Kanton St. Gallen zwischen 1970 und 1990 (rund 53%)[356]. Dies bedeutet, dass die Zahl der Gemeindeglieder mit geringem Einkommen grösser geworden ist, bzw. dass die Einkommensverteilung schlechter geworden ist.

---

[355] *Statistisches Jahrbuch der Schweiz (Jahrbuch) 150*

[356] *vgl. Statistisches Jahrbuch (Jahrbuch) 134*

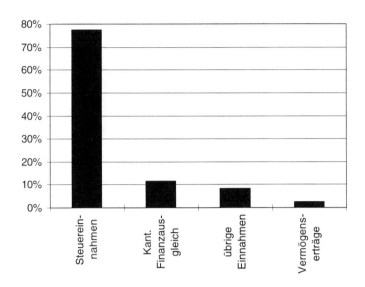

Abb. A-5: Anteile der einzelnen Ertragsanteile am Gesamtertrag in %. Die einzelnen Anteile setzen sich zusammen aus der Summe aller 19 einbezogenen Gemeinden der Jahre 1960, 1970, 1980, 1990 und 1993 für die jeweilige Ertragsquelle

Abb. A-5 bestätigt, dass der grösste Teil der Einnahmen von Kirchgemeinden aus der Besteuerung der natürlichen Personen (durchschnittlich rund 80%) stammt.

A-5   Die Ausgabenstruktur der Kirchgemeinden

Die Entwicklung des Gesamtaufwandes zeigt nominal, inflationsbereinigt und bezüglich Aufwand pro stimmberechtigtem Gemeindeglied ein etwa identisches Bild wie bei den Abb. A-3 und Abb. A-4, da Gewinnrückbehalte bei den Jahresrechnungen von Kirchgemeinden i.d.R. nur in geringem Umfang vorgenommen werden.

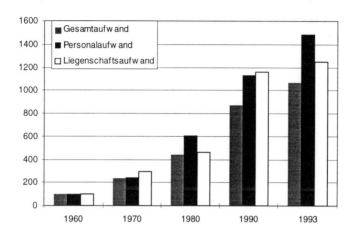

Abb. A-6: Darstellung der Wachstumsindizes der Ausgabenposten „Perso-
nalaufwand" und „Liegenschaftsaufwand" zwischen 1960 und
1993 (1960 = Basis 100). Im Liegenschaftsaufwand ist der Ab-
schreibungsaufwand enthalten.

Die Abb. A-6 zeigt, dass der Personalaufwand am stärksten gewachsen ist
und dass sowohl Personal- wie Liegenschaftsaufwand mehr zugenommen
haben als der Gesamtaufwand. D.h. dass die übrigen Aufwandposten
(Ausgaben für kirchliche Dienste (z.B. Veranstaltungen, Jugendarbeit,
Drucksachen), Beiträge und Rückstellungen) weniger gewachsen sind als
der Gesamtaufwand. Mindestens für den Personalaufwand dürfte dies für die
Mehrheit der Kirchgemeinden auch ausserhalb des Kantons zutreffen.

Aufsummiert über die Jahre 1960, 1970, 1980, 1990 und 1993 ergeben sich
folgende Prozentanteile am Gesamtaufwand:

Personalaufwand: 42.8 %

Liegenschaftsaufwand: 10.5 %

Übriger Aufwand: 46.5 %

Da der übrige Aufwand aus mehreren unterschiedlichen Aufwandbereichen zusammengesetzt ist, stellt der Personalaufwand deutlich den höchsten Ausgabenposten dar.

LITERATURVERZEICHNIS

Literaturverzeichnis

Ashby R.W., Requisite variety and its implications for the control of complex systems, in: Cybernetica, Vol. 1, 1958. *(Komplexe Systeme)*

Auszug aus Art. 1 des Reglementes für das Institut für Sozialethik des SEK vom 30.9.1970. *(Sozialethik)*

Bastian H.-D., Kommunikation, Kreuz-Verlag, Stuttgart/Berlin, 1972. *(Kommunikation)*

Becker F., Effizientes Management für soziale Institutionen, Landsberg/Lech, 1992. *(Management)*

Berger P.L., Auf den Spuren der Engel, Frankfurt a.M., 1970. *(Auf den Spuren der Engel)*

Berger P.L., Einladung zur Soziologie. Eine humanistische Perspektive, 4. Aufl. München, 1984. *(Soziologie)*

Bernhard H., Konfliktbewältigung im Führungsalltag, in: Kählin K./Müri P., Sich und andere führen, Psychologie für Führungskräfte und Mitarbeiter, Thun, 1987. *(Konflikte)*

Betalanffy L.v., General systems theory. A new approach to the unity of science, in: Human Biology 23/1951, S. 302-361. *(General systems theory)*

Biehal F. (Hrsg.), Lean Service, Bern/Stuttgart, 1994. *(Lean Service)*

Bleicher K., Das Konzept Integriertes Management, Frankfurt/New York, 1992. *(Management)*

Bleicher K., Normatives Management: Politik, Verfassung und Philosophie des Unternehmens, Frankfurt/New York, 1994. *(Normatives Management)*

Bleicher K., Betriebswirtschaftslehre - Disziplinäre Lehre vom Wirtschaften in und zwischen Betrieben oder interdisziplinäre Wissenschaft vom Management?, in: Wunderer R., Betriebswirtschaftslehre als Management- und Führungslehre, 3. Auflage, Stuttgart 1995. *(Betriebswirtschaftslehre)*

Böckenfröde E.W., Staat - Gesellschaft - Kirche, in: Christlicher Glaube in moderner Gesellschaft, Teilband 15, Freiburg i.B., 1982. *(Staat - Gesellschaft - Kirche)*

Brantl St., Management und Ethik, (Planungs- und Organisationswissenschaftliche Schriften, Hrsg. Prof. Dr. W. Kirsch), München, 1985. *(Management und Ethik)*

Brunner E., Das Gebot und die Ordnungen, Zürich, 1978. *(Gebot)*

Carlen L., Die Kirchensteuer juristischer Personen in der Schweiz, Freiburg Schweiz, 1988. *(Kirchensteuer)*

Chandler A.D., Strategy and Structure, Cambridge, The MIT Press, 1984. *(Strategy)*

Dahm K.-W., Beruf: Pfarrer. Empirische Aspekte zur Funktion von Kirche und Religion in unserer Gesellschaft, München, 1971. *(Kirche und Religion)*

Dahm K.-W., Verbundenheit mit der Volkskirche: Verschiedenartige Motive - Eindeutige Konsequenzen?, in: Matthes J. (Hrsg.), Erneuerung der Kirche. Stabilität als Chance? Gelnhausen/Berlin, 1975. *(Verbundenheit)*

DER SPIEGEL (Nr. 23/1994)

DER SPIEGEL (Nr. 52/1994)

Decker F., Effizientes Management für soziale Institutionen, Landsberg/Lech, 1992. *(Management)*

Deufel K., Sozialstaat und christliche Diakonie, in: Christlicher Glaube in moderner Gesellschaft, Teilband 15, Freiburg/Basel/Wien, 1982. *(Diakonie)*

Domenig H., Ein Klischee mit dem andern ersetzt, Die Weltwoche, Nr. 39, 29.9.1988. *(Klischee)*

Drucker P.F., Neue Realitäten, Düsseldorf/Wien/New York, 1991. *(Realitäten)*

Drucker P.F., Die postkapitalistische Gesellschaft, Düsseldorf/Wien/NewYork/Moskau, 1993. *(Gesellschaft)*

Drucker P.F., Managing The Non-profit Organization, Oxford, 1993. *(Management)*

Dubach A./Campiche R.J. (Hrsg.), Jede(r) ein Sonderfall? Religion in der Schweiz, Zürich, 1993. *(Religion)*

Dürkheim E., De la division du travail social, Paris, 1986, zit. in: Dubach A./Campiche R.J. (Hrsg.), Jede(r) ein Sonderfall? Religion in der Schweiz, Zürich, 1993. *(Religion)*

Dyllick T., Politische Legitimität, moralische Autorität und wirtschaftliche Effizienz als externe Lenkungssysteme der Unternehmung. Grundvorstellungen einer gesellschaftsbezogenen Managementlehre, in: Sandner K. (Hrsg.), Politische Prozesse in Unternehmen, Berlin/Heidelberg 1989. *(Managementlehre)*

Evangelische Verlagsanstalt Berlin, Handbuch der Praktischen Theologie, 1975. *(Handbuch)*

Ex 18, 17-22, zitiert aus: Die Bibel, nach der Übersetzung Martin Luthers, Revidierter Text 1975, Deutsche Bibelstiftung Stuttgart, 1978.

Gomez P./Probst J.B., Vernetztes Denken, Wiesbaden, 1991. *(Denken)*

Gordon Th., Managerkonferenz: Effektives Führungstraining, Hamburg, 1979. *(Manager)*

Grochla E., Grundlagen der organisatorischen Gestaltung, Stuttgart, 1982. *(Gestaltung)*

Güntert B.J., Managementorientierte Informations- und Kennzahlensysteme für Krankenhäuser, Berlin/Heidelberg 1990. *(Krankenhaus)*

Güntert B.J., Personal- und Managemententwicklung im Krankenhaus - unter besonderer Berücksichtigung der Krankenpflege, in: BALK-INFO, Nr. 13, 1994, S. 30-38. *(Personal)*

Hablützel P./Haldemann Th./Schedler K./Schwaar K. (Hrsg.), Umbruch in Politik und Verwaltung, Ansichten und Erfahrungen zum New Public Management in der Schweiz, Bern/Stuttgart/Wien, 1995. *(Management)*

Heinen E., Grundfragen der entscheidungsorientierten Betriebswirtschaftslehre, München, 1976. *(Betriebswirtschaftslehre)*

Hermanns M., Kirche als soziale Organisation zwischen Partizipation und Herrschaft, Düsseldorf, 1979. *(Organisation)*

Hessler D./Strauss W., Kirchliche Finanzwirtschaft, Berlin, 1990. *(Finanzwirtschaft)*

Heussi K., Kompendium der Kirchengeschichte, Tübingen, 1971. *(Kirchengeschichte)*

Hill W./Fehlbaum R./Ulrich P.: Organisationslehre, Band 1/2, Bern/Stuttgart/Wien, 1992. *(Organisationslehre)*

Höhn E., Steuerrecht, Bern und Stuttgart, 1986. *(Steuerrecht)*

Homann K., Die Rolle ökonomischer Überlegungen in der Grundlegung der Ethik, in: Hesse H. (Hrsg.), Wirtschaftswissenschaft und Ethik, Berlin 1988. *(Ethik)*

Homeyer J./Kaufmann F.-X./Ntamwana S./Greshake Gisbert, Kirche als Gemeinschaft, Hildesheim, 1988. *(Gemeinschaft)*

Hopfenbeck W., Allgemeine Betriebswirtschafts- und Managementlehre, Landsberg am Lech, 1989. *(Betriebswirtschafts- und Managementlehre)*

Jäger A., Diakonie als christliches Unternehmen, Gütersloh, 1986. *(Unternehmen)*

Jäger A., Wirtschaftsethik als ökonomisches und christliches Postulat, in: Ulrich P. (Hrsg.), Auf der Suche nach einer modernen Wirtschaftsethik, Bern/Stuttgart, 1990. *(Wirtschaftsethik)*

Jäger A., Diakonische Unternehmenspolitik, Gütersloh, 1992. *(Unternehmenspolitik)*

337

Jäger A., Konzepte der Kirchenleitung für die Zukunft, Wirtschaftsethische Analysen und theologische Perspektiven, Gütersloh, 1993. *(Konzepte)*

Japp K.P., Wie psychosoziale Dienste organisiert werden. Widersprüche und Auswege, Frankfurt a.M., 1986. *(Psychosoziale Dienste)*

Kaefer H., Religion und Kirche als soziale Systeme, Freiburg i.B., 1977. *(System)*

Kählin K./Müri P., Sich und andere führen, Psychologie für Führungskräfte und Mitarbeiter, Thun, 1987. *(Führen)*

Kählin K./Müri P. (Hrsg.), Führen mit Kopf und Herz, Psychologie für Führungskräfte und Mitarbeiter, Thun, 1991. *(Führungskräfte)*

Kaufmann F.-X., Kirche begreifen, Analysen und Thesen zur gesellschaftlichen Verfassung des Christentums, Freiburg i. Br. 1979. *(Christentum)*

Kaufmann F.-X., Ethik, Ethos und Unternehmenskultur, Beitrag zur Festschrift für Wolfgang Böllhoff, März 1994. *(Ethik)*

Kaufmann F.-X., Glaube und Kommunikation - eine soziologische Perspektive, in: Der Glaubenssinn des Gottesvolkes - Konkurrent oder Partner des Lehramtes? Hrsg. v. D. Wiederkehr, Freiburg i.Br., 1994. *(Glaube und Kommunikation)*

Kieser H., Innovation und Organisationskultur, in: GDI-Impulse, Nr. 4, 1984. *(Organisationskultur)*

Kirche auf neuen Wegen, kann Marketing helfen? in: "absatzwirtschaft" 12/92. *(Kirche)*

Kirchenordnung der evangelisch-reformierten Kirche des Kantons St. Gallen vom 30. Juni 1980. *(Kirchenordnung)*

Klimecki R.G./Probst G.J.B., Entstehung und Entwicklung der Unternehmungskultur, in: Lattmann C. (Hrsg.), Die Unternehmenskultur. Ihre Grundlagen und ihre Bedeutung für die Führung der Unternehmung, Heidelberg, 1990. *(Unternehmenskultur)*

Kohler M.E., Leitfaden zur Schaffung, Besetzung, Begleitung diakonischer Stellen in der Zürcher Landeskirche, akim, Zürich, 1990. *(Leitfaden)*

Kohler M.E., Kirche als Diakonie, Zürich, 1991. *(Kirche)*

Kottler P., Social Marketing, Düsseldorf/Wien/New York, 1991. *(Marketing)*

Kraus D., Schweizerisches Staatskirchenrecht, Tübingen, 1993. *(Staatskirchenrecht)*

Krulis-Randa J.S., Einführung in die Unternehmenskultur, in: Lattmann C. (Hrsg.), Die Unternehmenskultur. Ihre Grundlagen und ihre Bedeutung für die Führung der Unternehmung, Heidelberg, 1990. *(Unternehmenskultur)*

Krusche P., Der Pfarrer in der Schlüsselrolle, in: Matthes J. (Hrsg.), Erneuerung der Kirche. Stabilität als Chance? Gelnhausen/Berlin, 1975. *(Schlüsselrolle)*

Leitbild der evangelisch-reformierten Kirchgemeinde Straubenzell St. Gallen West, St. Gallen, 1995. *(Leitbild)*

Linnewedel J., Äussere Stabilität als Chance für innere Reform, in: Matthes J. (Hrsg.), Erneuerung der Kirche. Stabilität als Chance? Gelnhausen/Berlin, 1975. *(Stabilität)*

Lotmar P./Tondeur E., Führen in sozialen Organisationen, Bern und Stuttgart, 1989. *(Führen)*

Malik F., Management-Systeme, in: Die Orientierung, Nr.78 (Schriftenreihe der Schweizerischen Volksbank), Bern, 1981. *(Management-Systeme)*

Malik F., Strategie des Managements komplexer Systeme, Bern/Stuttgart, 1984. *(Managementstrategie)*

Malik F., Die Unternehmungskultur als Problem von Managementlehre und Managementpraxis, in: Lattmann C. (Hrsg.), Die Unternehmenskultur. Ihre Grundlagen und ihre Bedeutung für die Führung der Unternehmung, Heidelberg, 1990. *(Unternehmenskultur)*

Malik F., Systemisches Management, Evolution, Selbstorganisation, Bern/Stuttgart/Wien, 1993. *(Systemisches Management)*

Malik F., Management - eine unverstandene, aber entscheidende Funktion, Vortrag anlässlich des 38. Österreichischen Kongresses für Krankenhaus-Management, Feldkirch, 9. Mai 1994. *(Management)*

Malik F., Managementperspektiven, Bern/Stuttgart/Wien, 1994. *(Managementperspektiven)*

Marhol B. (Hrsg.), Ethik, Wirtschaft, Kirche, Düsseldorf, 1991. *(Wirtschaft)*

Matthes J., Volkskirchliche Amtshandlungen, Lebenszyklus und Lebensgeschichte, in: Matthes J. (Hrsg.), Erneuerung der Kirche. Stabilität als Chance? Gelnhausen/Berlin, 1975. *(Amtshandlungen)*

Mewes W., Die kybernetische Managementlehre, Frankfurt, 1984. *(Managementlehre)*

Möller Chr., Lehre vom Gemeindeaufbau, Band 1, Göttingen, 1991. *(Gemeindeaufbau)*

Nauer E., Organisation als Führungsinstrument, Ein Leitfaden für Vorgesetzte, Bern/Stuttgart/Wien, 1993. *(Führungsinstrument)*

Neidhart W., Theologie des kirchlichen Amtes: Der Pfarrer - ein Priester?, in: Bastian H.-D. (Hrsg.), Kirchliches Amt im Umbruch, München/Mainz, 1971. *(Theologie)*

Patzen M., Zur Diskussion des Adam-Smith-Problems - ein Überblick, in: Meyer-Faje A./Ulrich P. (Hrsg.), Der andere Adam Smith, Beiträge zur Neubestimmung von Ökonomie als Politischer Ökonomie, Bern/Stuttgart, 1991. *(Adam-Smith-Problem)*

Perels H-U., Wie führe ich eine Kirchgemeinde? Möglichkeiten des Managements, Gütersloh, 1990. *(Kirchgemeinde)*

Pfriem R., Unternehmenspolitik in sozialökologischen Perspektiven, Marburg, 1995. *(Unternehmenspolitik)*

Pümpin C./Kobi J.-M., Wüthrich H.A., Unternehmenskultur, in: Die Orientierung Nr. 85, Schriftenreihe der Schweizerischen Volksbank, Bern, 1985. *(Unternehmenskultur)*

Pümpin C./Prange J., Management der Unternehmensentwicklung, Frankfurt/New York, 1991. *(Unternehmensentwicklung)*

Rapp H.R., Mensch, Gott und Zahl. Kybernetik im Horizont der Theologie, Hamburg, 1967. *(Kybernetik)*

Reglement "Brot für alle" vom 29. Okt. 1991, Art. 1 und 3. *(Brot für alle)*

Reglement des HEKS vom 29. Okt. 1991, Art. 2. *(HEKS)*

Reglement über den Finanzausgleich der Evangelisch-reformierten Kirche des Kantons St. Gallen vom 1. Dezember 1995. *(Finanzausgleich)*

Reichard Chr., Betriebswirtschaftslehre der öffentlichen Verwaltung, Berlin, 1987. *(Betriebswirtschaftslehre)*

Rendtorff T., Religion - Umwelt der Gesellschaft, in: Matthes J. (Hrsg.), Erneuerung der Kirche. Stabilität als Chance? Gelnhausen/Berlin, 1975. *(Religion)*

Rich A., Mitbestimmung in der Industrie, Zürich, 1973. *(Mitbestimmung)*

Rich A., Wirtschaftsethik, Grundlagen in theologischer Perspektive, Gütersloh, 1984. *(Wirtschaftsethik)*

Rich A., Wirtschaftsethik II. Marktwirtschaft, Planwirtschaft, Weltwirtschaft aus sozialethischer Sicht, Gütersloh, 1990. *(Wirtschaftsethik II)*

Rohr F., Organisation und rechtliche Stellung der evangelisch-reformierten Kirchgemeinde des Kantons Aargau, Aarau, 1951. *(Organisation)*

Rosenstil von L./Regnet E./Domsch M., Führung von Mitarbeitern, Schriften für Führungskräfte, Band 20, Stuttgart, 1991. *(Führung)*

Ruck E., Die Organisation der römischen Kirche, Tübingen, 1913. *(Organisation)*

Rückert M., Diakonie und Ökonomie, Gütersloh, 1990. *(Diakonie und Ökonomie)*

Rühli E., Entscheidungsorientierter Ansatz und Allgemeine Betriebswirtschaftslehre, in: Kirsch W./Picot A. (Hrsg.), Die Betriebswirtschaftslehre im Spannungsfeld zwischen Generalisierung und Spezialisierung, Wiesbaden, 1989. *(Betriebswirtschaftslehre)*

Schall T.U., Mitarbeiterführung in Kirche und Kirchengemeinde, Würzburg, 1991. *(Mitarbeiterführung)*

Scharffenorth G., Spielraum für Reformen, in: Matthes J. (Hrsg.), Erneuerung der Kirche. Stabilität als Chance? Gelnhausen/Berlin, 1975. *(Spielraum für Reformen)*

Schedler K., Anreizsysteme in der öffentlichen Verwaltung, Bern, 1993. *(Anreizsysteme)*

Schedler K., Ansätze einer wirkungsorientierten Verwaltungsführung, Bern, 1995. *(Verwaltungsführung)*

Schmidt D.K., Grundriss der Kirchengeschichte, Göttingen, 1960. *(Kirchengeschichte)*

Schneider O., Kirche im Vorort. Soziologische Erkundung einer Pfarrei, Freiburg i.Br., 1962. *(Pfarrei)*

Schloz R., Erneuerung der alten Kirche - Reform oder Restauration? in: Matthes J. (Hrsg.), Erneuerung der Kirche. Stabilität als Chance? Gelnhausen/Berlin, 1975. *(Reform oder Restauration)*

Schwarz P., Management in Nonprofit-Organisationen, in: Die Orientierung, Nr.88, Schriftenreihe der Schweizerischen Volksbank, Bern 1986. *(Management)*

Schwarz P., Management in Nonprofit Organisationen, Bern/Stuttgart/Wien, 1992. *(Management in NPO's)*

Schwarz P./Purtschert R./Giroud Ch., Das Freiburger Management-Modell für Nonprofit-Organisationen (NPO), Bern/Stuttgart/Wien, 1995. *(Management)*

Schweizerischer evangelischer Kirchenbund (SEK): Jahresbericht 1993. *(Jahresbericht 1993)*

Schweizerischer evangelischer Kirchenbund (SEK): Jahresberichte der Kommissionen, Arbeitsgruppen, Institutionen, Dienste 1993. *(Jahresberichte)*

Solinski H.M., Perspektiven ethikbewussten Verhaltens in öffentlichen Verwaltungen der Schweiz, in: Beiträge und Berichte des Instituts für Wirtschaftsethik Nr. 54, St. Gallen, 1993. *(Verwaltungen)*

Spiegel Y., Kirche als bürokratische Organisation, München,1969. *(Kirche)*

Staehle W., Management: Eine verhaltenswissenschaftliche Perspektive, München, 1989. *(Management)*

Statistisches Jahrbuch der Schweiz, Verlag NZZ, Zürich, 1993. *(Jahrbuch)*

Steuerinformationen der Interkantonalen Kommission für Steueraufklärung, Die Kirchensteuern in der Schweiz, Bern 1988. *(Kirchensteuern)*

Steuergesetz des Kantons St. Gallen (811.1, Neudruck Dezember 1990) vom 23. Juni 1970. *(StG)*

Strohm T., Wirtschaftswachstum und Wirtschaftsordnung - wirtschaftsethische Leitlinien, in: Von Mahold W. und Schibilsky M. (Hrsg)., Ethik, Wirtschaft, Kirche, Düsseldorf, 1991. *(Wirtschaftsordnung)*

Stückelberger Ch., Vermittlung und Parteinahme, Zürich, 1988. *(Vermittlung)*

Stutz H.-R., Beratungsstrategien, in: Hofmann M. (Hrsg.), Theorie und Praxis der Unternehmensberatung, Heidelberg, 1991. *(Beratung)*

TAGES-ANZEIGER (Nr. 39/16.2.1995), Leistungsausweis der Kirchen. *(Leistungsausweis)*

Taylor F.-W., The principles of scientific management (Faks.-Ausg. der 1911 ersch. Erstausg.), Düsseldorf 1996. *(Principles)*

Ulich E./Frei F., Persönlichkeitsförderliche Arbeitsgestaltung und Qualifizierungsprobleme, in: Volpert W. (Hrsg.), Beiträge zur psychologischen Handlungstheorie, Bern 1980. *(Arbeitgestaltung)*

Ulrich H., Unternehmungspolitik, Bern, 1978. *(Unternehmungspolitik)*

Ulrich H., Management, Bern, 1984. *(Management)*

Ulrich P., Die neue Sachlichkeit oder: Wie kann die Unternehmensethik betriebswirtschaftlich zur Sache kommen?, in: Die Unternehmung, 41. Jahrgang 1987, Nr.6. *(Sachlichkeit)*

Ulrich P., Der spezielle Blick der Allgemeinen Betriebswirtschaftslehre für die ökonomischen Dinge der Unternehmungsführung, in: Kirsch W./Arnold P. (Hrsg.), Die Betriebswirtschaftslehre im Spannungsfeld zwischen Generalisierung und Spezialisierung, Wiesbaden, 1989. *(Allgemeine Betriebswirtschaftslehre)*

Ulrich P., "Symbolisches Management", ethisch-kritische Anmerkungen zur gegenwärtigen Diskussion über Unternehmenskultur, in: Lattmann C. (Hrsg.), Die Unternehmenskultur. Ihre Grundlagen und ihre Bedeutung für die Führung der Unternehmung, Heidelberg, 1990. *(Symbolisches Management)*

Ulrich P., Wirtschaftsethik auf der Suche nach der verlorenen ökonomischen Vernunft, in: Ulrich P. (Hrsg.), Auf der Suche nach einer modernen Wirtschaftsethik, Bern / Stuttgart 1990. *(Verlorene ökonomische Vernunft)*

Ulrich P., Unternehmenskultur, in: Handwörterbuch der Betriebswirtschaft, Teilbd. 3, 5. Auflage, Stuttgart 1993. *(Unternehmenskultur)*

Ulrich P., Integrative Wirtschafts- und Unternehmensethik - ein Rahmenkonzept, in: Markt und Moral, hrsg. vom Forum für Philosophie, Bad Homburg, Bern / Stuttgart / Wien 1994. *(Integrative Wirtschaftsethik)*

Ulrich P., Betriebswirtschaftslehre als praktische Sozialökonomie, in: Wunderer R. (Hrsg.), Betriebswirtschaftslehre als Management- und Führungslehre, 3. Auflage, Stuttgart 1995. *(Betriebswirtschaftslehre)*

Ulrich P., Führungsethik. Ein grundrechteorientierter Ansatz, in: Thommen J.-P. (Hrsg.), Management-Kompetenz: Die Gestaltungsansätze des NDU/Executive MBA der Hochschule St. Gallen, Zürich 1995. *(Führungsethik)*

Ulrich P., Wirtschaftsethik - Interdisziplin im Schnittfeld zweier normativer Logiken, in: Bulletin der Vereinigung Schweizerischer Hochschuldozenten, 21. Jahrgang Nr. 2/3, Zürich, 1995. *(Wirtschaftsethik)*

Ulrich P., Brent Spar und der "moral point of view", in: Die Unternehmung 1/96, Bern / Stuttgart / Wien 1996. *(Brent Spar)*

Ulrich P./Fluri E., Management, 7. Auflage, Bern/Stuttgart/Wien 1995. *(Management)*

Von Nell-Breuning O., Mitbestimmung - wer mit wem?, Freiburg, 1969. *(Mitbestimmung)*

Von Passavant Chr., Der Sozialarbeiter in der Kirchegemeinde, Zürich, 1970. *(Sozialarbeiter)*

Von Thadden R., Weltliche Kirchengeschichte, Göttingen, 1989. *(Kirchengeschichte)*

Weber M., Wirtschaft und Gesellschaft. Grundriss der verstehenden Soziologie, Köln/Berlin, 1964. *(Soziologie)*

Weinhold H., Marketing in zwanzig Lektionen, Zürich, 1994. *(Marketing)*

Wiener N., Mensch und Menschmaschine: Kybernetik und Gesellschaft, Frankfurt a.M., 1964. *(Mensch und Menschmaschine)*

Wohlgemuth A.C., Der Reorganisationsprozess als Paradigma der ganzheitlichen Beratung, in: Hofmann M. (Hrsg.), Theorie und Praxis der Unternehmensberatung, Heidelberg, 1991. *(Reorganisation)*

Wunderer R., Führung und Zusammenarbeit, Beiträge zu einer Führungslehre, Stuttgart, 1993. *(Führungslehre)*

Zahrnt H., Mutmassungen über Gott, München / Zürich 1994. *(Mutmassungen)*

Paula Lotmar / Edmond Tondeur

Führen
in sozialen Organisationen

Ein Buch zum Nachdenken und Handeln

5., unveränderte Auflage.
259 Seiten, 8 Grafiken
gebunden Fr. 58.– / DM 65.– / öS 475.–
ISBN 3-258-05490-8

Dass Führen auch in sozialen Organisationen unumgänglich ist, wird zwar zunehmend erkannt. Unklar und von zahlreichen Vorbehalten umstellt bleibt dennoch die Frage nach dem Wie und dem Wieviel, nach dem jeweils geeigneten Führungsstil, den jeweils tauglichen Führungsinstrumenten.

Die Autoren haben ihre langjährige Erfahrung in der Organisations- und Führungsberatung in einem Buch festgehalten, das sich in Inhalt, Aufbau und Sprache nach den Erfordernissen der Praxis ausrichtet. Sie wollen denjenigen in sozialen Leitungsaufgaben Mut machen, die sich eher oft ohne grosse Begeisterung des Führens angenommen haben. Grosses Gewicht legen sie darauf, Führen nicht kurzerhand auf die Wahl der geeigneten Person einzuschränken, sondern als Prozess zu gestalten, an dem sich viele beteiligen müssen. Führen als bewusstes Handeln in vernetzten Bezügen klammert die Machtfrage nicht aus, beleuchtet sie aber in einem erweiterten Zusammenhang.

Verlag Paul Haupt Bern · Stuttgart · Wien

Dieter Stemmle (Hrsg.)

Marketing im Gesundheits- und Sozialbereich

Einführung und Grundlagen für die Praxis

256 Seiten, 12 Abbildungen, 17 Grafiken
kartoniert Fr. 55.– / DM 59.– / öS 431.–
ISBN 3-258-04670-0

Die Einführung ins Marketing als Denkhaltung und Handwerk zeigt, dass Marketing und Ethik einander nicht ausschliessen. Im Gegenteil: Marketing ist geeignet, Bedürfnisse und Nöte von Klienten sozialer und gesundheitlicher Organisationen mit Effizienz aufzugreifen und Veränderungen gezielt herbeizuführen. Die dargestellten Grundlagen vermitteln, wie Marketing aus der Wirtschaft auf den Nonprofit-Bereich übertragen und sinnvoll angepasst wird.

Diesem Buch liegen drei Jahre intensivster Entwicklungs- und Austauscharbeit zugrunde. 21 Fachleute aus Europa halten die Ergebnisse ihres Erfahrungsaustauschs über betriebliche Fragen zwischen Wissenschaftlern, Praktikern und Beratenden von privaten sozialen Organisationen und Institutionen der öffentlichen Hand fest. Sie stellen Marketing in eine Beziehung zur Entstehung des europäischen Binnenmarktes, zur Armutsbekämpfung und zur Erstellung einer Sozialbilanz.

Tips für den Marketingeinsatz erleichtern die Bewältigung des organisatorischen Alltags. Voraussetzungen für das erfolgreiche Marketing werden aufgezeigt, Begriffe und Strategien verständlich erläutert. Acht Praxisbeispiele von Institutionen zeigen, wie es gemacht werden kann.

Der Gesundheits- und Sozialbereich ist eine Branche mit Milliardenumsätzen. Das weitere Wachstum scheint in Frage gestellt. Gute Gründe, sich in diesem Markt auch in Zukunft durchzusetzen: mit Marketing.

Verlag Paul Haupt Bern · Stuttgart · Wien

Eva Nadai

Gemeinsinn und Eigennutz

Freiwilliges Engagement im Sozialbereich

254 Seiten, 20 Tabellen, 13 Diagramme
kartoniert Fr. 36.– / DM 40.– / öS 292.–
ISBN 3-258-05492-4

Freiwilligenarbeit hat sowohl ökonomischen wie symbolischen Wert und einen gesellschaftlichen wie einen individuellen Nutzen. Dieses Buch befasst sich mit dem privaten Nutzen freiwilligen Engagements. Freiwilligenarbeit kann als eine Form des sozialen Tausches betrachtet werden, die zu gesellschaftlichem Zusammenhalt beiträgt. Inwiefern ist freiwilliges Engagement auch auf individueller Ebene ein fairer sozialer Tausch? Welchen Nutzen können Freiwillige aus ihrer unbezahlten Arbeit für die Gesellschaft ziehen? Diese Untersuchung basiert auf qualitativen Interviews und einer schriftlichen Befragung von Freiwilligen aus verschiedenen Organisationen im sozialen und sozialpolitischen Bereich.

Verlag Paul Haupt Bern · Stuttgart · Wien

Dr. Hans Kernen

Burnout-Prophylaxe im Management

Erfolgreiches individuelles und institutionelles Ressourcenmanagement

227 Seiten, 66 Abbildungen
kartoniert Fr. 58.– / DM 65.– / öS 475.–
ISBN 3-258-05632-3

Das Burnout-Phänomen ist zusehends in den Management-Etagen anzutreffen. Doch was ist «Burnout»? Wodurch zeichnet sich die schleichende Entwicklung seiner Symptomatik aus? Noch wichtiger: Kann Burnout vermieden werden? Wenn ja, wie? Die Beantwortung dieser Fragen steht im Zentrum der vorliegenden Studie. Darin wird nach denjenigen Ressourcen gesucht, welche das Burnout-Syndrom erst gar nicht entstehen lassen. Der Autor weist die Burnout-verhindernden zentralen Ressourcen nach und kann in der Folge wissenschaftlich abgesicherte, gezielte Ansatzpunkte für Interventionen angeben. Damit wird es möglich, in der Personalarbeit und Managemententwicklung diagnostisch gezielte Erhebungen zu machen, primär-präventiv zu wirken und so die Leistungsfähigkeit und Arbeitszufriedenheit vorbeugend zu erhalten und zu steigern.
Erstmalig wird durch die Studie das Burnout-Syndrom auf das Management bezogen, praxisnah und wissenschaftlich fundiert untersucht und dabei der gesundheitsorientierte (salutogenetische) Ansatz konsequent umgesetzt. Das Buch ist mit über 60 Abbildungen reich illustriert, methodisch qualitativ und quantitativ abgestützt und beispielsweise mit Interviewauszügen von ausgebrannten und resistenten Manager/innen praxisnah verfasst. Konsequenzen für das Management wie für die Forschung sind ausgearbeitet und geben reichhaltige Anhaltspunkte für Interventionen in der Personalarbeit, in der Managementberatung und – nicht zuletzt – sich selber gegenüber.

Verlag Paul Haupt Bern · Stuttgart · Wien

Prof. Dr. Dr. h.c. Hans Ulrich
Prof. Dr. Gilbert J. B. Probst

Anleitung zum ganzheitlichen Denken und Handeln

Ein Brevier für Führungskräfte

4., unveränderte Auflage
322 Seiten, 36 farbige Abbildungen, 80 Grafiken
gebunden Fr. 62.– / DM 69.– / öS 504.–
ISBN 3-258-05182-8

Der Ruf nach «Umdenken» ist unüberhörbar geworden und geht quer durch alle Bereiche der Gesellschaft. Er wird von Politikern, Wirtschaftsführern und Wissenschaftlern ebenso erhoben wie vom Mann auf der Strasse. In den unterschiedlichsten Zusammenhängen wird eine neue, ganzheitliche Denkweise gefordert. Gemeint ist damit ein integrierendes, zusammenfügendes Denken, das auf einem breiteren Horizont beruht, von grösseren Zusammenhängen ausgeht und viele Einflussfaktoren berücksichtigt, das weniger isolierend und zerlegend ist als das übliche Vorgehen. Ein Denken also, das mehr demjenigen des viele Dinge zu einem Gesamtbild zusammenfügenden Generalisten als dem analytischen Vorgehen des auf ein enges Fachgebiet beschränkten Spezialisten entspricht.
Die Bausteine des ganzheitlichen Denkens werden ausführlich erläutert und eine Methodik entwickelt, die für die Bewältigung unserer komplexen Probleme mehr und mehr notwendig wird. Es sind jene Probleme, die sich dem handelnden Menschen von heute stellen. Die typischen Merkmale solcher Problemsituationen in allen Gesellschaftsbereichen lassen sich mit Vernetztheit, Komplexität, Rückkoppelung, Instabilität und anderen Ausdrücken beschreiben. Ein rationales Verhalten und Führen in solchen Situationen setzt die Anerkennung dieser Charakterlisten der heutigen Welt voraus und verlangt ein vernünftiges Umgehen damit.

Verlag Paul Haupt Bern · Stuttgart · Wien

Dr. Kuno Schedler

Ansätze einer wirkungsorientierten Verwaltungsführung

Von der Idee des New Public Managements (NPM)
zum konkreten Gestaltungsmodell: Fallbeispiel Schweiz

2. Auflage, X + 295 Seiten, 74 Abbildungen
gebunden Fr. 68.– / DM 76.– / öS 555.–
ISBN 3-258-05308-1

Die «Tillburg-Welle» hat auch die Schweiz erfasst. Allerdings wurde bis anhin nur wenig über die ersten Versuche geschrieben. Die Pioniere des New Public Managements in der Schweiz waren auf ausländische Vorlagen angewiesen. Im Bund, in den Kantonen Bern, Luzern, Zürich, Wallis und Solothurn sowie in den Städten Bern, Luzern und Winterthur hat man sich entschlossen, mit den neuen Konzepten zu experimentieren. Eine umfassende Darstellung einer möglichen Umsetzung in der Schweiz fehlt jedoch weitgehend.
Diese Lücke wird durch dieses Buch geschlossen. Die Erfahrungen aus den Pilotprojekten werden hier weiterhelfen. Das Buch ist eine wertvolle Hilfe für den Einstieg in die Welt des New Public Managements, für die ersten Schritte und insbesondere für die breitere wissenschaftliche Diskussion in der Schweiz.

Verlag Paul Haupt Bern · Stuttgart · Wien